云南科举名人小传

蓝红彩 ◉ 著

云南出版集团　云南人民出版社

图书在版编目（CIP）数据

云南科举名人小传 / 蓝红彩著. —— 昆明：云南人民出版社，2021.7
ISBN 978-7-222-20139-2

Ⅰ.①云… Ⅱ.①蓝… Ⅲ.①科举考试－历史人物－生平事迹－云南－明清时代 Ⅳ.①K820.4

中国版本图书馆CIP数据核字(2021)第101570号

责任编辑：苏映华
助理编辑：李明珠
创意设计：熊·小熊
责任校对：姚实名
责任印制：窦雪松

YUNNAN KEJU MINGREN XIAO ZHUAN

云南科举名人小传

蓝红彩 著

出　版	云南出版集团　云南人民出版社
发　行	云南人民出版社
社　址	昆明市环城西路609号
邮　编	650034
网　址	www.ynpph.com.cn
E-mail	ynrms@sina.com
开　本	720mm×1010mm　1/16
印　张	17
字　数	250千
版　次	2021年7月第1版第1次印刷
印　刷	云南荣德印务有限公司
书　号	978-7-222-20139-2
定　价	65.00元

如需购买图书、反馈意见，请与我社联系
总编室：0871-64109126　发行部：0871-64108507　审校部：0871-64164626　印制部：0871-64191534

版权所有　侵权必究　印装差错　负责调换

云南人民出版社微信公众号

升庵祠

杨升庵像

杨升庵墨迹

银竹圈屋风织女六机梭零
野结人入市珠跳空盘图未
老辋川妙词赋诉行阳壶工
停云已抱楚练白佢影色

唐泰（担当）画

李因培

《唐诗观澜集序》

唐诗观澜集序
昔韩子论文曰气水之言浮物
也水大而物之浮者大小毕
浮气之与言犹是此所谓
文盖综言之诗其一也
晋陆机作文赋列为十则而
诗缘情而绮靡体物而
浏亮而班固以为驻者古诗
之流明乎赋由诗出然则诗
怡之至清诗之音古之卷
诗者上自朝廷下迄闾巷人
人得兴斯事情答于性气

散为言宣之而胃物流之而
成韵抑扬合度宫徵相调奶
水之始于温笼而济至于江
洋浩瀚不见其端触物而成
声年随风而后籁飒飒手婢
心悦耳鸣盖气之盛而
水之演漾浮荡吐纳万有好
是自风骚而后诗学之盛可
唐为担特论者非唐诗是
尚必指为异派歧趋弗识
朝宗之路而世所目为唐
诗者或薛檀其貌唧哳其

李因培书法

钱沣画

杨名飏  赵汝谦

民国八年（1919）云南图书博物馆职员合影

袁嘉谷 　　　　　　　　　周钟岳

科举考试

赵藩 　　　　　　　　朱家宝

昆明西山碑刻

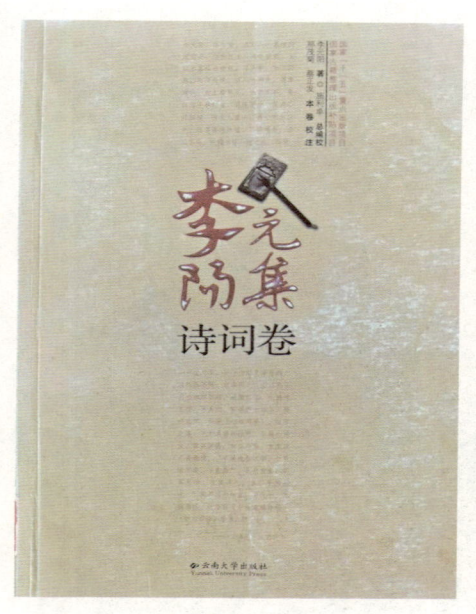

《李元阳集·诗词卷》

答田岛书

昆明同庆丰巷　　　　　　　　孙髯翁

唐继尧墓

大理古城

黄初墓

晋宁县城

昆明魁星楼　　　　　　　　　云南省图书馆

昆明文庙

建水迎晖门

腾冲文庙

云南士子铜像

昆明大观楼　　　　　　　　昆明文林街

云南贡院旧址（今云南大学内）

袁嘉谷故居（昆明）

笔者查阅资料

自 序

中国古代科举制度，始于隋文帝开皇七年（587）。云南开科取士，始于元延祐二年（1315），终于清光绪三十年（1904）。元代云南参加了6场殿试，考取进士6人。明代参加了73场殿试，考取进士261人。清代参加了101场殿试，考取进士678人。明、清两朝云南共考取举人8451人。元、明、清三朝云南共考取进士945人。

本书从明清两朝939个进士中，遴选出122个进士；从8451个举人中，遴选出87个举人；另外选取拔贡3人，秀才4人，为他们立传。他们的生平事迹，对当时社会所做出的贡献，以及在仕途中及致仕后，所遗留下来的诗词、著作、楹联等，均做了简明扼要的介绍。同时，在有的传记后面，还附录了他们遗留下来的一首或两首诗，以供欣赏。

本书是云南科举教育文化史研究的专著，其特点：一是具有云南地方性；二是具有广泛的史料性；三是具有全面的系统性。本书从收集史料到撰写成书，历时两年时间。笔者到云南省图书馆、云南省文史馆、云南省新华书店等处，查阅了全省16个州（市）129个县（区、市）的州（市）志、县（区、市）志以及大量的文史资料，并到隆阳、腾冲、建水、蒙自、石屏、鹤庆、晋宁、永胜、洱源、大理古城、丽江古城等处，实地考察和搜集、整理地方史料，多方考察科举名人遗留下来的书籍、故居、碑文、牌匾、楹联等。本书填补了云南科举史料的部分空白，其史料广泛翔实，丰富多彩，为研究云南科举史、人才史提供了可靠的历史依据。明、清两朝科举名人的历史故事、人生经历等，不但能够鞭策人，还能够启迪人。在元、明、清三朝近600年的科举史长河中，社会发展与进步，朝代腐朽与没落，均与士子们的仕途命运息息相关。有的科举名人因看透当时吏治腐败而辞官回籍，有的因任劳任怨、鞠躬尽瘁、而死于任所，有的因政见分歧、顶撞上司而愤然离职，能在仕途宦海中善始善终，到年老退休者，却寥寥无几。

  此书最重要的一个启示，就是科举制度在明清两朝对选人用才所做出的贡献。千千万万个仕宦学子，为当时封建社会的发展与进步、汉文化的弘扬与传播，均做出了不可磨灭的历史性贡献。我们在熟悉科举历史、掌握科举史实的同时，还可以史为鉴，取其精华，弃其糟粕，为发展社会主义教育事业、文化事业服务。

2020年10月26日于昆明

目录

云南科举概况　/ 001

唐宋时期　/ 004

元朝时期　/ 007

明清时期　/ 009

科举之路　/ 011

名人小传　/ 013

明　代　/ 015

陈时雨　/ 015
吕　㽔　/ 016
谭　昇　/ 017
杨一清　/ 019
唐以敬　/ 020
张西铭　/ 020

张志淳　/ 021
杨南金　/ 022
毛　玉　/ 024
张　含　/ 025
杨　慎　/ 026
金　垒　/ 027
何邦宪　/ 028

王廷表　/ 029
董云汉　/ 030
杨士云　/ 032
胡廷禄　/ 033
叶　泰　/ 034
张凤翀　/ 035
叶　瑞　/ 035

孙继鲁	/036	李闻诗	/062	何其傃	/087
陈　表	/037	张法孔	/063	何其伟	/087
缪宗周	/038	杨栋朝	/064	段　昕	/088
李元阳	/039	何鸣凤	/065	赵　河	/090
唐　锜	/041	阮嘉祥	/065	王思训	/091
唐　泰	/042	杨方盛	/066	张　汉	/092
赵汝谦	/042	雷跃龙	/067	赵　城	/093
张　合	/043	何可及	/068	李根云	/094
赵汝廉	/044	王锡衮	/068	苏渭生	/096
高　蔚	/044	李希揆	/069	罗凤彩	/097
缪文龙	/045	朱朝藩	/070	陈　沆	/098
何思明	/046	杨绳武	/071	朱　焕	/099
杨廷相	/047	王宏祚	/072	李治民	/100
严　清	/048	胡　璇	/073	刘名廷	/100
董学孔	/050	曾高捷	/074	杨如柏	/101
侯必登	/050	赵炳龙	/075	刘　慥	/102
许　瀺	/052			蒋祖培	/105
何邦渐	/053	**清　代**	**/077**	徐硕士	/106
涂时相	/054			师问忠	/107
刘文徵	/055	王行恭	/077	周于智	/108
杨　提	/056	赵士麟	/078	李因培	/109
葛中选	/057	李崇阶	/079	黄　桂	/110
何蔚文	/058	阚祯兆	/080	马锦文	/111
王元翰	/059	张端亮	/081	周于礼	/112
段伯炌	/060	杨晖吉	/082	黄恩锡	/113
陈　鉴	/060	刘　彬	/083	赵　瑷	/114
傅宗龙	/061	许贺来	/085	李云程	/115
		李发甲	/086		

尹　均	/116	倪　琇	/142	窦　垿	/168
袁文典	/116	刘大容	/143	戴絅孙	/169
李　翊	/117	杨名飏	/144	张凤鸣	/170
杨　霆	/118	刘荣黼	/145	陆应谷	/170
黄绍魁	/119	倪　玢	/146	杨喆士	/172
朱　昕	/120	万　华	/146	董正官	/173
尹壮图	/121	丁运泰	/147	李　樾	/174
杨　嵘	/122	王寿昌	/148	吴嗣仲	/175
钱　沣	/123	孔继尹	/150	缪志鲁	/176
刘大绅	/125	李　浩	/151	高本仁	/177
师　范	/126	韩树宗	/152	刘　崐	/177
谷际岐	/127	江　舻	/152	舒　藻	/179
袁文揆	/128	朱　嶟	/153	王汝舟	/179
段　琦	/129	杨国翰	/154	李玉湛	/181
沙　琛	/129	朱金点	/154	赵时俊	/182
丁应銮	/131	杨绍霆	/155	张钊弘	/183
尹英图	/132	黄　初	/156	赵　藩	/184
刘绍甲	/132	李士林	/158	张舜琴	/185
李应元	/133	池生春	/159	杨文鼎	/185
那文凤	/135	曹士桂	/160	张　炳	/186
张鹏昇	/136	蓝　宣	/161	华日来	/187
刘玉湛	/136	张其仁	/162	陈　价	/188
王　崧	/137	赵辉璧	/163	孙光庭	/189
李　翃	/138	杨　昌	/164	黄　堃	/190
程含章	/139	朱　淳	/165	赵端仁	/190
吴毓宝	/140	朱　賸	/166	汤　曜	/191
李朝佐	/141	朱家学	/167	许印芳	/192

陈荣昌　／193	胡寿荣　／204	吕志伊　／214
王人文　／194	和庚吉　／205	张　鑫　／215
李　相　／195	宋廷模　／205	许兰皋　／217
杨嘉栋　／196	王开国　／206	张问德　／218
卫家琇　／197	戴永清　／207	袁嘉谷　／219
李　荣　／198	寸开泰　／207	周钟岳　／220
刘盛堂　／198	陈启周　／208	李　坤　／221
杨增新　／199	杨玉林　／209	段宇清　／222
杨　琼　／200	单　镜　／210	陈　钧　／223
赵式铭　／201	唐继尧　／211	顾视高　／224
寸馥清　／202	李根源　／213	丁兆冠　／225
朱家宝　／203	张蓬楼　／214	郑辉典　／226

附　云南明清进士录　／227

　附表1　云南明朝进士录　／229

　附表2　云南清朝进士录　／238

明清时期常见官名及品位　／259

参考文献　／263

后　记　／265

举士歌　／266

云南科举概况

中国古代的科举制度，始于隋文帝开皇七年（587），以分科举人取代了魏晋以来的九品中正制。开皇三年（583），诏举贤良。据《通典》载：开皇十八年（598）三月，"诏京官五品以上及总管、刺史，以志行修谨、清平干济二科举人。"炀帝大业三年（607）四月，诏文武有职事者，以孝悌有闻、德行敦厚、节义可称、操履清洁、强毅正直、执宪不挠、学业优敏、文才秀美、才堪将略、膂力骁壮十科举人。这里的"十科举人"只是偶尔行之，并没有成为一种制度，但是，科举这一名称，却与分科举人有关。据《大唐新语》载：隋炀帝"置明经、进士二科"，以"试策"取士，在中国古代的选举史上揭开了新的一页，科举制度就从此开始了。黄初元年（220），朝廷选官开始用九品中正制；到了西魏、北周时期，选用官吏已不重视门第，九品中正制逐渐动摇。隋文帝即位后，正式废除了九品中正制，规定每州每年选送贡士三人，在全国推行科举制。

科举制是中国古代社会经济发展和阶级关系变动的结果。自从北魏推行均田制以来，随着农业生产的不断发展，庶族地主的经济得到了相应的繁荣，进入私塾读书的人越来越多，庶族集团形成了一种社会力量，他们要求在政治上得到应有的地位。中央政府通过科举制给他们一个政治出路，一方面利用庶族和士族门阀斗争，另一方面也是为了缓解庶族集团与中央政府的矛盾，使他们忠心拥戴中央政府。总之，科举制有利于选拔人才，增强政治效率，对封建专制中央集权的巩固起了很大的作用，因此被历代封建王朝所沿用，并进一步加以完善和巩固。科举制在中国延续了1300多年，对封建社会的巩固和发展起到了至关重要的作用。在近现代社会，各级机关也在采用"考试选人"的方式，招募各类人才，充实到各行各业中，发挥人才的作用。

唐宋时期

　　唐王朝建立以后，继续推行科举取士，使科举制度更加完善。唐王朝的科举制分为常举和制举两种。每年分科举行的称常科，由皇帝下诏临时举行的称制科。常科和制科，性质不同，因而在考生的来源、考试的内容和方法等方面都有很大的差别。

　　常科的考生有两个来源：一是生徒，二是乡贡。常科学习的内容主要是《诗》《书》《易》《周礼》《仪礼》《礼记》《左传》《公羊传》《穀梁传》等儒家经典。常科分秀才、明经、进士、明法、明书、明算、道举、童子等科，其中明经和进士两科最重要。明经考试的内容有贴经、经义、时务策对，以贴经为主；进士考试的内容有贴经、诗赋、时务策对，以诗赋为主。考贴经全依靠背诵，作诗赋需要独立思考，因此，存在"中明经易，中进士难"的现象。唐朝明经的录取率为十分之一二，进士的录取率为百分之一二。进士及第虽然很难，但是及第后容易飞黄腾达，做到"高官"，因此被当时的士子视为"士林华选"，甚至存在着"缙绅虽位极人臣，不由进士者，终不为美之说"。进士及第是一种很高的荣誉，当时被称为"登龙门"。发榜之后，有曲江会、杏园宴、雁塔题名等活动。进士们的曲江大会，有时皇帝还登紫云楼垂帘观看，达官贵人也往往在这一天挑选女婿，以致曲江一带车马填塞，热闹非常。

　　制科是由皇帝亲自主持的考试。考试科目多是临时设置，平民子弟和官吏都可以应试。制科不常举行，每次录取的人数不过一二人或五六人，在科举制中不占重要地位。唐王朝参加科举考试的人，要经过"户籍所在郡县的考核资叙（审查），其祖父官名，内外族婚"，严禁"刑家之子，工贾殊类"应试。低于"工贾"的部曲、杂户、奴婢等劳动者，更无权参加科举考试。即使具有良人身份的农家子弟，因为生活贫困，能够读书应试的也是寥寥无几。因而，在唐朝时期，科举制仍然是一种代表地主阶级利益的选官制度。唐朝的科举选官制度，相比北魏的九品中正制度，选官的范围更广泛一些，一般的地主子弟都有应试资格。

常科、制科之外还有武举。武举开始于武则天长安二年（702）。应武举的考生，和明经、进士的乡贡一样，由各州选送。不过，武举由兵部考试，考试的科目有马射、步射、平射、马枪、负重等。《通典》载："高第者授以官，其次以类升。"但是，对于武举，人们并不重视。《新唐书》说："其选用之法不足道。"

唐朝的科举制，在贞观时期最为空前，据《登科记考》载，贞观朝共录取进士205人，而在唐高宗和武则天统治的贞观二十三年（649）至神龙元年（705）的56年中，共录取进士1200人以上，平均每年录取人数比贞观时期增加1倍。《全唐诗》一书共收集2200多个诗人的48900多首诗，其数量之多，内容之丰富，风格流派之多样，远远超出了任何一个王朝，而大多数诗人均是"科班出身"的才子，这与唐朝的文化开化和经济繁荣是密切相关的。唐朝时期撰写科举的诗歌很多，但最著名的要数朱庆馀的《近试上张水部》（"洞房昨夜停红烛，待晓堂前拜舅姑。妆罢低眉问夫婿，画眉深浅入时无？"）和张籍的《酬朱庆馀》（"越女新妆出镜心，自知明艳更沉吟。齐纨未是人间贵，一曲菱歌敌万金。"）。

宋朝对进士科考试非常重视。据《宋史》载，在考进士的时候，照例在阶前设置香案，主考官和考生相互对拜，考场里设置帐幕毡席，并有茶水供应。太平兴国八年（983），将进士分为三甲，赐宴琼林苑。雍熙二年（985），开始殿廷唱名。景德四年（1007），又将进士分为五等：一、二等称及第，三等称出身，四、五等称同出身。大中祥符八年（1015），蔡齐状元及第，真宗皇帝见他"堂堂英伟，进退有法"，非常高兴，特下诏给金吾卫士7人清道。因为状元及第后10多年就有可能成为朝廷的执政大臣，所以状元及第是一种很大的荣誉。

宋朝时期，严格举人、进士考试程序，增加录取名额，提高被录取举人和进士的待遇，广泛吸收地主阶级知识分子参加中央集权。据《宋文鉴》载，仅宋太宗（赵匡义）在位的21年，通过科举考试而得官者有1万余人。据《东坡集》载，宋仁宗（赵祯）在位41年，考中进士而进入官场的就有4517人。从宋太祖（赵匡胤）后期开始，举人经过礼部考试之后，必须再通过皇帝亲自主持的殿试后才算合格，这样被录取的人便成了"天子门生"。

唐宋时期，在今云南地区错杂散居着许多部落，主要有白蛮和乌蛮。洱海和滇池是蛮族人居住的两个中心。在滇池地区，大致说来白蛮的居住地称"西爨"，乌蛮的居住地称"东爨"。南诏王皮逻阁时期，逐渐统一了各诏，建立了统一的南诏国，都城建在太和城（今大理南）。唐开元二十六年（738），唐玄宗册封皮逻阁为云南王。

9世纪末，建都在云南大理太和城的南诏，改国号名为"大礼"。大长和元年（903），南诏清平官（宰相）郑回的七世孙（郑买嗣）灭南诏自立，改国号为"大长和国"。尊圣元年（928），杨干贞灭郑氏，拥立赵善政为"大天兴国"。兴圣元年（930），杨干贞又废赵氏自立，改国号为"大义宁国"。自尊圣二年（929）始，段思平与杨干贞集团，经过7年的战争，于大明七年（937）攻入太和城，推翻了大义宁政权，建立了大理国。

大理国实行和平对外政策，同四邻部族没有发生过大的战争，因此，社会经济逐渐繁荣。据《大理邓川访碑录》载，僰人要求发展文化事业，尤其需要有属于自己的文字，于是他们创造了一套通用于大理境内的文字，被称为"白文"或"僰文"。白文流传了200余年，且留下了许多白文著作和墓志碑刻等，为后人保存了许多宝贵而古老的历史文化史料。然而，南诏国、大理国时期，云南边陲处于蛮荒时代，汉文化比较落后，科举制无条件推行。

元朝时期

  元朝是以蒙古贵族为主体建立的政权。蒙古贵族有自己的一套选拔和用人制度，因而在设科取士的问题上，遇到重重阻力，后来虽然设立了科举制，但是和唐、宋、明、清等朝代相比，不免相形见绌。

  据《元史·选举志》载，元朝的科举制始于皇庆二年（1313），元仁宗下诏恢复科举制。延祐二年（1315）农历二月，举行第一次开科取士，分为乡试、会试、御试三级，每三年举行一次。因为当时有蒙古人、色目人、汉人、南人之分，所以考试的程序也有区别。蒙古人和色目人只考两场，汉人和南人要考三场。在考试内容方面，对汉人和南人的要求也比蒙古人和色目人严格得多。蒙古人和色目人做一榜，称为"右榜"；汉人和南人做一榜，称为"左榜"。虽然左、右两榜都是第一名赐进士及第，从六品，第二名以下及第二甲皆正七品，第三甲以下皆正八品，但是蒙古人和色目人愿意考汉人和南人的科目，中选者加一等授官，民族之间的不平等在科举方面表现得非常明显。从延祐元年（1314）直到至正二十六年（1366）的52年中（其中元惠宗时期，丞相伯颜擅权，执意废除科举制，公元1336年和公元1339年两科停办），一共举行过16次进士考试。每次录取的名额，两榜总数最多100人，最少50人。考试内容主要是朱熹的《四书集注》，对后来的科举制度产生了深远的影响。延祐二年（1315），大都（今北京）会试取中100人，农历二月七日举行殿试，选中56人；延祐五年（1318）三月，选中50人；至治元年（1321）三月，选中64人；泰定元年（1324）三月，选中86人；泰定四年（1327）三月，选中86人；至顺元年（1330）三月，选中97人；元统元年（1333）三月，选中100人；至正二年（1342）三月，选中78人；至正五年（1345）三月，选中78人；至正八年（1348）三月，选中78人；至正十一年（1351）三月，选中83人；至正十四年（1354）三月，选中62人；至正十七年（1357）三月，选中51人；至正二十年（1360）三月，选中35人；至正二十三年（1363）三月，选中62人；至正二十六年（1366）三月，选中73人。元朝在52年间，共举行科举考试16科，共选中进士1139人。

元朝时期，全国共设置10个行省：湖广、江浙、江西、云南、甘肃、四川、岭北、河南、辽阳、陕西，腹里（山东、山西、河北和内蒙古等地由中书省直辖）。南宋宝祐元年（1253），忽必烈率征南大军攻入云南，灭亡大理国。南宋景定元年（1260），在大理设置"大理国总管"。至元十一年（1274），在云南昆明设置行省，治中庆路，赛典赤被任命为"云南行中书省平章政事"，云南行省下辖37路，5府及州县若干。据《选举志》载，自延祐二年（1315）始，云南正式开科取士，而官办儒学教育还不到40年，全省共考中文举人46人，共考中文进士6人，即：王楫，昆明人，至治辛酉科（1321年，全国选中进士64人）；李近仁，昆明人，至顺庚午科（1330年，全国选中进士97人）；李郁，昆明人，至正戊子科（1348年，全国选中进士83人）；段天祥，昆明人，甲午科（1354年，全国选中进士62人）；李天佑，昆明人，己亥科（1359年，全国选中进士35人）；苏隆，洱源人，正统科（经查无记载）。

明清时期

明朝建立后，洪武三年（1370），朱元璋诏告天下："自今年八月始，特设科举，务取经明行修、博通古今、名实相称者。朕将亲策于廷，第其高下而任之以官。使中外文臣皆由科举而进，非科举者，毋得与官。"（《明史·选举志》）这一年，京城和行省都分别举行乡试。洪武四年（1371）正月，令各行省连续三年举行乡试，所有举人都免予会试，赴京城听候选官。到洪武十五年（1382）后，定期会试，每三年一科。各州县的生员（秀才），先赴省府参加三年一次的乡试，考中者称举人。第二年，举人再赴京城参加会试，考中者再参加皇帝亲自主持的殿试，中选者称为进士。

明朝的会试是礼部主持的全国考试，又称"礼围"，在乡试的第二年，也就是丑、辰、未、戌年在京城举行。殿试，是明代科举的最高一级考试，因考场在奉天殿和文华殿而得名，凡是在会试中考中的贡士都可以参加。殿试是"天子亲策于廷"，所以又称"廷试"。

明朝的进士分一、二、三甲，一甲三人，分别称状元、榜眼、探花；二甲若干人，称赐进士出身；三甲若干人，称赐同进士出身。乡试第一名为解元，会试第一名为会元，殿试一甲第一名为状元，合称"三元"。连中三元，是科举场中的佳话。明朝一代，连中三元的只有洪武年间的许观和正统年间的商辂两人而已。明朝进士考试的办法是，以"四书""五经"的章句命题，解释要以朱熹的注释为依据，文章的格式规定为八股文。孔孟之道和程朱理学成了读书人终身追求的正道，"学而优则仕"成了学子们的最高境界。自明洪武二十二年（1389）起，云南选贡生到南京应天府参加乡试；到永乐九年（1411）始，才在云南本省举行乡试。

清朝政府于顺治十五年（1658）设置内阁，作为中央最高机关。内阁设大学士4人、协办大学士10人；吏、户、礼、兵、刑、工六部是中央政府的执行机关。地方政府设置23个行省（在明朝的13个布政使司的建制上，又增设台湾、新疆、奉天、吉林、黑龙江5个行省）。省级最高官员是总督和巡抚，每一省或二三省设总督，各省均设巡抚，掌管一省或数省的军政大权。清朝政府在全国共设置215个府、1358个州县。清朝的科举制度与明朝的相同，每三年举行一次科举考试，正式的科举考试分为三级：乡试、会试、殿试。其中，云南省科甲名次最高者为：朱佩（大理人），明正德十六年（1521）辛巳科，第三甲第一名；李启东（楚雄人），嘉靖十一年（1532）壬辰科，第二甲第一名。

科举之路

秀才考试 童生考试每两年或三年举行一至二次，每次都要经县、府、院三级组织考试。考试时间由官府公布，考试四至七场不等。第一场为正试，考"四书"两篇、五言六韵试贴诗一首。第二场是招复（初复），考"四书"一篇、《孝经》或《性论》一篇，默写《圣谕广训》百字左右。第三场是再复，考《经文》一篇、《律赋》一篇、五言六韵试贴诗一首。第四、五场是连复，时文、诗赋、经论、骈文任选一则。府试多在县试后两月举行，院试由学政亲自主持，考试的内容和方法与县试相同。

五贡考试 岁贡，州府县学每年或数年向上贡出的生员。恩贡，时逢皇帝登基、万寿、大婚、凯旋等贡出的生员。副贡，即副榜贡生。拔贡，每十二年一考选中的生员。优贡，在诸多生员中选文行兼优者。

举人考试 乡试每三年为一科，在各省城考试，逢子、午、卯、酉年为正科。另外有不定期的恩科。一般在农历八月举行，分别于八月初九日、十二日、十五日考试，共考三场。第一场考"四书"三篇、五言八韵诗一首；第二场考《经文》五篇；第三场考《策问》五道，题问《经史》《时务》《政治》。考中者录取为举人。

进士考试 会试又叫"大比"，在乡试的第二年举行，即丑、未、辰、戌年举行会试。会试考三场，三月初九为第一场，十二日为第二场，十五日为第三场。各场的考试内容和规矩等与乡试大体相同。考中者称"贡士"，第一名为会元。殿试只考策问一场，考试题目由内阁大臣拟出后，再由皇帝亲定，考中者称进士。

大挑考试 举人参加会试未考中者，准许拣选知县、学政、教谕等小官。此举措是从清乾隆十七年（1752）开始的，原四科一挑，嘉庆五年（1800）变为三科一挑。挑选者不考文笔，重在参加考试者的体容相貌和语言应对。

名人小传

《云南通志》载：云南于元仁宗皇庆二年（1313）冬十月甲辰开科举，诏天下以皇庆三年（延祐元年1314）八月，天下郡县兴其贤者能者充贡司，次年二月会试京师。从此，云南逐步选派士子参加全国科举考试。自明洪武二十二年（1389）起，云南选贡生到南京应天府参加乡试；自永乐九年（1411）始，才在云南本省举行乡试。据《云南古代举士》载，明代276年间，云南省共考取文举人2755人、文进士261人；清代268年间，云南省共考取文举人5696人、文进士678人，举人进士之比为8∶1。

明　代

陈时雨

陈时雨，云南大理人。明正统十二年（1447）丁卯科举人。其时，陈时雨年仅15岁，且上《平彝书》给时征麓川的王骥，王骥看后大奇。历任教谕等职。公明节俭，爱生如子。陈时雨时常教育学生，遇到事情要学会动脑筋。有一天，他在课堂上对所有弟子说了一个故事：古时候，有一个人挑着一担盐巴上街去卖，另外一个人挑着一担柴去上街。两人在岔路口的大树下相逢休息。将要上路时，他们为了一张羊皮争执起来，两个人都说这张羊皮是自己的褥子，后来两人就闹到了官府。故事讲到这里，他就说："请问弟子们，倘若你们今后中举做了官，这个案子怎么判？"弟子们左顾右盼，谁也回答不上来。陈时雨接着说："做官是人人羡慕的，但也是不好为的。要能做到不冤枉好人，不放过坏人，难嘞！"他接着问弟子们："如果拷打羊皮，可以判断它的主人吗？"他就讲述了古人断案的经过，他说："这就是'杖审羊皮'的故事。刺史李惠让人把羊皮放在席子上，用杖击打，看到里面掉出一些盐屑来，这一下不就清楚明白了吗？担柴的人只好承认，是企图讹诈卖盐巴的人。"陈时雨教书，以育人为己任，循循善诱，培养出了很多俊才。陈时雨著有《咏玉梅花》，其诗云："千古独持冰雪操，一生不羡绮罗香。"可见其志向非同一般。陈时雨的诗收入《滇南诗略》中的仅有6首。其《帝释诗》曰：

帝释寺

常时看竹过禅宫，架壑松杉护石丛。
十八龙溪春雪后，三千兰若暮雪中。
老僧坐久心应悟，游客吟多句转工。
昨上点苍山半宿，碧霄仙乐下天风。

吕 㯊

吕㯊，字宜简，云南昆明人。明景泰七年（1456）丙子科举人。成化二年（1466），任湖广随州知州，严明廉慎，任职七年均如一日。吕㯊不苟言笑，任职时，随州天大旱，稻田禾苗枯萎，他赤着足，亲自到稻田中查看灾情。吕禴判案，明察秋毫。一年，有一个商人从外地回到家中，看见妻子在家被人杀了，且头也没有了，商人便立即告诉妻子家人。妻子家人认为是女婿杀死了女儿，便告状到随州府衙。吕禴觉得事有蹊跷，便将犯人囚在另室，然后叫来全州仵作，叫他们每人讲出近来与其他人家安葬坟墓的情况。其中有一仵作说："我在给一富豪人家办事时，听到他们说曾死了一个奶妈子，埋在某个地方。"吕禴听了，立即派人去挖开坟墓验尸，见棺材里只有一个妇人的头。当他叫控诉人来辨认时，却说不是他的妻子。经传讯富豪，终于弄清了原委。原来是富豪与商人的妻子私通，便杀死了奶妈子，砍下她的头埋掉，而把那个妇人的衣服穿在奶妈子的尸体上，然后把那个妇人接到家中私养起来。查明了案情真相，吕禴处死了富豪。吕禴当官还以节约爱人为本。每年到祭祀文庙时，常以鹿肉作为祭品，上司遍地寻找鹿，饲养鹿的人家要价很高。吕禴说："神不享非礼，况虐民祀神乎！"且用羊肉换成鹿肉祭之，民众们非常高兴。初夏，民众交纳只能用钱，吕禴说："五谷未登，钱必假贷于人者，其如医疮剜肉，何却之。"他做的很多事情，大多都诸如此类。万历《云南府志》均有详细记载。

谭 昇

谭昇（1437—1506），字嘉义，云南永胜人。明天顺六年（1462）壬午科举人，为滇西北第 1 名举人，成化二年（1466）丙戌科第三甲第 85 名进士。历任江西太和知县，后升四川合州知州（据万历《云南通志》卷八，谭昇仕至知府）。在任期间，清廉纯正，鄙视利欲。在官舍时，有人暗中以金银报其恩德，谭昇坚辞不受，被人称为清官循吏。谭昇任合州知州时，有一年，合州为新考中的秀才们庆贺，合州城十分热闹，许多人前来观看。学宫门前站着一个少女，她看着一位英俊秀才，凝神专注，被旁边一个卖东西的老婆子看出她的心思，便悄悄地对少女说："姑娘，这是我家邻居的儿子，你如果有意于他，我来做媒，成全你们的姻缘吧。"少女听后默许。事后，老婆子找到秀才，转达了少女的爱慕之情，被秀才一口拒绝了。老婆子有个浪荡儿子，知道此事后，便在夜间假冒秀才去与少女幽会，少女未能分辨真伪，并委身相许。几天后，少女家中来了客人，她父母只好腾出自己住的房间招待客人休息，把女儿安置在邻居家，老两口睡在女儿的床上。半夜，有人潜入，把老夫妇头颅砍掉而去。次日，报案到了合州府衙，知州谭昇查看现场，发现死者家并未丢失东西，他便问："这张床上原来是谁睡的？"有人答道："是这家的女儿。"谭昇恍然大悟说："噢，我知道了。"立即传令将少女拘押起来。经过审讯，少女答说是某秀才。谭昇又将秀才逮来审问，秀才说："老婆子说媒的事情确有，但我已回绝了。"谭昇又问少女："你说奸夫是秀才，他身上可有什么记号？"少女说："他胳膊上有一块瘢痕。"谭昇令人查看秀才胳膊，却光光滑滑，没有瘢痕。谭昇沉默许久，忽然问道："老婆子家有儿子吗？"知情者回答说有。他命人立即抓来，查看胳膊，果有明显瘢痕。谭昇指着老婆子的儿子说："杀人者肯定是你，如不招供，定用重刑。"那人只好供认了作案经过。原来，那晚上他去找少女幽会，进入房间中，到床上一摸，摸到两个人的脑袋，便以为少女另有奸夫，一时间醋心大作，杀人而逃。案情大白，秀才获释。谭昇后来死于四川官府衙门，他的儿子到合州衙门收拾遗物时，只有书数卷和古琴一把，古琴上刻有"清风古琴遗吾子孙"八字。清廷闻其政绩，批准入祀乡贤祠，墓葬今永胜南华村玉腰冲。四川省《重庆府志》第四卷"名宦录"称其为政治廉明的"循吏"，四川《合州志》有谭昇传文。

杨一清

杨一清（1454—1530），字应宁，号邃庵，别号石淙。云南安宁人，生于湖南，晚年定居江苏，故又号"三南居士"。明成化七年（1471）辛卯科举人，成化八年（1472）壬辰科第三甲第95名进士。为官56年，历仕成化、弘治、正德、嘉靖四朝，总制陕西、延绥、宁夏、甘肃等地军务和边防，担任过左副都御史、陕西提督学使、陕西巡抚、右都御史、户部尚书、吏部尚书、内阁首辅、武英殿大学士、华盖殿大学士，加少师、少傅、太子太傅、少保、太子太保等职，死后追赠太保，谥号文襄。杨一清是明代中期杰出的政治家、军事家和诗人，也是云南历史上地位最高、名望最重的人之一。他文武全才，出将入相，"四朝元老，三边总臣"，两任首辅，是位极人臣的一品大员，和张居正齐名的名相。《新纂云南通志》载："明代多才臣，然能以身负天下之重责，渊渟岳峙，宠辱不改其度者，得两人焉，一为张居正，一为杨一清。一清功在西北，料敌如神；所振拔文武之才，无不大有功于国。"他三次督边，两次平定藩王叛乱，治理边疆，维护国家统一；诛杀明朝太监刘瑾，打击贪腐，矫正政治流弊，收天下人心，对巩固西北边防和明朝政治运转贡献极大。他气度高远，心胸宽广，学识渊博，雄才大略，乐于荐拔人才。李梦阳、康海、王阳明等都出自他的门下，或得到他的举荐。明代著名文学家康海评价更高："我先生为世大儒，扬历中外，垂六十年文武之道，将相之业，光今绝古。上培国家百年之基，下启士大夫千百世之绪。"著有《石淙诗稿》《关中奏议》《督府奏议》《吏部献纳稿》等。其《登碧鸡山》诗曰：

苍山突兀瞰林泉，下有洪流卷怒涛。
异代淫祠嗟汉武，重来祠客岂王褒？

蜀川旧榜空留胜，滇海诸峰合让高。

天亦似怜登眺乐，更将风日助诗豪。

唐以敬

　　唐以敬，字克钦，云南晋宁人。明成化十年（1474）甲午科举人。少年聪慧，读书过目不忘；文思敏捷，千余字文章挥手即就，一时间在晋宁学子中传为佳话。当时云南督学余素也很欣赏他的才学，但他屡次参加礼部会试，竟然多次落第。后唐以敬通过谒选，成为成都通判，主管粮食储备。当时，吐蕃叛乱，运送粮食艰难，宿弊多出。唐以敬主持公道，清明处理，廉洁操持。巡抚、御史都说："眼中光明磊落的人，都不如唐通判。"巡抚本想向朝廷推荐他，但逢其母病逝，他丁忧回籍。三年守丧期满，有人劝他出山再入仕途，他说："高官虽然显耀，谁又窥视其中之险恶。"于是，与同乡宴饮为乐，抒写胸中之快意。著有《慎安集》传世。

张西铭

　　张西铭，字希载，号鹤轩，云南华宁人。明成化十年（1474）甲午科举人，成化十一年（1475）乙未科第三甲第135名进士。张西铭在江苏任巡抚时，常州，有一农妇，路过一座山岗时被人杀死。经过府衙调查，当时只有进山去砍柴的20个邻村人。于是，20人全部被捕，经过严刑拷问，都承认了调戏杀害农妇的罪行。案宗上报到省府，张西铭审阅此案宗时，暗自思忖："杀一农妇，何须20人？"他将20人逐一提审，看他们脸色表情，发现其中有两个人，言语错乱，神色慌张。张西铭就猛然站起身，指着他们说："杀人者，是你们也！"两人扑通跪下，交代了罪行。原来他们上山时落在最后边，碰到农妇，就要调戏。农妇不从，高声叫骂，两人就用斧子砍死了她。两人交出斧子，上面的血迹还在。于是，他把另外的18个无辜者释放了。事后，有人问他："你怎么知道是这两人，而非是20人呢？"他笑着说："凡事人多心不齐，20个人怎么可能一齐杀人呢？"追问者听了，无不叹服其才。张家祖先是从陕西凤翔派到宁州（华宁）任官吏的，后人就在宁州留下来。明宣德年间，其父张海以岁贡入仕扬州府推官，后又以军功升任贵州按察使。景泰七年（1456），被人诬告"与于谦谋不规"，被抄家并且下狱两年。后得到昭雪，官复原职，在上任的途中病逝。张家在宁州很有声望，就连没有考中进士的张亮（张海曾孙）也比较贤能，以拔贡授任四川垒溪县教谕，后擢升犍县县令，很有政绩。张西铭后致仕回籍，遨游林泉42年，在家乡造桥施药，"赈贫乏济困弱"，做了不少好事。其《题节妇李氏》诗曰：

日暮依修竹，冰霜节不便。
欲同金石烈，肯负岁寒盟。
白璧声名重，黄泉性命轻。
谁知幽涧里，兰有暗香生。

张志淳

张志淳（1457—1538），字进之，号南园，云南保山人。明成化十六年（1480）庚子科举人（解元），成化二十年（1484）甲辰科第二甲第4名进士。张志淳自幼拜杨元为师，聪颖勤奋，精通六经，饱学不辍。历任吏部文选司主事、吏部郎中，掌管文职官吏的选授、铨叙、勋阶等职。正德二年（1507），任太常少卿，主管少数民族政事往来和朝廷贸易。在其任内，秉公办事，善用贤达，消除积弊，政绩卓著。后因在张䌽擢升一事中未趋炎附势而得罪权贵。正德三年（1508），张彩得势后，以廓清阉党为名，委张志淳出任南京户部侍郎，明升暗降，以除异己。其后，张志淳因痛感宦海险恶，朋党当道，与自己正直为人、清廉为官的处世之道格格不入，不肯附和刘瑾阉党，称病辞官，南归故里。张志淳笔耕不辍，将自己经历天顺、成化、弘治、正德、嘉靖五朝，为官多年的朝野见闻、人物时事，选录著成《南园集》等书。终年81岁。

杨南金

杨南金（1457—1539），字本得，号用章，云南洱源人。明成化二十二年（1486）丙午科举人，弘治十二年（1499）己未科第三甲第19名进士。历任江西泰和县令，湖广布政使参议、御史等职。杨南金任泰和县令时，泰和县境内盗贼猖獗，他下令在全县追查盗贼。未几，当地保长刘禄之妻陈氏到泰和县衙告状，说村民张开明抗税款，率领五人殴打刘禄，刘禄无法抵御，身负重伤，走投无路，投河而死，尸体现在河边，故请求杨知县为其夫申冤。杨南金带人前往验视，只见尸体虽无其他伤痕，可指甲中满是泥沙，显然是投河淹死的。另外，据死者妻控告，刘禄死于7天之前。为什么尸体腐烂如此之快，竟像死了半月的样子？而且尸体面目不清，无法辨认。追问张开明等五人，他们都笨口拙舌，不能自白。而陈氏母子则喋喋不休，披麻戴孝，子哭其父，妻哭其夫，悲惨苦痛，旁观者也为之心酸掉泪。杨县令总觉得其中有假，只得漠视着让她们把尸体收殓埋葬，听候发落。然后杨南金把张开明等五人叫到堂上，对他们说："倘若刘禄没有死，你们难道不能查找到他的下落？"张开明五人都说："不知他藏在何处。"杨南金申斥道："同乡共井，你们总应该知道线索。你们怕麻烦，真让人奇怪！如果是别人的事情，说不知道还可以理解；现在事关你们自己生死，难道你们甘愿抵罪吗？"张开明五人都哭哭啼啼，请求杨县令做主。杨南金说："光求我没有用，刘禄可能与盗贼勾结，坑害百姓。现在官府追查甚严，才逃走隐匿。泰和县境内能藏身的地方，你们都十分清楚，赶快分头去找吧！"三天后，张开明等五人果然把刘禄活捉，送到泰和县衙。这一天，围观的百姓有千人，都鼓掌欢笑。陈氏母子又羞又恨，叩头求饶。原来刘禄平日经常与当地盗贼往来，见县衙追查盗贼，怕牵连到自己，便化装逃走，并用一具投水自尽的乞丐尸体来冒充，借以遮人耳目，逃避罪责。事情真相大白后，杨县令对诬告陷害者都严加处理。当地民众开玩笑说：一个死乞丐，生前无衣无食，投水自尽后，没想到竟有"妻儿"披麻戴孝，为他殡葬，可算"福气"不小了。后来杨南金政绩卓著，旋升监察御史。他在京城做官时，正值宦官刘瑾专权。刘瑾党羽刘宇肆意妄为，"钳言官口"。杨南金不畏权势，上书皇帝加以弹劾，并当面指责刘宇。刘宇恼羞成怒，想把他抓起来。杨南金脱下官服，拂袖而去。刘瑾奸党被铲除后，他两度出任湖广布政使参议。而后，辞官回乡。在家乡，他建了一座"三宜亭"，意即"宜休、宜足、宜止"。杨南金为官有"三不动"美称，即"刁诈胁不动，财力惑不动，权豪撼不动"。杨南金卒年80岁。杨南金著作大多散佚，现存散文数篇，道德方面的著作有《居家四箴》，成为其后代训诫子孙的道德律令。他与同时的杨士云、李元阳齐名，是明代中期云南著名的作家。

玉　泉

昨夜山灵凿山足，涓涓石窍漱寒玉。
殷勤吹火烧竹枝，一脉须臾温可掬。
白苎裁衣美少年，凭谁作伴到江曲。
飘然两腋清风生，披襟闲坐芳草绿。

却怪世人寻不来，满身垢秽互尘俗。

我将遍寻同志人，何必童冠定五六。

毛 玉

毛玉（？—1524），字国珍，号琢庵，云南昆明人。明弘治二年（1489）己酉科举人，弘治十八年（1505）乙丑科第三甲第101名进士。毛玉自幼聪慧，很受乡人爱戴。毛玉考中进士后，初任行人司行人。正德五年（1510），升任南京礼部给事中。正值武宗信任太监，朝政污浊，盗贼四起。毛玉上疏弹劾华盖殿大学士焦芳、文渊阁大学士刘宇，请求从严惩治，以谢万姓。不久焦芳、刘宇相继被罢官。同时，他建议加强南京防务，因南京戒备森严，盗不敢犯。嘉靖元年（1522），世宗接位，受宠信的内监日益骄横。他不畏权势，上疏劝皇帝"戒嗜欲，杜请托，以破侥幸之门，塞蛊惑之隙"。后又奉命审讯王宸濠牵连的多起冤案，他详细调查甄别，使许多受牵连者得到解脱。他还建议，禁止地方官员与藩王来往。同年，明朝在永昌（保山）恢复府衙，毛玉汲取以往武官骄横、贪婪的历史教训，上疏建议加强知府权力，防止监军内监和武官不听约束，以安定边疆。这些建议均被朝廷采纳。嘉靖三年（1524），朝廷"大礼议"之争正值白热化，毛玉属于反对皇帝遵生父为"皇考"的一派。同年七月，一天散朝后，毛玉和群臣跪于皇宫左顺门前哭谏，世宗严令廷杖，16人被打死，134人被逮入锦衣卫监狱。毛玉被打得皮开肉绽，死于狱中。死后穷至无钱装殓的地步。隆庆元年（1567），毛玉始得平反，追赠为光禄寺少卿。后人将他的奏章编为《琢庵奏议》，全书十卷。清康熙二十八年（1689），云贵总督范承勋重修高峣升庵祠时，将毛玉像也祀于祠内，以示追念。弘治年间，毛玉捐资买地，在昆明城创办书院，教授学生，成为昆明城最早的书院（书院名无考）。毛玉创办书院，不但聘请名师授课，他还亲自到书院讲学。得到明朝宰辅杨一清的称赞：

一篑原来九仞基，升高行远在人为。
吾乡无限民间秀，不用担簦自得师。

张　含

　　张含（1478—1565），字愈光，号遁野，云南保山人。少时随父张志淳客居南京，广交豪杰，勤奋读书。明正德二年（1507）丁卯科举人。曾参加过七次进士考试，均名落孙山，于是毅然回家乡以写诗自娱。诗集有《张子小言》《艰征集》《遁野荒音》等，现存《张愈光诗文选》。张含出身于书香门第，其父张志淳，成化甲辰科（1484）第二甲第4名进士；其弟张合，嘉靖壬辰科（1532）第二甲第6名进士。父子三人都有文名，号称"永昌三张"。有人将三人比拟为"眉山三苏"。三人中，张含科场遭遇不顺，自知官场无望，于是回到家乡，筑"明诗台"，专心致志写诗，"日有咏，月有纂，岁有集"，成就了诗名。杨慎说："愈光于斯艺，可谓极平生之力矣！维其不用于试，而专门于兹，故能必传。"赵藩说："当与安宁杨文襄（杨一清）为有明一代滇中二大家，质之海内无愧色也。"张含的诗风格苍劲沉郁、旷达雄健，有杜甫之风，"自成一家，光耀南滇"。

秋夜宿鸡山大士阁

睡鹤残灯梦影迟，秋山幽寂称吟诗。
危峰势缺云笼屋，古树枝稀月满池。
白露滚滚黄菊瘦，孤猿咽咽断鸿悲。

干戈消息风尘动，怅望沧江有所思。

杨　慎

杨慎（1488—1559），字用修，号升庵，明正德五年（1510）庚午科举人，正德六年（1511）辛未科殿试第一甲第1名。人称"杨状元"，授翰林院修撰之职，其年才24岁。杨慎禀性刚直，每事必直书。明正德十六年（1521），武宗（朱厚照）被害死，因无子嗣，由其堂弟朱厚熜，按照《皇明祖训》继位，"凡朝廷无皇子，必兄终弟及，须立嫡母所生者；庶母所生，虽长不得立；若奸臣弃嫡立庶，庶者必当分勿动，遣信报嫡之当立者，务立嫡临君位；朝廷应即斩奸臣"。因此，朱厚熜就以"兄终弟及"的皇室家训，登上皇帝宝座，即明朝第12位皇帝明世宗。按照皇统继承规则，世宗要承认孝宗（朱祐樘，武宗之父）是皇考（即父亲），并享祀太庙；而自己的生父只能称"本生父"或"皇叔父"。然而，世宗违反祖训，即在他继位后的第6天，就下诏令群臣商议，决定他自己的生父兴献王为皇考，按照皇帝的尊号和祀礼对待。就这样，"皇统祖训"与"家系亲情"就成了当时内阁大臣们纷争的议题，即被史书称之为"大礼议事件"。当时，因杨慎之父杨廷和在朝廷任内阁大学士，首辅大臣，其父子二人及许多朝廷大臣坚决反对世宗违反祖制，追封其父兴献王为皇考。这遭到世宗和奸臣张聪、桂萼等"无耻小人"的排挤打击，其父杨廷和被迫辞官归故里。世宗还"命执首八人下诏监狱"。消息传出，群情激愤。据《明史·杨慎传》载："杨慎约集同年进士检讨王元正等二百多人，在金水桥左顺门一带列官大哭，抗议非法逮捕朝臣，声彻宫廷……帝益怒，悉下诏狱，廷杖之。"杨慎两次遭廷杖，死而复苏后，于嘉靖三年（1524），被流放云南永昌卫（今保山），铸成了杨慎半生与云南的不解之缘。更为难能可贵的是，杨慎流放云南35年间，他并未因云南边疆环境恶劣而消极颓废，而是奋发有为，不肯屈服邪恶势力。在云南永昌卫边塞荒凉地区，尽管图书奇缺，但他仍嗜书成癖，"书无所不览"。他认为要"知天下"，一是依靠"躬阅"，从亲身经历中获得知识；二是依靠"载籍"，从别的"史记"和"书籍"中取得知识。因此，他不仅刻苦读书，手不释卷，还游遍云南名山大川，每到一处就对当地风俗民情进行调查了解，从亲身经历与实践中丰富自己的知识。他与云南各族民众结下了深厚的感情，同时也得到了云南各族民众的爱戴和同情。时人有"相如赋，太白诗，东坡文，升庵科第"之说。杨慎凭着自己博闻强记的功底和勤奋耕耘的毅力，在云南35年中写出了不少笔记和著作，如《南诏野史》《云南通志》《云南山川志》《慎候记》《南中志》《滇载记》《记古滇说》等著作四百余种。他不仅对经、史、诗、文、词典、音韵、金石、书画无所不通，而且对天文、地理、生物、医学等也有很深的造诣。据《明史·杨慎传》载："明世记诵之博，著述之富，推慎第一。"

春 兴

昆明初日五华台，草长莺啼花乱开。
探禹穴游今已遂，吊湘累赋未须哀。
巢云独鹤时时下，傍水群鸥日日来。
散地幸容高枕卧，清朝岂泛济川才。

金 垒

　　金垒，云南大理人。明正德二年（1507）丁卯科举人，正德六年（1511）辛未科第三甲第72名进士。历任贵州参议，后因政绩卓著，旋升督察右御史。未几，辞官回籍。金垒任督察御史时，到普定县去巡查，正遇普定县王庄村民王楷死于文庙旁，且不知被谁所杀。忽然，县衙收到一封匿名信，上面写着："杀王楷者，是某某人。"某某是王楷的仇人，大家都说不错。金垒说："这是嫁祸于人的缓兵之计。"他问左右的人，谁与王楷关系密切？回答说是邻居马铭。金垒就把王庄村识字的村民集中起来，叫县令对他们说："我准备修撰县志，你们把各人的名字写上交来。"金垒看了大家所写的名字，又经过对比，只有马铭的字迹与匿名信上的字一致。于是，他要求县令，立即提审马铭，问："你何故杀死王楷？"马铭大惊失色，答道："王楷将要去云南做买卖，只有我知道，贪图他的钱财，所以杀死了他。"一桩杀人案，真相大白。金垒后来，辞官回籍。杨慎在大理居住时，金垒迎来送往，且在凤仪山上筑一凤嬉亭，用以邀请杨升庵讲学。杨升庵在他写的《无心篇》的序言中这样写道："余也疾疢闷闲之日久矣，吊影独坐，有冰壶承子来自成都，惠然过我凤嬉亭上，清谈相对，积日弥旬，不知沉疴之去体也，遂作《无闷篇》以赠承子。"按：承道玄，真名叫杨伯清，字冰壶，号羽士也。常住大理感通寺，是四川人，与杨慎是故交。王文才编辑的《杨慎词曲集》里，有《满庭芳》言感通寺赠承道玄杨伯清的相关事情，《浣溪沙》诗中记有游感通寺赠承冰壶的句子，《殿前欢》有感通寺赠冰壶师董西羽征君诸作。简绍芳《年谱》里有这样的记载，"嘉靖己丑（1529）八月，寓赵州，闻石斋公卜"云云，即赵州凤嬉亭也。金垒与何邦宪是同榜进士，故亦是同乡且同僚。

何邦宪

何邦宪（1477—1572），字宗尹，号龙津，云南洱源人。明正德二年（1507）丁卯科举人，正德六年（1511）辛未科第三甲第208名进士。明正德、嘉靖两朝时，朝政腐败，帝幸为乐，宦官专权，朝廷官吏，人称其为"纸糊阁老，泥塑尚书"。何邦宪任给事中，职掌谏诤，不畏权贵，敢于直言。一次，正德帝行幸宣府、大同，连月不归，他三次上表，奏请回銮，以定国本，消除天变，稳定人心，保全社稷，情词直切，名震朝野。当时，藩王朱宁镇守浙江，私发银钞，心怀叵测，邦宪上疏弹劾。不久，朱宁叛乱，嘉靖亲征，命邦宪会同中官、九卿守城。叛乱平定后，嘉靖以守城有功，派何邦宪出巡浙江，治理善后事宜。他把朱宁用银钞换取的白银全部归还民众。何邦宪后升任成都知府，为政清明，重视教育，民众和洽。隆庆二年（1568），何邦宪足疾，辞官回乡。后卒于家，享年95岁。邦宪长于诗文，著有《龙津小藁》三卷。嘉靖年间，宾川州守朱官题跋并刊印，现仅存手抄稿诗文残篇。

萃云山居

一屋烟岚一枕霞，万山深处有人家。
岩悬白水当阶落，树挂青萝锁径斜。
欲辨晴阴惟听鸟，不知时节但看花。
客来都是渔樵辈，手摘松枝煮芋芽。

王廷表

王廷表（1490—1554），字民望，号钝庵，云南开远人。明正德五年（1510）庚午科举人，正德九年（1514）甲戌科第三甲第153名进士。王廷表自幼聪颖，秉性淳厚，酷爱诗文，过目成诵；启承名师，遵从父教，经书陶冶，学业大进。历任浙江台州府推官、礼部员外郎、礼部郎中、四川按察司佥事等职。王廷表在浙江台州任推官时，有个强盗半夜闯进一户百姓家，杀死主人，抢了东西后，扔下刀子逃跑了。死者家属清晨起床发觉，拾起刀子，看见上面有记号，认得是邻居家的刀，于是到台州府报案。当时知府未在，王廷表当值，他捕来邻居严厉追问，邻居不承认杀人。他只好拿刀给邻居看，邻居说："这刀是我家的，但已丢失很长时间了！"王廷表就让一个衙役化装成百姓模样，暗藏那把刀，前往死者家附近的村庄去密访。恰好村子中有一群孩子在玩耍，衙役掏出刀子给孩子们看，一个小孩惊奇地叫道："哎，这是我家的刀子！"于是，抓到了凶手。王廷表为官清廉，广施仁政，秉公执法，勘问刑案，平反冤狱，受到百姓拥戴，被誉为"王青天"。后因仗义执言，得罪权贵，被"勒令致仕"。王廷表回到故里，潜心史学、文学研究，与杨慎结为诤友。他慷慨捐资为家乡建学宫，兴教育，传播文化；疏通河道，兴修水利，造福桑梓。王廷表是云南颇具影响的"杨门七子"之一，著有《皇统》《读史删后集》《钝庵诗集》等；与杨慎合纂《阿迷州志》，成为开拓地方史志、文学诗文的先驱。

部沼展墓雨后作

彩幢空忆昔年游，云岭横飘石窟秋。
火井焰腾烧冻泪，斗山梁兀贮尖愁。
乾坤老伴长宵卧，风雨寒随十日留。
极浦春深真寥落，芦花送客晚悠悠。

董云汉

董云汉，字倬庵，号西泉，云南澄江人。明正德二年（1507）丁卯科举人，正德九年（1514）甲戌科第三甲第163名进士。董云汉性格狷狂，崇尚气节，历任监察御史。董云汉任监察御史时，受朝廷委派，到湖广巡察历年陈案。湖南平江县有一个富商子弟，年轻英俊，押船载贺，把船停靠在洞庭湖岸，然后上岸闲逛。岸边有一个院落门口站着一个漂亮的少妇，举止大方，见了陌生人毫不羞涩。英俊少年挑逗她说："天黑后我来找你吧？"少妇也不拒绝，果然留着院门相待。天黑后，有个小偷路过，见院门没有关，便悄悄溜入盗窃。少妇见一个人影悄然而入，以为少年赴约，急忙迎上前去。盗贼见有人奔来，以为是来抓他的，拔刀便刺，然后把刀扔下逃之夭夭。不久，那少年也到了院子中，黑暗里踏着血泊滑倒在地，用手一摸，摸到了尸体，吓得魂飞魄散，拔腿就跑。到了船上，他让船夫马上开船起航，乘夜远遁。次日清晨，少妇家的人发现尸体，顺着血迹追到洞庭湖边。岸上人说半夜里有一艘商船突然离去，于是告到平江县衙。董御史正好巡察在此，他觉得事有蹊跷，便协助破案。县衙派快船追赶，将少年抓获归案，经过审讯，少年交代了全部经过，坚持不是自己杀人。董云汉仔细查看凶刀，发现是一把杀猪刀，便下令说："某天要大祭天地，全城的屠夫要一律到平江县衙中听令。"等到人都来了，又说："今日天色已晚，可以把刀子留在这里，明天再来。"晚上，董云汉命令用凶刀换出其中的一把刀。第二天，屠夫们各自认领自己的刀，只有一个人找不到自己的刀。问他剩下那把是不是他的？他说："这是某某人的刀，不是我的。"急忙命令抓捕那人，但那人已闻风逃窜了。董云汉从监狱中提出一名死刑犯，伪称是杀人的少年，在夜间处以死刑。逃跑的凶犯听说案件已结，认为没有什么可怕了，便返回家中，结果被埋伏着的衙役抓获归案，依法处决。商人少年，因犯"夜入人家"，被杖责二十，释放回家。董云汉在任期间，有很多惠政，后来厌见官场尔虞我诈，辞官回到故里。他居家后，过着恬静生活，每次外出，均徒步而行。某年早春二月，在临安，与杨升庵相识。应董云汉邀请，杨升庵、王廷表又与缪宗周相识，并一起同游江川、澄江、通海等处。他们以文会友，探幽静，访名胜，写下七言古诗：

临安春社行

临安二月天气喧，满城靓妆春服妍。
花簇旗亭锦围巷，佛游人嬉车骈阗。
少年社火燃灯寺，坪材角妙纷纷至。
公孙舞剑骇张筵，宜僚弄丸惊楚市。
杨柳藏雅白门晚。梅梁栖燕红楼远。
青山白日感羁游，翠斝青樽讵消遣。
宛洛风光似梦中，故园兄弟复西东。
醉歌茗芋月中去，请君莫唱思悲翁。

杨士云

杨士云（1477—1554），字从龙，号弘山，别号九龙真逸，云南大理人。明弘治十四年（1501）辛酉科举人，正德十二年（1517）丁丑科第三甲第 15 名进士，选翰林院庶吉士。后任工部给事中、补兵部给事中等职，而后辞官回乡，隐居著述近二十年。潜心研究范围很广，经、史、子、集无不涉猎。在自然科学方面主要从事天文学、声学和地学方面的研究，尤其在天文学上的成就最为杰出，著有《天文历法》。杨士云对天文学的贡献主要有：一是研究日食及其对地面环境的影响，并观测了太阳黑子；二是对月食及其食位的详细记录；三是对太阳系五大行星运动规律的研究，水星位置及木星逆行现象的观测；四是记录和使用了既有中国特征也有印度特征的白族二十八宿分野方法，并给予准确记录和表述；五是对历法知识和天文仪器知识的传播和普及工作。杨士云的文学创作主要是诗，亦有词赋、散文。其诗文形式多样，内容广泛；语言朴素，自然和谐；不堆砌辞藻，既典雅高亮，又不从流俗萎靡。

题樊沙坪园居

半点尘埃不受侵,一川风月更多情。
新诗旧草三千首,浊酒清淡数百觥。
雪裹梅花今夜梦,沙边鸥鸟昔年盟。
出门一笑无人会,万顷沧浪自濯缨。

胡廷禄

胡廷禄(?—1554),字在轩,号学原,云南昆明人。明正德十一年(1516)丙子科举人,正德十二年(1517)丁丑科第二甲第51名进士。历任南京户部郎中、河南按察使司副使。后辞官回乡,所居负郭,足迹不到公门,以吟诗写作为乐。当时杨慎谪居云南,经常与杨慎有诗歌唱和,过往甚密。胡廷禄为官多年,家无长物,终身未曾有积储。他与云南师友,盖非偶然。杨廷禄安然自娱,不求名誉,《明史》《儒林》均不著其名;所著书亦散失,真是可惜。"己酉之春,余谪居滇云,君来温泉,实始识君。"杨升庵与胡廷禄在安宁温泉相识,互相欣赏,且有诗歌唱和。嘉靖二十八年(1549)秋,杨升庵与胡廷禄、叶泰、简绍芳一同游玩太华寺,登临一碧万顷阁,数游昆明滇池,饮酒赋诗,他们的诗作均汇集在《滇池赏诗社集》里。此诗集由杨升庵编辑同游朋友之作,以记一时之盛,并为之写序。遗憾的是,胡廷禄的诗文未能传诸后世。胡廷禄在嘉靖三十三年(1554)十月去世。此时,杨升庵已经67岁了,病困体衰。庆幸的是,杨升庵为好友胡廷禄写下了一篇深情厚谊、文采飞扬、堪称经典的《祭在轩胡文公》,流传给后人。《祭在轩胡文公》:"呜呼!己酉之春,余谪滇云。君来温泉,实始识君。清标玉立,雅韵兰芬。契以莫逆,交以论文。君出宦游,未几解组。仕宦不跻,直道多忤。卞壁自珍，昭琴不鼓。庚桑深居，泄柳闭户。城阖如林，松竹为武。竭谢连墙，步绝公府。于我独亲，艺圃德邻。昆明池上，高峣水宾。或来或往，匪日匪旬。我唱君和，东主西宾。雪飞琼树，风起青苹。篇栽绮致，思人清新。余奉戎檄，暂归江岷。承君凶问，迸泪伤神。白马故人，青鸟阻送。宰木成阴，宿草以封。维甲之寅，在冬之孟。忽感荧魂，来入余梦。哀鸣酸嘶，寄托郑重。觉寤在床，落月满栋。精驻爽存，箕骑飚輡。塞墨枫青，江空水冻。帝宸高迥，鬼伯啄弄。惊鹤怨猿，讹鸾靡凤。情切范张，盟寒沈宋。君诗可传，君词堪讽。藏诸名山，副在洛诵。诔云辞云，卿以代瑂。"

叶 泰

　　叶泰，字道亨，号两湖，云南昆明人。明正德十四年（1519）己卯科举人，正德十六年（1521）辛巳科第三甲第200名进士。授礼部主事。嘉靖二年（1523），任光禄寺丞，擢升工部郎中，后厌见官场腐败，辞官回到昆明故居。叶泰回到昆明后，与杨升庵相处甚恰，十分友善，经常有诗歌往来。嘉靖九年（1530）十二月，除夕之夜，叶泰、傅希提出前往西山高峣看望杨升庵，并与他一同过年，恰逢富民县典史王准送桑落酒，也来问候杨升庵。王准，字子推，号石谷，浙江青田人，嘉靖二年（1523）进士，授礼部给事中，因弹劾权奸张璁、桂萼，被贬谪云南富民县典史。杨升庵见到同僚，十分感动，于除夕之夜抒写了这一动人情节，《庚寅除夕，王子推送桑落酒，适傅希说、叶道亨同过，守岁即事》："桑落旧方传陆海，椒花新颂及滇春。能消客底千金夜，顿有天涯两玉人。无家垂老同漂梗，痛饮狂歌非隐沦。岁去年来真反手，柳春头白转伤神。"杨慎还有专门写赠给叶泰的《两湖叶道亨泰招饮过湖晚归》："杨堤叶屿迥相邻，东主西宾意自亲。促席何披千里雾，归舟重醉两湖春。

沙边渔火明还暗,树里人家认未真。已订鱼乡欧社约,片帆何惜往来频。"

张凤翀

张凤翀,字文彩,号岐山,云南华宁人。明正德十一年(1516)丙子科举人,正德十六年(1521)辛巳科第三甲第168名进士。嘉靖二年(1523),任江西旌德知县,到任一年后,上司派旌德县饲养军马二十匹,遭到百姓强烈反对。张凤翀上《奏旌德免养马疏》,备述旌德地面狭窄,地势险峻,虎狼出没,不具备养马条件。奏章直斥巡抚吴廷举不察民情,遥想远料、乱派马匹的做法,指出如硬行此事,将使朝廷失却民心的后果,并表明自己是亲睹民情,殊死上言。嘉靖帝闻奏后,权衡利弊,不得不免除旌德养马事宜。张凤翀遂在旌德境内三溪南湾石上刻下"钦免养马"四个大字。嘉靖五年(1526),张凤翀调任丹阳知县。《丹阳县志》对其有"公明节俭,爱民如子,重建县堂,更新学宫,百姓颂之"的记载。嘉靖八年(1529),升广东道监察御史,奉旨踏勘南京各卫草场。他亲自丈量草场亩积,对倚仗权势霸占或盗卖草场土地者严加惩治,将清理出来的土地还给农民耕种,并酌情免税赋。上百年的积弊就这样被革出了。后因丧事回籍,决心退出官场,时年40余岁,一直以悠游林泉、饮酒作诗为乐。朝廷曾三次下旨要他复出为官,均被他所拒绝。卒年73岁,著有《岐山稿》。

叶 瑞

叶瑞,字应期,号桐岗,云南建水人。明正德十四年(1519)己卯科举人,嘉靖二年(1523)癸未科第三甲第106名进士。叶瑞少年时，就很威严正直，敦厚有节操，博览群书，以孝顺父母，友爱兄友而闻名。考中进士后，任湖南石门知县，政尚宽简，爱民如子。后升任户部主事。叶瑞在湖南石门任知县时，有一个豪民张盛，在他哥哥病逝后，逼迫嫂子改嫁，并诬告嫂子的儿子不是哥哥的亲生子，企图借此霸占家产。嫂子告到石门县衙，叶瑞接到告状，仔细审查卷宗，且亲自到村庄中去，找到当年接生的产婆调查。产婆到县衙作证，证实嫂子的儿子确实是张盛的哥哥之亲子。再叫来张盛与产婆当面对答，案情真相大白。从此，叶瑞在石门县政声渐卓。后因父母年老多病，辞官归故里。叶瑞与杨升庵、同郡王钝庵、杨肃庵交厚，随时与他们盘桓唱和。同年，杨升庵与周氏婚后，仍留在建水曲江。正月，叶瑞、王廷表与杨升庵相伴，游山玩水，相与唱酬。杨升庵收获了友谊，也收获了欢乐，写下《孟春与叶桐岗、王钝庵于郊即事》："正月勾东春已深，迟客登楼延赏心。苔池飞泉漱鸣玉，菜圃散花如散金。汉阳莫作穷鸟赋，楚狂且停衰风吟。绿樽共喜日日醉，华发那畏星星侵。"叶瑞著有《钟鼓楼碑记》《令崇节河洛解》《律吕书》等。

孙继鲁

孙继鲁（？—1547），字道甫，云南昆明人。明正德十四年（1519）己卯科举人，嘉靖二年（1523）癸未科第二甲第8名进士。历任沣州知州，卫辉、黎平、淮安知府，湖广提学副使，山西参政、按察使，陕西右布政使、右副都御史，山西巡抚等职。孙继鲁担任贵州黎平县令时，有一个女人杀害了自己的丈夫，然后放火烧掉了房子，假造现场，其丈夫被火烧死了。婆家人告到黎平县衙，那女人拒不承认谋杀，一时间无从定案。为了辨明真伪，孙继鲁命令衙役捕来两只小猪，杀死其中的一只，然后放在柴堆上一起焚烧。等到活猪烧死之后，查看两只小猪的口腔，只见死猪口中很干净，而活着被烧死的小猪的嘴巴中则吸进了许多烟灰。再检查其丈夫的尸体，口中却没有一丝灰尘。于是，孙继鲁断定，是女人先致死了自己的丈夫，而后放在家中焚烧。经审讯女人，在确凿的证据面前，女人只好供认了自己的罪行。嘉靖二十六年（1547），孙继鲁任山西巡抚时，总督都御史翁万达上奏皇帝，要求撤除太原内地驻兵，集中调到大同，得到嘉靖皇帝批准。孙继鲁上奏力争，他认为："天设重险以防卫国家，岂可聚师旷野，洞开重门以延敌？山西内郡与大同大边都密迩河套，全师在外，强寇内侵，即紫荆、倒马诸关不将徒手哉？"后翁万达上奏皇上，说孙继鲁"诋诽"。嘉靖皇帝听信翁万达的话，遂逮孙继鲁入狱。他在狱中，正气凛然，用破碗在墙上写下《狱中》诗，出狱后又写下《温泉偶浴》。

狱　中

忧国忧民意自深，谏章一上泪沾襟。
男子至死心无愧，留取芳名照古今。

陈　表

陈表（1490—1573），字献忠，号草池，云南玉溪人。明正德十四年（1519）己卯科举人，嘉靖二年（1523）癸未科第二甲第145名进士。历任四川南溪县（今南溪区）教谕、四川云阳知县、浙江道监察御史、江苏淮安知府等职。他在南溪任教六年，深受当地的学生和民众崇敬，评价他："讲文学必根道学，做经师不愧人师。"在四川云阳任知县，陈表为官清廉，不尚繁苛，兴利除弊。在浙江任监察御史，所到之处，秉公办事，不徇私情，激浊扬清，不畏权势。在淮安任知府，有人劝他少管闲事，以免和权贵结怨。他说：

"吾今代天巡狩，讵可容私。非种不除，如其生灵涂炭何？吾职宁休，民害必除。"他这种疾恶如仇的态度，刚正不阿的性格和敢说敢做的气魄，一时广为传颂，被称为"铁面御史"。在代天巡狩期间，他把各地发现的人才推荐给朝廷，为国家"拔擢英才"。缘于陈表任淮安知府时，直接冒犯首辅夏言，被夏言所不容，仅在任一年后，以"忠直见忤"而免职，时年仅46岁。陈表罢官以后，回到家乡玉溪。于嘉靖二十年（1541）创办"草池书院"。在陈表回玉溪之前，知州杨杰曾上疏朝廷，申请建设学校，累次被驳回上疏。他联合当地绅士，联名上疏，鉴于陈表的特殊身份，礼部将他的呈文奏明隆庆帝，且说："据州人陈表，成进士，官御史，风气已开，文教日兴，人才渐出，黉序应设。"从此结束了玉溪没有学校的历史。著述《家训》，诗有《同太守杨升庵游海宝寺次韵》。万历元年（1573）病逝，终年83岁。葬于豸绣山。

缪宗周

缪宗周，字惟静，号碌溪，云南通海人。明正德十四年（1519）己卯科举人，正德十六年（1521）辛巳科第三甲第309名进士。任户部主事。嘉靖三年（1524），因"大礼议"事件，遭廷杖责。后任浙江布政使。缪宗周在浙江任上时，一次遇到一件棘手的案子。有一个囚犯，按照法律规定不应该判处死刑，但当时的转运使（地方长官）刘揆执意要从重惩办。刘揆是一个十分专横凶暴的人，谁也不敢与他争辩，只能听之任之。当时只有缪宗周敢向他提出不同意见，劝他要依法办事。刘揆根本不听。缪宗周只能直言相告："你这样任意胡来，这个官当不是昏官，为了巴结上司而要枉杀人命，这样的官做了干什么？还不如回家种红薯。"后来，刘揆知道自己不对，便撤回了杀人之令，仍把那个犯人依法判罪。未几，缪宗周厌见官场，辞官回到故里。他在家居住三十余年，绝迹公庭，清如寒士。他与杨升庵十分友善。著有《太极图演义》。杨升庵有《赠惟静》诗："通海江川湖水清，与君连日镜中行。只少楼台相掩映，天然图画胜西湖。"其三诗："海鳌江蟹四时供，水蓼山花月月红。自是人生不行乐，莼鲈何必羡江东。"

西园和杨升庵

瑶湖北带秀山西，一径烟萝思欲迷。
为爱将军崇雅会，叨随仙客赋幽栖。
绿绮竹里怜题凤，红槿化边看斗鸡。
老共闲身饶野兴，何妨频数事攀跻。

李元阳

李元阳（1495—1580），字仁甫，号中溪，云南大理人。著名理学家和文学家。明嘉靖元年（1522）壬午科举人，嘉靖五年（1526）丙戌科第三甲第65名进士，授翰林院庶吉士。据传，其母董氏"梦龙负日入怀"而生，故名"元阳"。李元阳自幼好读书，凡是天文兵法诸书，均过目则洞其要。李元阳仕至江阴县令、荆州知府、巡按、御史等职。李元阳任江苏江阴知县，任职期间，兴利除害，体恤民苦，并以廉洁著称。当时靖江海盗抢劫，他演水操，建城楼，严兵卫，贼见无隙可乘，于是就逃走了。有一家被盗的人，自己擒获贼人来见李元阳，贼人自己也承认是盗贼，李元阳却把他放了。众人都不解其意，后来在此人帮助下擒住了首领，众人才明白这样做的道理。李元阳发奸摘伏，不避强御，举孝表廉，兴利除害，政严而有惠爱。他离开江阴县（今江阴市）时，老百姓流涕送行，遮道延百余里，并立生祠，勒石著善政。他任荆州知府时，荆襄之间，四百余里无井泉，李元阳至，捐俸穿井数十，发动群众筑堤防水患，为百姓办好事、实事，当地百姓称之为"李公井""李公堤"。他带领当地群众兴修水利，弹劾贪官，为民造福；遇事敢言，当世推重。后升调京城，升任监察御史，负责监督百官、弹劾官吏，整顿官场早已污浊的吏治之风。他行事正直，为人坦率，忠于职守，不徇私情，被同僚称为"真御史"。后又旋升为荆州知府，理由是："荆州要地，御史李元阳堪任。"他曾主持湖北乡试，为主考官，得到了秀才张居正卷子，他认为张居正将来可以成大器，把他拔为六百人之第一名。这位明朝后来的宰相张居正，当时只有十三岁。这时期，李元阳就有了济世的"民本思想"。嘉靖二十年（1541），李元阳父亲在大理去世，他借奔父丧的机会，告别了早已厌烦的官场，从此以守制为名，隐居大理四十余年，而再未出仕。他平生未尝一天不读书，在自己宅后作默游园，日与禅衲讨论其园。他喜欢静坐，一直到宵才就寝。胸次豁朗，知在事先，人们认为他有奇术，元阳曰："天宇泰定耳，何术之有？"李元阳精研朱子理学，著有《心性图说》等。退出官场后，曾与杨慎交往，成为杨门七才子之首。他所写诗文，劲爽潇洒，著有《中溪漫稿》《中溪存稿》《艳雪台诗》等，汇编为《中溪家传汇稿》。《滇南诗略》录其诗五十首，《滇南文略录》收其文四十二篇，《滇诗拾遗》录其诗二百一十五首。他曾参与编撰《大理府志》《云南通志》等。李元阳是云南明朝史上成就最高、影响最大的进士文人之一。

高峣泛歌

不到昆明三十年，重来今日已幡然。
担头诗卷半挑酒，水上人家都种莲。
山色满湖能不醉？荷香十里欲登仙。
碧鸡岩畔堪题字，欲把滇歌取次镌。

唐 锜

唐锜（1493—1561），字子荐，号池南，云南晋宁人。明嘉靖元年（1522）壬午科举人，嘉靖五年（1526）丙戌科第三甲第174名进士。任安徽定远县令期间，爱民如子，勤政廉洁，做过很多有益百姓的事。当地人评说："江北令好者五七人，持重练事，无如唐子。"定远县建有生祠以示祭祀。后升任陕西巡抚、监察御史等职。唐锜在安徽定远任县令时，有两个人斗殴，告到县衙，张甲身强力壮，李乙身小瘦弱，可是经过验伤，每人身上都有青色和红色的伤痕，且看不清孰轻孰重。唐琦审视再三，便用手分别摸他们的伤痕，然后断定说："张甲的伤是假的，李乙的伤是真的。"经过审讯，果然如此。原来当地有一种榉树，用它的叶子涂擦皮肤，就有青、红痕迹，酷似棒伤，用水洗也洗不掉，只有亲自用手探摸，才能辨认出血液凝聚的软硬度。缘于唐琦熟悉定远县情，所以用手一摸就能区别真伪。真相大白，判伪装者欺骗之罪，张甲哑然失笑，低头认罪。后来唐锜由巡按降职后，有人为之不平，他淡然对之："官岂在大小，同样为国效劳，同样为民尽心，有什么可说的。"仍尽心办事如前，从无怨言。在陕西任巡抚时，曾题写陕西黄帝陵墓碑"黄帝陵"三字，以及"桥山龙驭"四个大字。此碑和题字至今尚存。唐锜后因"忤权要，归故里"。他回乡后与杨慎结为知己，成为"杨门六学士"之一。杨慎每到晋宁，必往唐家，互相唱和，情谊至深。唐锜死后葬于晋宁，其墓尚存，后被列为县级文物。

青松吟

郁郁松千树，何年却向东。
翠森禅瓦碧，晴映佛灯红。

泉响蛟龙窟，霜寒鹳鹊官。
客杯兼酒性，万里正无穹。

唐　泰

　　唐泰（1593—1673），字大来，号担当，云南晋宁人。明嘉靖七年（1528）戊子科举人。任福建邵武府同知。幼年受到良好教育，万历三十三年（1605）考贡生，名列第一。天启五年（1625）获"岁荐"。从昆明到北京应廷试，入太学，后应试落第。从此，纵情山水。他写诗明志："欲报朝廷甘自弃，女流饶有丈夫气。若得挥戈建大功，妾愿居孀尔尽瘁。"唐泰先后拜陈继儒、董其昌等为师。回滇后，与徐霞客结为知己。在明清交替之际，唐泰到宾川鸡足山剃度出家，往来于苍洱之滨，僧名"担当"。诗作有《橛园集》八卷、《橛菴草》七卷等。担当诗、书、画造诣极高，被世人称为"三绝"。他性情豪放洒脱，品格高洁，艺术成就卓越，是云南文化史上的杰出人物之一。唐泰去世后，葬于大理感通寺后山。

咏山茶

冷艳争春喜烂然，山茶按谱甲于滇。
树头万朵齐吞火，残雪烧红半个天。

赵汝谦

　　赵汝谦（1515—1589），字撝庵，云南通海人。明嘉靖十年（1531）辛卯科举人。赵汝谦自幼聪颖，被誉为"神童"。嘉靖十二年（1533），他出任富顺知县，兼梓潼县事。在任期间，富顺在吏部任职的一个权臣之子，横行乡里。赵汝谦不畏权势，将其子召至衙门中，晓以国法，责令将历年积公交清，以礼释放。数年后，以跳水为生的客民罗用宾的女儿兰莹，被权臣之子骗入家中纳为小妾。兰莹不从，被杖身亡，藏尸花园里。他受理此案后，不畏权势，微服私访，得到真凭实据，将凶手捉拿归案。权臣托人说情，用重金贿赂。他断然拒绝，依法判刑，报请上级批准，即予执行，为当地民众除去一害。为此，他得罪权臣，辞官回乡。他卸任时，民众不舍，远送出境，并集银百两相赠。赵汝谦清廉，拒不接受。罗用宾感激赵汝谦的恩德，愿意终身侍奉。赵汝谦同情他的孤苦，允许罗结伴回籍，安度晚年。罗用宾死于通海，葬于秀山赵氏祖茔。赵汝谦回籍后，除设馆教书外，于嘉靖三十九年（1560）捐资修建秀建桥于山沟上，受到通海民众的称赞。

张　合

张合（1506—?），字樊观，号贲所，云南保山人。明嘉靖元年（1522）壬午科举人，嘉靖十一年（1532）壬辰科第二甲第6名进士。张志淳次子，少有"目有夜光，九岁能诗"的记载。历任户部主事、礼部员外郎、福建按察司副使、贵州布政司参议、湖广按察司副使、提学道等职。张合在任期间，秉公办事，为国选才，以本质好坏和是否有真才实学为考核提拔标准。当时有些好古猎奇或追求虚名的人向他请教，他心怀坦荡地发表自己的观点："真实人难做，道学士易为。"当时，云南巡抚歧视少数民族，饬命永昌府"清查夷田"，惹起事端。他站在当地民众利益的立场上，告诫云南巡抚要慎重行事，以免惹起麻烦。张合奏"上书五千言，达之当路"，使云南巡抚实施的政策停止执行。著有《贲所诗集》《八语篇》《游宦杂钞》《贲所日记》等。后因病辞官回籍，去世于故里。

赵汝廉

赵汝廉（1495—1569），字敦夫，号雪习先生，云南大理人。明嘉靖元年（1522）壬午科举人，嘉靖十一年（1532）壬辰科第三甲第127名进士，授翰林院庶吉士。历任吏部考功司主事、南京右副都御史。赵汝廉幼年聪慧，八岁能吟诗。为官刚正不阿，廉洁自守。在朝时，赵文华为严嵩党徒，专横跋扈，赵汝廉上疏云：第进之，生死吾自当耳。一天，赵文华在路上遇到赵汝廉。赵汝廉曰："杀人而不死，恨刀不锴耳！"他毫不畏惧。赵汝廉宽厚待人，极有政声，后因不满朝廷权奸当道，辞官回到故乡。他回乡后不治产业宅地，仅筑一草庵（曰名"觉庵"）居住。李元阳曰："作诗文，信手应人，不为雕虫之技。"赵汝廉的诗文，大多遗失，现存尚少。

九鼎寺

九峰天外拥青莲，曲栈危梯日月边。
上界有亭飞槛断，下临无地画楼悬。
云霞拂拭衣裳冷，松竹萦纡屦屐偏。
京洛缁尘尘外浣，莫辞杯酒醉崖巅。

高 𫓧

高𫓧，字仲龙，号云川，云南大理人。明嘉靖四年（1525）乙酉科举人，嘉靖十四年（1535）乙未科第三甲第48名进士。历任监察御史、南阳知府、广西按察司佥事等职。高𫓧在南阳任上时，有一个名叫孙川的人，因拖欠南阳县（今南阳市）富豪王朔的债务，图谋赖账，便心生邪念陷害王朔。他预先找到一个讨饭的老婆子养在家中。有一天，王朔前来讨债，孙川便把老太婆害死，诬告王朔，并收买外地的一个贩卖茶叶的商人作证。卷宗报到南阳府，高𫓧发现疑窦，询问说："见证人为什么不找邻居担任，而去找外地商人？"又指着卷宗说："这里讲老妇人伏在王朔的背上掩护他，怎么又会被殴打胸部致死呢？"他只好亲自到现场察看，并询问附近居民，终于弄清了事实真相。原来孙川家门前有一条小河，河上架着几根圆木作为桥。王朔来讨债时，孙川把老妇人推入河中毙命，诬告王朔杀害了老妇人。经查证据确凿，孙川无法抵赖，只能伏法认罪。高封为官不苟，所至凛然。他后来巡查浙江，盐政畅通，回京渡淮河时，风浪大作，高封曰："吾箧中苟有一避邪物，舟若即沉，遂顺流而可渡矣。"风果息。此虽偶合，然可见其清介如此也。巡查福建时，墨吏闻至，望风解印者有十余人。在南阳任知府时，借机规劝唐王释放被冤屈百姓。后晋升湖广布政司参议职，以父母年老而归故里。

缪文龙

缪文龙，字见甫，号阳泉，云南沾益人。明嘉靖四年（1525）乙酉科举人，嘉靖十年（1531）辛卯科举人，嘉靖十七年（1538）戊戌科第三甲第86名进士。历任户部侍郎、河南道监察御史、浙江道监察御史、四川左参议等职。他办事善于决断，名声远扬。缪文龙在户部任侍郎时，派往湖北督察事务，当时石首县（今石首市）有两家人为墓地发生争执，四十年尚无定论，他深入查访，经过一月时间，终于将案情查清，用寥寥数语判决两家纠纷，并使两家人心悦诚服。嘉靖二十五年（1546），他在浙江道监察御史任上，心系家乡事宜，呈请云南都御史顾应祥、云南巡抚林应箕，提议建立沾益州学馆；同时，他还出资修复三处倒塌的城墙，并在城南官道上建一座石桥。缪文龙调任云南按察使时，整顿吏治，整肃军纪，清理田亩。未几，便呈现政通人和的局面。缪文龙生前著述很多，可惜在时代动乱中遗失。缪文龙在外任职二十余年，后辞官回籍，死于故里。

何思明

何思明，字志远，云南洱源人。明嘉靖二十二年（1543）癸卯科举人。历任营山、重庆教谕，四川仪陇县令，昭通通判等职。何思明在仪陇任县令时，仪陇县城中有一户有钱人家的女儿要出嫁，家中给她准备了丰盛的嫁妆，只等婚期一到，便送往夫家。没想到，一天晚上，家里来了盗贼，翻墙而入，把嫁妆服饰席卷而去。户主急忙到仪陇县衙报案，何思明命令县衙役，把全城三面城门都关闭，只留一个城门供人出入，派县衙役在此门口严格检查出入行人。同时，又粘贴布告通知全城居民，让大家各回自己家中等待，明天要在全城挨家挨户搜查，务必追出失窃的嫁妆。何思明又找了两个可靠的衙役，暗暗嘱咐他俩到城门口去观察，若有谁连续出出进进的，马上抓来受审。当天下午，衙役抓来了两个人。这两个人连续两次出入城门，但双手空空，除了身上衣服以外，一无所有。衙役将两人押解到县府后，何思明马上断定："这两个人就是偷嫁妆的盗贼。"在审讯他们时，他们连连喊冤诡辩。何思明喝令左右把他俩的外衣脱下，只见外衣里面穿着好几件女人衣服，正是失窃的嫁妆，这时两人才叩头认罪。原来，这两个盗贼听到明天要在城中大搜查的消息，怕被搜出赃物，急于运出城外。但是东西多，一下子很难带出去，所以只好把衣服穿在身上，分批转移出去。没想到，正好中了何思明设下的圈套。何思明少孤家贫，然致力于学。他后来任昭通通判时，兴修水利，为民造福。每逢灾荒年，他率先捐资，赈济饥民，缓解灾情；公明节俭，爱民如子。何思明遇事敢言，当世推重。他以爱民为己任，了解人民疾苦，兴利除弊，不畏强暴，严惩污吏。

他致仕回到故乡后，家徒四壁，仍好学不倦。他同情劳动人民，现存诗文仅两首。

湖中悯农

茫茫一碧水云天，两岸蒲秋不见田。
潇鼓邀游闻笑炊，有人沉灶昼无烟。
三十六年成久别，而今题作一联诗。
华首逢头大寂禅，烟霞养得慧身坚。
有时做到妄言处，迦叶重来展笑颜。

杨廷相

杨廷相（1513—1594），字燮，号台峰，云南石屏人。明嘉靖十九年（1540）庚子科举人，嘉靖二十三年（1544）甲辰科第三甲第131名进士。历任南京大理寺右寺卿、京诸曹部郎中、南京大理寺兼右寺河南知府、湖广布政司右参议等职。嘉靖三十三年（1554），任河南府知府，奉诏治理屯邮，他到任后，裁冗剔弊，深得民望。当时，河南境内灾荒歉收，饥民载道，饿殍遍地。他率先捐资，赈济饥民，兴修水利，缓解灾情。在河南任职四年后，调任湖广布政右司参议，离开河南时，"吏民攀卧，车马轵不得发"。杨廷相在湖广任职期间，有权臣嵩贵幸，纵其子嵩世藩恫吓下属官吏，所到之处，要挟贿赂，目无国法，杨廷相初至，使人到府衙索要三千两银子，杨廷相不与浊波同流，横眉冷眼视之。因而触怒了嵩党，数年未得到升迁，且几乎被权臣所害。嘉靖四十二年（1563），他告官回乡。杨廷相在家闲居近三十年，乐善好施，曾捐资建海朝寺，修化龙桥。在家教子读经，被誉为乡贤。万历二十一年（1593），病逝于故里，享年八十一岁。当时，包建捷（尚书）为他题墓志铭,称颂曰:"仕而为德,于官兮而无薪荣;归而为薪,于乡兮而无近名。夫惟不盈是以能成。"

善觉寺

千年雄刹占名峰,花草芳菲物色浓。
游客有诗题古壁,老僧无事倚长筇。
黄鹂啼处金藏柳,白鹤来时雪点松。
风景无边堪入画,夕阳一片数声钟。

严　清

严清(1524—1590),子真甫,号寅所,云南昆明人。明嘉靖二十二年(1543)癸卯科举人,嘉靖二十三年(1544)甲辰科第三甲第159名进士。历任工部屯田司主事、员外郎、陕西参政、四川按察使、右都御史、刑部左侍郎、吏部左侍郎、刑部尚书、吏部尚书。后告病还乡。严清为官清廉,为人正直,深得民心。严清任四川按察使时,到营山县去巡察。营山县有个居民叫李祖明,以贩笔为业,经常外出。是年二月,他妻子马氏在家独居,被人杀害。案发当晚,大雨倾盆,在房前泥中发现一把题有诗文的扇子,扇面上写着王琛赠刘贵的字。王某是什么人,大家不知道;刘贵是营山地方的富豪,与李祖明同乡,平日行为轻佻放荡,说他杀死马氏,人们都深信不疑。县、府两级均以刘某杀害马氏罪名,将他收监狱判刑。严清仔细阅读案宗,觉得案有蹊跷。严清以证据不足,将刘贵从里监狱移到外边看管。一天,严清化装成商人,来到营山县城某酒店,发现酒店墙上粘贴着一幅字,字体与扇面上的相同。严清立即拘捕酒店掌柜。掌柜惊慌恐惧。严清问他:"你店中墙上有李懋的题诗,是什么时候写上去的?"掌柜答道:"去年有几个秀才喝酒后写的，但我不知他们住在哪里。"严清又下令拘捕李懋，过了几天押到。严清劈头便怒声喝道："你既是读书的秀才，为什么要杀人害命？"李懋连连叩头，说自己并未杀人。严清把写着诗的扇子仍下去让他看，说："这首诗明明是你所作，为什么诡称王琛？"李懋细看诗扇，答道："这诗确实是我所作，但字却不是我写的。"严清说："既然知道你的诗，必定是你朋友，你看看究竟是谁写的？"李懋说："看字迹，像是我朋友张祚的。"于是，严清又命令捕役传张祚，拘捕到之后严加审讯。张祚答说："这把扇子上的诗是孙诚求我书写的，说王琛是他表兄。"严清说："真凶找到了！"遂逮捕孙诚。一经审讯，真相大白。原来，孙诚看到马氏姿容美丽，打算调戏勾引，又怕事情不成，便想如果冒充刘贵，必然不被怀疑。于是，他伪造了一把刘贵的扇子，拿着去到马氏家中，原本想事情成功了，便承认自己的身份；如果事情败露，就嫁祸于刘贵，并没想到会因此杀人。那一天，孙诚爬墙进入马氏家中，企图强奸。马氏独居空屋，为防不测，身边一直准备着刀子，以作自卫。两人在搏斗的过程中，孙诚夺过刀来将马氏杀死，逃走时将扇子遗落在泥水里。严清一生生活简朴，"所居官，自身与童仆食粗衣敝，肖然也"。虽官高位显，但平易近人。当时人们将他比作名臣海瑞，评价极高。严清还乡后，隐居松华，万历十八年（1590）卒于居所，葬于祖茔羊肠村后山，被明廷敕增太子太保，谥号"忠肃"。

春 游

凌风趁早游，直上蓬莱州。
翠交山色外，凉浸波光楼。
晨钟声犹过，画栋云若浮。
登眺顿忘晚，渔歌落海秋。

董学孔

董学孔，字以时，云南蒙自人。明嘉靖三十三年（1554）乙卯科举人。初任湖北夔州推官，谳决明允，不枉不纵。后擢升陕西邠州知州，时正值关内大饥，董学孔首捐俸银施粥民众，救活者达数千人。他劝树艺、倡纺织、均赋役、兴水利、育人才，善政卓卓，邠州人绘图以赠之。后历任贵州镇宁、永安知州，旋升贵阳知府。董学孔在永安任知州时，一天，有个妇人的丈夫外出不归，杳无下落。忽然有人发现菜园井中有一具尸体，妇人听说后，便跑到井边号哭，连声叫嚷："这就是我丈夫啊！"永安州府闻报，董学孔亲自去井边观察，然后，命令州府衙役召集附近居民，让他们辨认死者是不是妇人的丈夫。看过的人都说水井太深，无法辨认。董学孔说："人人都说看不清死者面目，为什么偏偏妇人咬定就是她丈夫呢？其中必有蹊跷。"于是，他把妇人押回州府审问，再三盘诘，终于弄清是妇人串通奸夫杀死了自己的丈夫，抛尸于井中。董学孔就这样，通过细致观察，发现反常现象，找到线索，查明一件大案。在永安任知州时，他还建立经阁，置书舍六十余间以课士，永安民众爱戴，为生祠祭祀之。在镇宁任知州时，抚绥苗族，拒绝土司馈赠。在贵阳任知府时，雪冤狱，豁浮粮。后晋升为府左长史，亦称其职，得到朝廷嘉奖。致仕归故后，服食用具，仍若寒素，所余俸禄，常以周济贫民。若有乡人子鬻身，他捐金赎之。

侯必登

侯必登，字颐真，号星湖，云南江川人。明嘉靖三十七年（1558）戊午科举人，嘉靖三十八年（1559）己未科第三甲第205名进士。侯必登任潮州知府时，一个村庄中，有个村民早晨起来拾粪，在一条水沟中发现一具尸体,他急忙跑去报告地保。地保报到府衙,侯必登带领衙役来到现场验视。案发地离村庄有一里多远,尸体为一男子,俯仆倒在水沟里,头朝西,脚朝东。水沟旁并无打斗痕迹。下沟隐约可以看到有几个人的脚印,绵延有几十丈。他命人将尸体翻过来,只见身下有一块血污,头部、脸部均有多处刀痕。经过对死者验伤,确定是一种剖鱼刀杀伤致死的。侯必登询问地保:"死者是谁?"地保答道:"从发现尸体至今无人来认领,不知是谁。"又问:"谁家有此种鱼刀?"地保答:"本村是海滨渔村,一向以渔为业,家家都有此种鱼刀。"侯必登当着围观的村民们宣布:"我马上到各庄各家去查验门牌,大家赶紧回去,准备好门牌,听候检查,不得有违。"村民散后,他又暗暗地指派几个衙役到村庄四面去守望,如发现有企图出逃者,立即抓来。侯必登率领衙役,挨家挨户进行检查门牌,询问情况,连续查了十几家,均没发现什么可疑情况。后来查到村中间开小酒店的王洁家,只见王洁和他叔叔两人马上下跪,神色惊慌,询问他们家中情况,他们竟半天说不出话来。侯必登让他们把鱼刀拿出来看看,王洁结结巴巴地说:"没、没有。"侯必登厉声说:"你们藏匿鱼刀不交,就说明是你们杀的人。"随即命令衙役把他俩带回府衙去。回到府衙中,侯必登对他俩说:"刚才验尸时,我看那死者不像一般百姓,很可能是强盗,如果杀死强盗,即算不了什么大罪,你们就放心说吧。"说着,他解开王洁的衣襟,见胸部有拳打手抓的伤痕。王洁这才供出了事情的经过:"那天半夜,我睡梦中被一种什么声音惊醒,仔细一听,好像有人从门外拨门闩。我赶紧起身披上衣服,顺手摸了一把鱼刀,刚走到门边,忽然门被推开闯进一人,照我胸脯打了一拳,我差点跌倒,就用鱼刀砍他的脸,厮打了一阵,把他砍倒了。这时我叔叔也惊醒了,见那强盗已死,我俩很害怕,就跟我一起把尸体抬到村外的沟里,回来后把地上的血迹铲刮掉。"后来王洁带着衙役,取回藏匿的鱼刀,刀上确有血痕，又把刀拿到火上一烧，血痕更真切了。侯必登以“盗贼拒捕，格杀勿论”了结此案。侯必登还废除前任实施的苛捐杂税，兴修水利，发展生产，让民休息。当时潮州海盗猖獗，民众流离失所，他沉着机智，对海盗采取招抚与歼灭的两手策略，平息了海盗的侵扰，民众得以安生。侯必登为人忠厚耿直，不唯亲，不惧势；凡有私事内嘱者，他概不理睬，严词拒之。若上司追责，或以撤职恫吓，他则毅然答道：“吾头可断，事不可从；若违民意，只能解甲归田耳！”侯必登文才出众，诗文过人，因爱慕家乡之情，写出了不少诗歌，如《星月湖对月》等。

星云湖对月

（节选）

栏杆几席此清辉，曾向关前耀铁衣。
寂寞长门砧杵急，欢娱金谷管弦低。
长门金谷总人寰，寂寞欢娱自往返。
唯有星云湖上月，年年依旧照青山。

许　滋

许滋（1530—1602），字国器，号白塘，云南石屏人。明嘉靖四十二年（1563）癸亥科举人（解元），嘉靖四十三年（1564）甲子科第三甲第83名进士。历任浙江嘉善县令、御史台、贵州道御史等职。许滋进京考进士，主考是高拱。隆庆元年（1567），高拱身居丞相，一时权倾朝野，有不少趋炎附势者拜倒在高拱门下。许滋虽系高拱门生，凭卓异之材，选入御史台，但能以“正目相持”，而“毫无眉态”。一天，众门生座谈他事，说有臣暗地里指责高拱，高拱与其门生欲加害于该臣。而许滋却正色说：“老师当国，即有人言，唯宜引咎自责，欲以此而钳制天下人之口，将能之乎？"高拱听了，心里很不舒畅，脸色十分难看，但又囿于此言光明正大，无懈可击，只好张口结舌，含糊而过。从此，恼恨于心。隆庆六年（1572），御史詹仰奉旨巡视监局库房，曾上论内官贪赃上奏。因其奏疏不合皇上之意，竟遭廷杖，被黜为民。当时，詹仰被打得昏死，诸台官缩颈吐舌，无人敢出视，独有许懑上前扶躯大哭。他的高风正义之举，得到大司马杨虞坡的称赞，京城到处纷纷传颂："詹御史之千言，不如许御史一哭。"许懑刚直不阿，不免引起权臣的忌恨，暗语中伤，说他："西南才得一佳才，便好逞奇作怪！"不久，他被黜为江西副使。许懑置身官场，目睹其奸，对人说："以一经生，至位中台，历官阜副，于布衣之荣足矣！"于是，他终于挂冠归休，回家养老。许懑平生清介，在嘉善县任职时，身为县令，生活十分节俭。冬天，他的儿子请求买一个足炉取暖，他对儿子说："以足搓杆自温，不必炉也。"又到除夕，儿子求他买爆竹，他说："以竹片弹门有声，不必爆也。"可见其节俭非之一般。

乾阳山

羊肠一路入云间，古洞乾阳别有天。
石壁千寻青接汉，龙湖万顷碧当筵。
山川胜概应称最，楼阁奇观此独山。
惆怅仙人踪迹杳，桃花流水草芊芊。

何邦渐

何邦渐，字北渠，号文槐，云南洱源人。明万历元年（1573）癸酉科举人。何思明是何邦渐之父。何邦渐曾任安徽无为知县，后升江苏下邳知州，在任上均有很好的政声。他在无为县做官时，正赶上那年闹大饥荒,他详察民情,向朝廷汇报了灾情并上疏请求停止征收赋税,并且在衙门内惩治蠹吏,被他斥责疏远。无为县需要上缴的漕米为三千八百余石,要由氏江水运三百里,押解到凤阳,到达之后,又要车运二十里才能抵达官仓。当时江风阻滞并且亏耗需索,很是劳民伤财,而凤阳、临淮二县故有漕米三千四百余石,那里的官民也是久苦北运。何邦渐上疏请求三县米充凤阳仓,而以本州之米并于黄雒河交兑,将水脚银代凤阳、临淮买米三百石,以符原数,这样做省却了很多的弊端。未几,他被调到邳州任知州,当地民众很是惋惜,为了留住他,百姓们苦苦请愿,很长时间才散去。何邦渐到任后,不到一年,思乡心切,辞官回籍。回到故里后,他刚介端方,正直敢言,人们都很敬畏他。他造福桑梓,倡修学宫、武庙,主动出资,撰修县志。何邦渐文学素养较高,很善于写诗,洱源诗学之风,实际上是自何邦渐倡导兴起的,所以在某种意义上,是他开创了洱源的学风与文风。其子何鸣凤,其孙何星文、何蔚文均是名士。

吊杨升庵先生

黄金市骏泠燕台,绝激风烟怨未开。
议礼本崇家相志,批鳞都为上皇哀。
闺中春尽鹃无赖,海上云孤雁不来。
自逐悬旌如泛梗,那堪回首望蓬莱。

涂时相

涂时相,字揆宇,云南石屏人。明万历元年(1573)癸酉科举人,万历八年(1580)庚辰科第三甲第7名进士。授南京户部主事,后调任大名府知府。万历十二年(1584),给事中少卿徐贞明奏请兴西北水利,改变依靠南漕粮的状态。在北京大兴水利,开垦荒田，发展农业。涂时相认为："天下承平既久，民不聊生，说者每年病于吏，一事偶驰，其流弊遂不可既极。欲救时弊，首当作养人才。"因而，他居官谨慎，秉公无私。大名府所辖十一郡，多施以惠政。他在任五年，农业兴旺，仓粟牛种以数十计。当时，朝野议论，赞颂不绝，推涂时相为"天下廉能第一"。神宗帝赐酒宴，赏金银。旋升他为北京光禄少卿，迁任南京太仆寺少卿。阁臣张四维曾上疏举荐他品行正派，才思敏捷，行事干练，宜作顾问。而涂时相以病告官回籍。涂时相回乡后，目睹了百姓徭役之苦，心怀恻隐。其时，云南抚军陈用宾远征顺天乡，地方绅士皆往祝贺，他以书信劝阻。陈用宾议欲派兵饷、田赋，涂时相又劝止。涂时相一生重视教育，平生著述多已散失，现存《仕学肤言》《养蒙图说》；后者有图有文，结合儿童认识能力，由浅入深，是极好的启蒙教材。

化龙桥

屏湖地阔水溶溶，多少神龙化此中。
却讶导河成巨涯，阿谁鞭石驾长河。
楼观沧海穿波日，户纳天涯缩地风。
题柱渐余今渐老，飞腾雷雨听英雄。

刘文徵

刘文徵（1555—1626），字懋学，云南昆明人。明万历四年（1576）丙子科举人，万历十一年（1583）癸未科第三甲第124名进士。历任四川新都知县、刑部主事、绍兴知府、浙江按察副使、威清兵备道、四川右参政等职。他为新都县（今新都区）令时，办事公正，清正廉明。他以公务到成都街上行走，儿童连手争相窥视其面，高喊曰："是新都刘侯耶？"不久升任郎中，旋任广西梧州知府，以丁内艰归。服满后，补授浙江绍兴知府，省减力役，平均租赋，公平断狱，绍兴郡大治。其父老感恩，为其建祠。刘文徵平生不巴结权贵，廉洁奉公，家贫如洗。升迁按察副使后，分守浙右。一日巡视严州，登富春钓台，超然远望，曰："谏议不拜，谓故人为天子也，今故人为宰相，何不高举？"不久，以身体多病为由，辞官回归故里。刘文徵"颖异夙慧，刻励向学"，博览群书，酷爱文史。刘文徵政绩卓著，操守清廉，故而终身简约，处之泰然。万历四十五年（1617），旋升陕西右布政使。正当官场一帆风顺时，他却急流勇退，辞官还乡，时年63岁。曾参与《滇志》编纂。

杨 提

杨提（1568—1622），字渐高，云南鹤庆人。明万历十六年（1588）戊子科举人。万历十七年（1589）任湖南桂东知县。桂东县属湖南贫瘠县，且有瘴气，每逢夏天，民众生病的很多。杨提便在县衙设置药局，救活了不少当地百姓。桂东县税赋很重，每年均被那些奸吏中饱私囊，他将其中最刁怪的三人逮捕，且绳之以法。桂东县从来没有设科目进行科举考试，那里的人常常借着有几文钱财，就去赌博。杨提上任后，便在全县有条件的地方开办学校，教孩子们上学读书，从此乡风大变。杨提在桂东担任知县时，有一个商人身带三十贯钱，到桂东县做生意，居住在县城一家旅店中。他把三十贯钱放在旅店房中的箱子里锁好，每次外出做生意，都把钥匙带在身边。一天，商人像往常一样开箱取钱，准备去做生意。打开箱子一看，钱不翼而飞了。商人心想，这肯定是房东偷的，就到桂东县衙去报案。杨提捕来房东讯问，房东坚决不承认。杨提觉得很蹊跷，就派人传来商人，询问道："你的钥匙平时都放在哪里？"商人说："每天都带在身边。"杨提问："晚上跟别人同过宿吗？"商人答道："没有，我一人独宿。"杨提追问道："这两天你与别人在一起喝过酒吗？"商人说："前晚上我跟佛寺和尚在一起喝了酒，我喝醉了，在他那里睡了一晚上。"杨提大喜道："这就对了！真正的盗贼就是那个和尚！"于是派人将和尚捕来，严加审讯，和尚供认不讳。杨提因政绩卓著，旋调西安府同知，管理渭南县及州府的政事。因"多惠政"，故陕西西安百姓都称赞他是好官。后来死于任所，时年仅48岁。杨提平生喜爱读书，行事主张身体力行，严格要求自己，因此他官德很好，做到了"为官一任，造福一方"，且官声远播。天启皇帝授予他崇祀南乡贤，并建祠堂祭之。

葛中选

葛中选，字见尧，号澹渊，云南澄江人。明万历二十八年（1600）庚子科举人。万历二十九年（1601）任湖北嘉鱼知县，兴办教育，广培学子。六年后的万历三十四年（1606），他已使嘉鱼县境内文雄一代。旋升任南京大理寺右评事，后又出任广西思恩知府。未几，又升任广西按察副使。在任职期间，先后平息了余大头、贵州苗族之叛乱。葛中选在战争中曾亲自率领二百余人，从悬崖上破敌巢。因战功擢升陕西苑马寺少卿。到任后，很快就改变了马政失修状况。一年余，即备战马万余匹。万历年间，因魏忠贤当道，葛中选致仕，回到故居，被当时云南省府沐天波聘请为政事顾问。葛中选知识广博，胆略过人，尤其精通易象，其通律吕，心解神通，不由师传，自成其说。著有《秦律》十二卷，且作阴阳图，以六十四卦配之，精深奥远，少有人懂其奥妙。当时著名学者焦雄称赞："其得千古不传之秘，学悟精绝，跨越秦汉而上。"甚至还说其声律研究："吾师之学声，不能窥其万一。"而且葛中选善画，尤其长于墨牡丹。他的书法也为世人所称道，其小楷学钟繇，行书学米芾。乾隆时的《澄江县志》载："孔子之门，六艺皆有传人，而乐久亡者，何也？以声音须口授，非若文字可以乞灵简册也。中选独成此绝学，奇哉。"音乐要靠口耳相传，纸墨很难记录下音色音变之类细致的东西。就是古人诵读书的方法、声调，当今的人又有几人能领略其要，不要说音乐、音律了。

何蔚文

何蔚文（1625—1699），字稚元，号浪仙，云南洱源人。明万历二十五年（1597）丁酉科举人。何蔚文从小聪颖，自幼好学，过目成诵，九岁能诗文，尤其好读古文，志气宏大。清军攻入云南洱源后，屡聘不就，与其兄何星文隐居宁湖。后云南巡抚袁懋功拟任用他，但他却说："吾受明代恩，不能忘，乞以布衣终。"有陶靖节风。何蔚文家贫，四壁萧然。他咏歌自娱，且以词曲书画以发其忧思怨、愤之情。何蔚文生在明清交替之际，时世事动荡与艰难，在他的诗中有深刻的反映，表达了他对现实不满的悲愤心情。何蔚文的诗各体兼备，或沉郁顿挫，绝险为工，才情恣肆；或古拙渊深，自然潇洒，清新隽永。著作有《浪楂集诗文稿》《缅瓦十四片》《年谱诗话》等。

昆明竹枝词

金马比郎妾比鸡，不须芳草怨萋萋。
愿郎驰驱万里去，妾自守更报晓啼。

王元翰

王元翰，字伯举，号聚洲，云南华宁人。明万历十六年（1588）戊子科举人，万历二十九年（1601）辛丑科第三甲第66名进士，授翰林院庶吉士。万历三十四年（1606），改任吏部给事中，后升工部右给事中。他意气凌厉，以净谏为己任，曾上疏痛陈八大时弊；疏论政事，不畏权势，不患得失，曾先后上疏弹劾过户部尚书兼武英殿大学士首辅沈一贯、礼部尚书李廷机、贵州巡抚郭子章、兵部侍郎萧大亨、副都御史詹沂、给事中喻安性、御史管桔、掌厂内官王道等人。在给皇帝的奏章中，他说："大小臣工一心只想着当官，到了不顾嗤笑的程度。陛下不体恤人言，甚至连天地谴告都悍然不顾。先有君心之变，然后臣工跟着变。陛下三十年培养人才，一半为首辅申时行和礼部尚书兼文渊阁大学士王锡爵所笼络，一半禁锢于沈一贯和礼部尚书兼东阁大学士朱赓。"王元翰任言官四年，力持清议，直陈是非，但锋芒过露，毛举苛责，满朝皆畏其口，终遭人诬。王元翰愤慨之际，辞官回乡。天启元年（1621），皇帝曾下诏复其官职，为吏部尚书王永光所阻。后流落至南京，寓居十年而终。死时身无分文，蒙其友范凤翼、黄正宾等为他料理丧事。著有《谏草》《凝翠集》，后收入《云南丛书》。

太华寺

古峰倒影夕阳斜，摇落珠林翠欲遮。
昆明回澜吞日月，空王古殿锁烟霞。
渔灯初照四三点，春色高凭十万家。
起灭不须悲世界，劫灰今已被桑麻。

段伯炌

段伯炌，字绍午，云南晋宁人。明万历三十一年（1603）癸卯科举人。任贵州镇宁知州，当地土司安邦彦造反，将镇宁城包围，段伯炌誓死固守镇宁城，贼久攻不下，只好撤退了。上司赏识他的才干，推荐他擢任按察司佥事，仍然兼任镇宁州同知。不久，命令他巡视镇宁道，驻守安庄。此时，土司安邦彦率领当地民众大举进攻镇宁城，段伯炌与游击胡从仪进兵下坝，大破土司安邦彦，土匪退去。他率领官军寻找蜡屯苗贼，并破其老巢，威名大振。安庄六卫，恃以安堵。他升迁调走，将要离去，当地军民相互奔走挽留。巡抚王城、巡按傅宗龙联名向上级请示，希望留任镇宁州，可以确保数十年无事，皇上同意他们的请求。其时，贵州上下十二卫千余里，居住着的民众皆能安居乐业，过上太平日子，段伯炌的功绩是最多的。后告官回籍，病逝于家。

陈 鉴

陈鉴，字虚白，云南石屏人。明万历二十八年（1600）庚子科举人，万历三十五年（1607）丁未科第二甲第23名进士。授任北京刑部郎中，旋任梧州知府，后迁任广西左江道副使。陈鉴任梧州知府时，能以德感人，劝恶从善。有一次，乡村里小偷偷牛，被牛主人抓住，小偷向牛主人求情说："我有罪，你怎么惩罚我都行，只是请你不要让陈鉴知道。"事情传到陈鉴耳中，他托人给小偷送去一袋米。有人觉得很奇怪，就问陈鉴干吗还要奖赏小偷。陈鉴说："那小偷怕我知道他的事，说明他还有耻恶之心。人只要有了耻恶之心，就能改恶从善，所以我送米勉励他改过自新。"又过了一年后，有一个人出门时，不慎把身上的佩剑遗落在地上，一个过路人看见了，就在旁边守着剑，直到丢失剑的人回来寻找，还给了他。失主感激不尽，打听他的姓名，然后告诉陈鉴。经一查，原来这个拾剑不昧的人，就是当初偷牛的那个人。陈鉴多地为官，皆有政声，且热心公益事业。他在担任梧州知府时，告假回家，看到石屏城建筑残破不堪，又不能抵御盗贼，于是他慷慨捐出俸银两千余两，改土城建筑为砖城，开创了石屏城建筑史上的先河。后来到清朝顺治四年（1647），有沙普龙率众犯石屏城，城中兵民，依靠坚固城墙，坚守拒贼，使贼寇无法攻破城墙，大败而去。石屏州民才得以安宁，百姓们常感陈鉴捐款修城之功德。陈鉴擅常诗文，精于文学，可惜未能流传于世。他回籍后，曾在异龙湖岛坂垄上建别墅，题名浮石庵。陈鉴平生乐善好施，被誉为乡贤。

傅宗龙

傅宗龙（？—1641），字仲纶，号括苍，云南昆明人。明万历三十七年（1609）己酉科举人，万历三十八年（1610）庚戌科第三甲第46名进士。历任知县、户部主事、督察御史、贵州巡按、顺天巡抚、保定总督、兵部尚书等职。天启元年（1621），辽阳被后金军队攻破，朝廷下达在全国招募新兵的命令，傅宗龙招得精兵五千人，请求出关。次年，安邦彦造反，围困贵阳，傅宗龙请开建禹，打通由蜀入滇的道路，又上疏要求讨伐叛军。天启帝大喜，命令把傅宗龙的请求下到所司商议，后因傅宗龙病魔缠身，此事最后没结果。天启四年（1624），贵州巡抚王三善被陈其愚击败，朝廷任命在家养病的傅宗龙为巡按兼监军。当初，兵部下檄文，命令云南巡抚支援贵州，因滇军不能渡过盘江而终止。傅宗龙直渡盘江，边战边进，敌军失败撤退。于是，傅宗龙派遣谢存仁等，以普名声等士兵七百余人进入贵阳。天启五年（1625），总督鲁钦战败于陆广河。

傅宗龙上疏说不合围云南、四川，那么贵阳不能平叛。他提出若干条陈，上奏天启帝，后得到顺利采纳。天启六年（1626），叛军大举渡河，傅宗龙击破安邦彦于赵官屯，威名大振，朝廷下诏加他为太仆少卿。不久丁忧回籍。崇祯三年（1630），朝廷接受孙承宗的举荐，擢升傅宗龙为右佥都御史，并领顺天巡抚。崇祯十二年（1639），杨嗣昌举荐，傅宗龙被任命为兵部尚书。因上疏"民穷财尽"等奏章，被捕入狱。两年后起用，授予兵部右侍郎兼右佥御史，后升任总督陕西三边军务。崇祯十四年（1641）九月，率川、陕兵两万余人，东渡河南汝水，与友军回合攻项城，兵败被杀。后人在傅家营建祠堂纪念。

李闻诗

李闻诗（1575—1659），字大雅，号圜思，云南鹤庆人。明万历十一年（1583）癸未科举人，万历三十八年（1610）庚戌科第三甲第139名进士。被朝廷分派到湖南教国学后，便升迁为兵部尚书郎中。后外派到浙江温州任知府。李闻诗任温州知府，由于政声素著，消弭得法，受到朝廷褒奖。李闻诗任温州知府时，有一次，他正在府衙办公，忽然听到门外传来吵闹声。抬头一看，只见一个屠户和一个独眼瞎子扭打着来府衙告状。李闻诗问道："怎么回事？快快讲来。"屠户说："刚才这家伙，闯进我家店铺里，招呼几声没有人，就把我放在柜台上的铜钱偷出来了，正好我回家撞见，就把他抓来了。"独眼瞎子捶胸顿足，大声喊道："大人哪！这是我的钱。他看我眼神不好，是个残疾人，他欺负我，还抢了我的钱哎！"李闻诗吩咐衙役端来一盆清水，叫人将铜钱扔进水里，铜钱沉下去了，水面上漂起了一层油脂。李闻诗把铜钱判给了屠户，独眼瞎子灰溜溜地走了。李闻诗后来看到朝廷政治腐败，魏忠贤把持朝政，权当窃柄，炀灶为奸，竟愤然辞官回乡，杜门修真，不问公事达二十余年。永历十三年（1659），桂王朱由榔行滇，以李闻诗名望孚众，特封为"光禄大夫"，为朝端楷模。吴三桂入滇后，次年桂王朱由榔便殉难于昆明，因此，李闻诗虽受封而未能就职。李闻诗卒于顺治十六年（1659）三月二十一日，享年86岁，死时银须鹤发，且身历六朝。

游垂珠洞

联鏖入古洞，回首玩清波。
树艳承阴敞，潭深倒影多。
观鱼浮竹叶，避雨就云窝。
三月堪修禊，追踪晋永和。

张法孔

张法孔，字南鲁，云南华宁人。明万历三十四年（1606）丙午科举人，万历三十八年（1610）庚戌科第二甲第36名进士。授户部郎中，转粮储兵备道，奉旨督饷往辽阳，发放无亏空短少。后又提升建昌学道，清操绝伦，方正刚直。天启七年（1627），升任湖广廉宪，用刑平恕，案无冤狱。崇祯三年（1630），升山东右布政使。崇祯九年（1636），调任四川左布政使。当时正值多事之秋，他常说："我不能亲自杀敌报国，怎还敢搜刮民财以愚子孙？"他把任上紧缩开支节省下来的公银三十万两，经报批后，充作军饷。张献忠率义军攻成都，张法孔协同蜀王和四川巡抚等固守。他募死士夜袭义军营寨，迫使张献忠退兵。崇祯十年（1637），他解饷银到夔州被劫，以私银二十万两赔偿，并被巡抚王维章参劾而降级留用。蜀王上疏说张法孔异常清廉贤能，恳请朝廷表彰并重用他。他自己却决意隐退，遂辞官回乡，年72岁而终。崇祯帝给予"天下清官最"旌奖。

杨栋朝

杨栋朝（1590—1640），字梦苍，云南剑川人。明万历三十七年（1609）己酉科举人，万历四十一年（1613）癸丑科第三甲第246名进士，授礼部给事中。当时，魏忠贤专权，建祠之风遍及天下，民不聊生。杨栋朝直抒己见，上奏《首参魏挡疏》，劝谏熹宗皇帝。他用事实向熹宗阐明："杨涟事件"之后，"阳褫老成，禁闭正值"，一班狐群狗党，只知讨魏忠贤欢心，"而不知有主上之天下与祖宗法制"。杨栋朝希望熹宗务必对魏忠贤各类罪行"逐一省览，刺下法司，严加堪问"，表明自己忠心耿耿和敢作敢为的决心。然而，熹宗已无力驾驭朝政。杨栋朝奏疏一到北京，即被魏忠贤截扣。魏忠贤又恨又怕，欲置杨栋朝于死地，后经何可及等竭力周旋，方免死罪。杨栋朝削职为民，籍归故里。对此，杨栋朝早有思想准备，回到剑川之日，布衣草履，手牵一只山羊，山羊角上挂一束茴香，从东门傲然而入，寓意"老杨回乡"。明思宗朱由检即位后，魏党事发，魏忠贤贬至凤阳，中途畏罪自杀。思宗重新起用杨栋朝，升迁光禄寺卿，补吏部给事，巡视九库，管理天下黄册。任职经年，忠于职守，廉洁自重，直至病逝。杨栋朝去世后，乡人于县城南门外立一石碑，镌刻："明忠臣梦苍公之故里一文武官员到此，一切下轿马。"以表对杨栋朝之崇敬与爱戴。

何鸣凤

何鸣凤，字巢阿，云南洱源人，何邦渐之子。明万历四十三年（1615）乙卯科举人。何鸣凤中举后，在乡教书育人，热衷于办学馆。一直到崇祯二年（1629），才被任命到四川郫县（今郫都区）任知县。当时，奢酋蹂躏郫县后，他尽心教养，表彰杨雄、何武旧迹。旋升任安徽六安知州，正赶上流寇围城，他日夜督师防守，贼不能破州城，确保了一方百姓的平安，郫县万民感戴，因之为他创建祠堂，来祭祀此事迹。后何鸣凤辞官回籍，在家乡，他置办万卷诗书，以此来诱掖后进，且作为自己的责任。康熙年间，准入乡贤祠。儿子何星文、何蔚文，孙子何素珩，皆以文章德行著称于世。《新纂云南通志》载："从何邦渐父亲开始，其家族的学问品行才逐渐显现，何鸣凤后来继承其父的家风，并发扬光大，于是更加学问彬彬。有人曾经读了他的《法象论》后，为之学问见识而佩服。其实浪穹县写诗的风气，是从何邦渐开始的。他的孙子何蔚文写诗成就最为卓绝，有的诗沉郁顿挫，险绝为工；有的诗古拙渊深，自然潇洒；有的诗隽秀清新，诙谐成趣。各体皆备，无美不臻，洋洋大观，何鸣凤都不能达到，何况其他人呢！"

阮嘉祥

阮嘉祥，号泰占，云南永胜人。明万历四十三年（1615）乙卯科举人。任四川潼川州（今梓潼县）知州，调甘肃临洮（今岷县）通判，后升临洮府少府。持身方正，文学优长。阮家在永胜清驿被称为"世孝"，其因是阮嘉祥之父阮钦相患了不治之症，阮嘉祥之妻刘氏仿效佛经故事，割股肉煮药治好了公公阮钦相之疾。数年后，刘氏又得病无药医治，阮嘉祥年方十岁的女儿阮甫又仿效其母,割股肉熬药解脱了母亲病痛。其孝行由阮嘉祥之子、贡生阮堦上报朝廷,被明朝御史陈继儒记录在案。陈继儒撰有《世孝阮母刘宜人传》。明末江南大儒,贵州总兵钱邦苎流落清驿后,闻知此孝行后写下《世孝歌》,其中有"阮家世孝流庆长,碑传人口名姓香。母为翁疾怀感伤,药饵不愈中彷徨。金刀刲股调药尝,一匙入口心清凉,病翁霍然起匡床,孝道成家感正祥"的诗句。因阮氏家孝,又"父以子贵",阮钦相死后被朝廷赐予"奉直大夫",刘氏被赐封为五品"宜人"。阮嘉祥告官回籍后,还捐资修建了清驿村东南的瑞光寺。据《永胜县志》载:"明崇祯七年(1634),甘肃临洮少府阮嘉祥,大理府云州儒学司训阮嘉福与主持寂登建。"瑞光寺,有正殿侧殿、前殿后殿,庙宇为斗拱式建筑,极其高大雄伟。主要建筑在"文化大革命"期间被毁,其大殿搬迁至东岳庙南侧,现为清水村委会办公楼。儿子阮堦天启二年(1622)考中拔贡,任广东香山县知县。

杨方盛

杨方盛(1588—1658),字大豫,云南鹤庆人。明万历三十四年(1606)丙午科举人,万历四十四年(1616)丙辰科第三甲第245名进士。历任湖北大冶县令、监察御史、京畿道台、南京府尹、户部右侍郎兼都尉史。杨方盛在湖北大冶县(今大冶市)任知县时,巨猾彪悍的刁民较多,因难于治理,他上任后,对乡间横蛮之辈绳之以法,使受害的百姓得到补偿,于是声誉大振。天启元年(1621),他巡察河南,剔蠹锄奸,使老百姓拍手称快,遂升补为京畿道台。此时,贵州中部奢安叛变,杨方盛便上疏陈安边的各种良策。经廷议,杨方盛的奏章被采纳,于是便升任他为右通政,后又提升为南京应天府尹。崇祯十五年(1642),擢升南京户部右侍郎兼都尉史。此时,流寇滋炽,南粮不继,他亲自在南方坐镇,把南粮顺利地运往北方,政绩卓著。崇祯十六年（1643），杨方盛告老还乡。清顺治十五年（1658）去世，享年71岁。康熙五年（1666）丙午，杨方盛被崇祀为乡贤。

雷跃龙

雷跃龙（1602—1661），字伯麟，号石庵，云南玉溪人。明万历四十六年（1618）戊午科举人，万历四十七年（1619）己未科第三甲第208名进士。历任翰林院庶吉士、吏部左侍郎、育英殿大学士兼礼部尚书、太子少保、经筵日讲等职。雷跃龙认为要国泰民安，为政者必须"首道德，后刑威；崇文教，选武备；开粒食，恤贫困；宽肃随节，良恶异施；消患未形，边疆安堵"。崇祯十七年（1644）三月，李自成攻入北京城，崇祯在煤山上自缢后，他拒绝在大顺做官，并乘乱化装逃出京城，回到云南。永历十年（1656），农民军李定国迎接永历帝逃往缅甸。永历十五年（1661），吴三桂用武力威逼缅甸政府交出永历帝。雷跃龙于同年死于咒水之难。著有《葵草集》《逸余集》等。

昆池篇
（节选）

汉家欲拟昆明池，油幢绣鹄晚风吹。
于今池上波独阔，枉度清宵鼓角时。
五更鼓角三更歇，石鲸骧首窥明月。
野凫画鹢寂无声，十里芙蓉连夜发。
芙蓉万朵柳千条，双堤一镜照花娇。
三三五五菱歌女，暮暮朝朝燕子桥。
燕子桥南烟馥馥，罨画楼台冰雾縠。
明霞水际郁空苍，绿裹青黛潇湘竹。

潇湘昨夜雨茫茫，不分昆湖杜若芳。

日月悠悠闲出没，溪山历历自笙簧。

何可及

何可及（1584—1658），字允升，号若溪，云南剑川人。明万历四十三年（1615）乙卯科举人，万历四十七年（1619）己未科第三甲第103名进士。何可及出身寒微，从小天资聪慧，苦志笃学，博识多才。他青年时决意仕途，颇有文才且自负，诗云："何人不中何人中，不中何人中何人？"抒发自己奋发向上，报效国家的远大志向，可称当时剑川有理想、有胆识的青年。考中进士后，历任河南涉县县令、陕西道御史，后授漕运史。天启四年（1624），充任河南同考官，主考选拔张星等学识优秀者八人为仕。其时，考生房周士考卷，他阅后倍加赞赏，以首卷特别推荐，房周士中榜首。此举深得人心，何可及一时被赞誉为"伯乐"。何可及令临漳梳理漳河工程之际，偶然获得秦朝李斯玉筋传国玉玺，贡献给熹宗皇帝，遂擢升陕西道御史。他差巡七省漕运，履职间尽忠职守，均建卓越功绩。后官至太仆寺卿，跻身于明朝最高层。明朝崇祯年间，与史秉信续修《鹤庆府志》，后可惜毁于兵燹而无存。终年74岁。

王锡衮

王锡衮（1595—1641），字龙藻，号昆华，云南禄丰人。万历四十三年（1615）乙卯科举人，天启二年（1622）壬戌科第三甲第328名进士。先祖于洪武十四年（1381），随征南将军颍川侯傅友德、西平侯沐英进军云南，因军功封右卫军冠带总旗，后落籍禄丰。历任翰林院庶吉士、检讨、编撰。当时其父去世，天启帝准予扶柩回籍安葬，丁忧守制。天启六年（1626），巡视云南，周济贫困，义助婚丧，百姓对他非常感激。崇祯元年（1628），升任少詹事。崇祯二年（1629），清军入侵，崇祯帝受清军反间计，误下袁崇焕入狱，王锡衮上疏为袁崇焕申冤，疏中有"蓟辽督师，非袁崇焕胜"的语句，惹怒崇祯帝，几乎获罪遭谴。崇祯七年（1634），他以洗马掌司经局晋升左右宫谕。又值清军侵，来势凶猛，京城朝野震动，崇祯帝急令大小臣工共同谋计退敌。崇祯九年（1636），奉命典试南京，他公正无私，录用张旷等人。崇祯十年（1637），奉旨册封桂王中子为永兴王。崇祯十三年（1640），晋升少宗伯掌管翰林院事。撰修《玉蝶实录》，总裁经筵日讲。崇祯十四年（1641），王锡衮旋升礼部侍郎。崇祯十七年（1644），李自成攻陷北京城，崇祯帝在煤山自缢，清军入关。次年，唐王朱聿键在福州称帝，号隆武。隆武二年（1646）七月，召王锡衮为东阁大学士、礼部尚书兼兵部右侍郎，总督云、贵、川、湖、广五省军务，率领属众赴闽拱卫。永历元年（1647），孙可望、李定国率部进入云南，败沙于滇东草泥关，沙策归老巢阿迷（开远）。沙令杜其飞闯入贡院，传达沙之意，王锡衮正襟危坐，破口大骂："吾乃国之大臣，岂能与贼为武。"于是被害。

李希揆

李希揆，字鹿胎，云南曲靖人。明天启元年（1621）辛酉科举人，天启二年（1622）壬戌科第三甲第131名进士。授任四川铜梁知县，留下"初出衡茅，神明第一"之举。李希揆授任铜梁知县时，铜梁县（今铜梁区）押送成都的一批饷银，原装在马驮子上的二百两银子不翼而飞。打开马驮子一看，箱子里面装有一块石头，发现石头上面有小虫眼。押送官大惊失色，大家都怀疑是马夫偷的。押送官追问，马夫坚决不承认。后来，李希揆派人追回马夫，并带回小部分石块，详细询问道："你的马驮银，两边必须轻重平衡，你是什么时候发现马驮子两边出现倾斜的？"马夫恍然大悟道："噢，我想起来了，有一天从某地旅店出发后，马驮子就开始倾斜了。"李希揆立即带人跟着马夫一齐赶往某地，到了一家客店前，马夫指认道："就是这家旅店。"李希揆在旅店周围绕了一圈，走到房子后面，突然眼睛一亮，这儿的石头上面也有虫眼，跟马驮子上的一样，于是他拣了一块，藏在袖子中。李希揆一行走进店中，招呼店主人和随从道："今天且看我审石头。"他说着，叫衙役取出马驮子上的石头，又拿出袖中拣来的石头，让大家比较，都说："这两种石头一个样。" 李希揆笑着对店主说道："这石头怎么会出现在你家的屋后呢？"店主人瞠目结舌，立即服罪。李希揆后调任河南孟津知县，当时大盗李小泉聚众称王，李希揆训练民兵，出其不意将其擒获归案。他秉性刚直，家境贫寒，酷爱读书，在孟津县时，建书院让学生读书，以培养人才为先务。他教民植树固堤。遇到荒年粮食歉收，主动向上反映实情，请求缓交或减免税粮，以此减轻民众困苦。有绅士以为希揆能奇为掾，昏暮时，持金酬，均被拒之。后擢升吏部主事，病逝于任所，时年仅40余岁。道光时，《孟津县志》有循吏载之。

朱朝藩

朱朝藩，字岳生，号石艻，云南陆良人。明天启四年（1624）甲子科举人，崇祯元年（1628）戊辰科进京会试，中贡士。历任浙江开化县知县、顺天府霸州知州。朱朝藩任开化县令时，一天夜里，开化县境内，大雨倾盆，雷电交加，县城西南一个村庄里，有一户村民被雷击身亡。朱朝藩闻报后，亲自率人前往现场勘验。检查完毕，吩咐死者亲属将死者入棺埋葬，就回县衙去了。半个月后，朱朝藩派人缉捕了一名买火药的人到堂审讯。朱朝藩问道："你买火药是干什么用的？"答说："用来猎鸟。"继而盘问："用火药打鸟，只须几钱火药，至多也不过一两左右就足够一天之用了，你为什么买二三十斤？"回答道："我想留着多用些日子。"朱朝藩又进一步问他："你买火药至今还不到一个月，算来顶多用去二斤吧，剩下的放到哪里去了？"那人张口结舌回答不出来。朱朝藩严加审讯，终于查明了那人与死者妻子通奸，谋杀其丈夫的罪行。买火药人与死者之妻便伏法了。结案后有人问朱朝藩："你怎么知道凶手就是这个人呢？"朱朝藩说："雷击人是自上而下，不会拉裂地面；如果毁坏房屋，也必须自上而下。可是我去察看现场时，却发现山草、屋梁全都飞起来。同时，那里距离县城也不过五六里，雷电应该与县城相同。那一夜城里雷电都盘绕在浓云之中，没有下击的样子，所以知道那击死人的雷定是人工伪造的。但那个时候死者的妻子回娘家去了，难以马上问清，所以必须先查清凶手才能审讯同谋的女人。"大家听后，无不叹服。崇祯九年（1636），辞官还乡，致力于地方史料的收集整理，独立编创《陆凉州志》，补前人之缺，续千年之无。对相关史实，征集文献，采舍旧闻，细心研究，严谨考证，苦心孤诣，殚精竭虑，从事志稿编纂，可惜志书未竟而去世。然而，遗稿为乾隆时期编撰《陆凉州志》奠定了坚实基础。

杨绳武

　　杨绳武（1595—1641），字念尔，号翠屏，云南弥勒人。明天启四年（1624）甲子科举人，崇祯四年（1631）辛未科第三甲第94名进士。杨绳武幼时聪颖，擅长诗文，在学友中结识了一批德才兼备的有学之士，他们常以"士人当以天下为己任"互相勉励。考取进士后，历任翰林院庶吉士，擢升为监察御史，人称"铁面之风"。杨绳武在京为官多年后，巡察河东盐法道，此地商民交混。他积极疏浚盐地，增加卤水，食盐倍增，不但还清了积欠，还获利数以万计充当国库。时年正值河东久旱饥荒，百姓流离失所，社会动荡。有一支农民起义军席卷河东地区，他一边赈灾，安定人心，一边亲自率兵镇压义军，捕获义军首领。不久他巡视河南，并监考河南乡试。他公正无私，为国选贤，先后选拔了傅作舟、文无异、王应麟等名士。而后，崇祯帝命他兼治黄河。他采取堤防与疏浚方法治理，数年无患。在治理黄河期间，他发现崇祯侄子朱聿键以剿匪为名，违反朝廷法度，私自招兵买马，有出境北上造反的嫌疑，于是他上奏疏。崇祯帝获悉，将唐王朱聿键召回囚禁，避免了一场政治波动。后杨绳武受命进京，崇祯帝擢升他为兵部右侍郎，派遣他为顺天巡抚，赐尚方剑，总督蓟辽军务粮饷，驻守遵化。崇祯十四年（1641），洪承畴被困在锦州松山一线，情况十分危急，朝廷令他督师，星夜驰救。他奉命带病出发山海关，大军到丰润时，他病情恶化而死。杨绳武病逝，朝野哀悼，谥号庄公。"上闻震悼，赠光禄大夫，太子少傅，兵部尚书，予祭葬，荫一子世袭锦衣千户。"

牡丹吟

色香无约逢琼玉，富贵何心冠洛阳。
公门赫赫闲桃李，不作清贫醉里狂。

王宏祚

王宏祚，字懋自，云南保山人。明崇祯三年（1630）庚午科举人。任明末户部郎中，督饷山西大同。清军入关，王宏祚投降清朝，成为山西岢岚道台，后又任大同同知。顺治三年（1646），以才能召，旋升户部郎中。当时天下大乱之后，朝廷的图籍丢失，王宏祚精于典故，博闻强记，因此，户部尚书委任他修撰《赋役全书》。该书在天启和崇祯两朝均有修撰，但很多地方做了删除。后王宏祚经过仔细校对，又精心进行补充完善。因王宏祚修撰《赋役全书》有功，擢升户部尚书，加太子太保衔。当时，云南刚刚平定，王宏祚上疏《筹滇条议》十余事，上奏顺治皇帝，顺治亲旨"会星变，求直言，上疏剀切"。后改任兵部侍郎。未几，王宏祚辞官归故，后移居南京。又过了数年，病卒于家中，享年75岁。

怀 乡

六诏烽烟说不算，十年鼙鼓惨滇尘。
玉龙金马无家别，铁柱香岩有梦亲。
庾信江南哀作赋，杜陵峡北泪沾巾。
关河万里黄云起，渺渺愁予风打蘋。

胡　璇

胡璇（1598—1668），字大器，别号二峰，云南腾冲人。明崇祯三年（1630）庚午科举人，崇祯七年（1634）甲戌科第三甲第131名进士。官至太仆寺卿兼工部侍郎。胡璇被朝廷派往安徽长丰县视察水利工程时，正遇到长丰县发生一起命案，是堂兄踢死了堂弟。胡璇经过对尸体的详细检验，只发现尸体上有一处踢伤，再无其他痕迹。案件正在审理中，死者之妻手执一根断扁担到公堂前说："凶手的哥哥也曾帮忙用扁担殴打我丈夫，这根扁担就是凶器。"胡璇说："你今天早晨报案时，只是说踢死，并没有说到扁担的事，现在又拿出这根断扁担，是从哪里来的？"死者妻子说："是叔公某人拿来请求检验的。"问她叔公何在，她便在人群中指出来。于是胡璇让衙役把叔公按倒在地，先用扁担侧着在腿上打一下，指着伤痕说："用扁担侧打，有这样的伤痕，你男人身上有吗？"再用扁担平着打一下，指着伤痕说："平打一下，有这样的伤痕，你男人身上有吗？"死者妇人都说没有。胡璇又命令衙役把叔公连打二十扁担，问他："究竟是怎么回事？"那叔公供认出，是因与凶手之兄有仇，所以由家中找出一根压断的扁担，借以诬陷。此案真相大白。胡璇在担任工部侍郎时，兴修水利，为民造福。每逢灾荒年，他率先捐资，赈济饥民，缓解灾情；公明节俭，爱民如子。他遇事敢言，当世推重，以爱民为己任，了解人民疾苦，兴利除弊，不畏强暴，严惩污吏；研究经典，咏诗作赋，评论现实。胡璇对腾冲的历史文化贡献突出。如现存的名联："行来地少天多处，坐到山高月小时。"他还著有《二峰诗文集》和《南疆纪事》。

易罗池

冰鉴泱泱列九泉，龙宫珠浪涌三千。
翻沙玉粒点加点，出水文章圈又圈。
银弹打破波上腻，雪花冲破水中天。
只宜骚客临渊羡，未许佳人用线穿。

曾高捷

曾高捷（1587—1667），字云驭，云南宾川人。明万历三十四年（1606）丙午科举人，崇祯十三年（1640）庚辰科第三甲第202名进士。曾任吏部验封司员外郎。辞官后，回到故里，居家读书，精研理学。永历丁亥年（1647），孙可望领兵进入云南宾川，派人到曾家胁迫他为官，曾高捷拒而不从。为保晚节，他弃家入鸡足山，削发为僧，法名宗本，字还源。在鸡足山天池山下建白云居，昼夜参究佛经，精勤不息。白云居门内秋色池上有一桥，宗本隐居二十年，送客从不过桥。一天，钱邦苎（大错）、眼藏两人来访，临行宗本不觉，送过桥去。眼藏说："源公今天送客走过虎溪了！"三人大笑而别。后人因此称桥为"三笑桥"。清康熙六年（1667），宗本卒于鸡足山，享年80岁。他的诗文著述颇多，可惜已散失。仅在《鸡足山志》中存有两首诗。

吟鸡山

客到青城不睡，云移碧岫无心。
卒我山中岁月，任他世上晴阴。

赵炳龙

赵炳龙，字文成，号石升，云南剑川人。明崇祯十五年（1642）壬午科举人。明末战乱中，沙定洲为首的占领楚雄，金沧道杨畏知起用赵炳龙，且用其计策，击退了沙定叛兵。永历帝时，在杨畏知的推荐下，赵炳龙被授予户部员外郎，随其驻跸到贵州安隆。孙可望后来杀了杨畏知，又杀了吴贞毓等十八人，赵炳龙作歌曰："闺无同心兮，放我江潭。居不可十兮，行歌而自怜。国无同心兮，率我中野。虎兕之既群兮，衣褐皮以为群。国无同心兮，勒我嘤鸣。依先民以为则兮，慰夔墙之我亲。"又歌《失群》四章，其词曰："维彼青山，石巉岩兮；维彼流泉，水潺湲兮；有美一人，山水之间兮。山之高兮，犹可牧兮；泉之流兮，犹可浴兮；彼美人兮，其不可渎兮。山高而巉，草木翳之；泉流而潺，菅丝利之；嗟美人之信芳兮，仇予而将去之。匪山必高，畏人往还，匪泉必流，畏人激湍；匪美人其若，仇畏人之。"中道而弃捐，遂归隐在贵州的向湖村之楸园。永历帝被害，清朝鼎盛之后，赵炳龙不涉足城市。吴三桂造反后，胁迫并授予他伪命的官员职务，但他躲避在剑川石宝山不肯出来。赵炳龙的两个儿子亦有诗名。赵炳龙老年之后，双眼因病失明，两个儿子尽孝，为他诵诗于侧，他元坐听之。赵炳龙著有《居易轩诗文》八卷，经兵燹毁坏，其孙赵联元搜集刻成二卷。被陈荣昌收在《滇诗拾遗》其诗四十七首，均具有风骚魏唐之韵，故而人皆称佳云。

捣衣曲

月明波静芦花渚，石上秋心动霜杵。
一声两声离别情，千点万点红泪倾。
西风断肠不成响，抱衣归阁霜皲掌。

清　代

王行恭

　　王行恭，字安之，号菊山，云南蒙自人。清崇德六年（1641）辛巳科举人。任四川江津知县，能打箭炉能用兵。后任泸江渡监司督粮官。泸江以竹绳系两边的悬崖而渡，一旦失足，就会落到江水中被淹死，周边居住着的民众都战战兢兢不敢渡江。王行恭对民众说："王尊九折之阪，诸葛五月渡泸，俱为国事，敢恤死乎？"他率先渡江。民众看见他身先士卒，都踊跃渡江，因此，军粮储备充足，士兵吃饱了饭，马也喂得壮壮的，得到上司的嘉奖。王行恭任职三年，有很多政绩，当地民众有召父杜母之歌。后因其母病逝，王行恭回家丁忧，当地民众哭着送他离去。丁忧期满后，补授为江西南丰县知县。在职期间，他倡修文庙，造通济桥。有歙县的商人到南丰县贩卖橘子病死在船上，他派人检查其行李，在贮储的橘子中发现有六百余钱。他派衙役亲自送往商人家中，其亲朋感激涕零。后辞官回籍，病逝于家中。

赵士麟

赵士麟（1629—1699），字麟伯，号玉峰，云南澄江人。清顺治十七年（1660）庚子科举人，康熙三年（1664）甲辰科第三甲第154名进士。他是清朝时期云南第一个中进士者。历任贵州平远县推官、河北容城县令、礼部文选司主事、都察院员外郎、光禄寺少卿、都察院左都御史。赵士麟任容城县令时，县城里有一个商贩被盗贼杀死，凶手逃之夭夭，久捕不得。一天，赵士麟领着几个年轻捕役来到县城河边一个茶肆，一边歇息一边喝茶。这时，河中有一条船划过来，赵士麟盯着那船注视一会，忽然对几个年轻捕役说："凶手就在那条船上！快把那船夫抓来！"几个捕役立刻赶去，抓来那船夫。经审讯，果然是他杀死商贩抢了钱财。众捕役不知其奥妙，便去请教赵县令。赵士麟说："那船划过来时，我看见船尾上晒着一条新洗的绸缎被子，船划近后发现上面有很多苍蝇。凡是人的血迹，即便洗干净了，腥味也不会完全消除。这被子上那么多苍蝇聚集，如果不是杀人的血，哪会如此？"众捕役听了赵县令这一番话，莫不佩服得五体投地。康熙二十三年（1684），升任浙江巡抚。任职期间，他博采群言，调查研究，避害兴利；浙江漕运，弊病滋生；淤泥阻塞，民房潮湿。他倾听民众反映，毅然作为己任，先筹措数百银两，以回龙桥为试点，进行分期施工。杭州城官商民众，闻风捐助。他派属员按划地分工，各司其职，完工时实用银子13000余两。被杭州人称颂为：唐有白居易，宋有苏东坡，清有赵士麟。康熙二十五年（1686），他奉调江苏巡抚。到任后，"恤刑狱、厘钱法、兴水利、办学校、奖孝悌、尚廉洁"，人称善政。康熙二十六年（1687），升兵部督捕右侍郎，后调吏部右侍郎，旋升左侍郎。康熙三十八年（1699），赵士麟病逝，享年70岁。著有《金碧园记》《读书堂石刻》《河阳山水记》等。

渡黄河

横流浩荡叩舷歌,京邸归人今渡河。
此望云山燕赵远,南来舟楫楚吴多。
千寻恶浪疑龙度,一叶轻舠共鸟过。
自是家中从未睹,寄书犹道慎风波。

李崇阶

　　李崇阶,字象岳,大理洱源人。清康熙二年(1663)癸卯科举人。历任保山教谕、四川釜水县令。李崇阶任釜水县令时,一户有钱人家娶媳妇。有个盗贼乘着人杂拥挤,各不相识,也混了进去,偷偷地钻进新娘子的卧室里,潜伏在床下,准备到夜深人静时再出来行窃。没想到,新娘子有病,房间里灯烛通宵不灭,一连两天,都是如此。盗贼饥饿难耐,只好爬出来想逃走,刚要出门,就被这家人发现,当即扭送到釜水县衙。李崇阶审讯时,盗贼狡辩道:"你们弄错了,我不是盗贼,我是医生。新娘子有病,让我跟着一块儿来,随时给她服药疗理的。"李崇阶再三追问,盗贼说得头头是道,有板有眼。李崇阶准备将新娘子传来对证,但其家长怕有损儿媳名誉,苦苦哀求劝阻,只得作罢。李崇阶冥思不得其法,后来有一个退役老卒,到县衙里办事。李崇阶与他闲聊时,讲到此案情形,老卒说:"盗贼偷偷进入洞房,又匆匆跑出,估计他不可能认识新娘子,我看不如找个别的女人来冒充新娘子,让他相认,他一定会露出马脚。"李崇阶一听连声称妙。于是,李崇阶派人偷偷找来一个妓女,让她穿戴上新娘子的服饰,然后又传来那个盗贼询问。盗贼一见"新娘子",毫不怀疑,就走上前去招呼道:"娘子,不是你领我来让我给你治病的吗?为何把我当小偷抓起来了?"众人哈哈大笑起来，盗贼这才知道上当了，于是叩头服罪。李崇阶家贫力学，侍奉继母以孝闻于乡里。在保山任教谕时，课士之余研究心理学。工诗文，与同榜保山徐崇岳以诗齐名。两人亦是知交，均为康熙间滇西著名诗人。李崇阶的诗反映的生活面较为广泛，内容较为丰富。李崇阶的诗有抨击时政的，有同情下层人民疾苦的，也有抒发个人情怀和描写自然山水的。李崇阶因家境不富，对普通百姓的生活很了解，对其疾苦有体验，其诗作不仅贴近生活，反映现实，且站在普通百姓立场上，有较多的民众性。

无为寺

欲陟兰峰到上方，老杉合抱荫苍苍。
参差梵阁空潭影，窈窕云林带雪香。
剩有台传元世祖，更无碑识汝南王。
山云留我为山友，物遣重崖驻夕阳。

阚祯兆

阚祯兆（1641—1709），字诚斋，号东白，云南通海人。清康熙二年（1663）癸卯科举人。康熙二十七年（1688），云南按察使许弘勋亲临通海，请阚祯兆入幕僚。他得知许的来意，自书一楹联于门上："既有诸公扶社稷，何妨一老卧林丘。"表示拒绝。许弘勋投其所好，亲书一联相赠："地以文章争气势，天于樵木混英雄。"经多次诗文往来，两人交谊日深，在许弘勋盛情敦促下，阚祯兆终于出山。《滇绎》载："王久居于位，许工于文，修古迹，建新庙，培名胜，改城廓，幕中有大渔诸人，故一匾一联，一金一石，书撰皆斐然可观。"为通海秀山寺观所书的匾额有"千峰翠""惠我双湖""自在庄严""水天一色"等数十块。康熙三十年（1691），阚祯兆受通海知县魏荩臣之聘，聚集举人贡生百余人，主修《通海县志》。著有《秀山古柏行》《大渔集》《北游草》等。

紫牡丹歌

晴天谁不喜新岁，洛下名花姚与魏。
小盆一蕊一尺高，紫袍金带开双贵。
老亲呼我两男儿，床头雪瓮洗柴卮。
青春转眼生白发，临花不饮待何时。
可怜富贵那如花，珠凤绣鹄委泥沙。
珍重东风常流转，千朵万朵压京华。

张端亮

张端亮（1644—1742），字寅揆，号退庵，云南巍山人。清康熙八年（1669）己酉科举人。清代云南著名诗人。历任洱源县教谕，石屏州学政，临安府（建水）、顺宁府（凤庆）教授，从事教育二十三年。他乐育英才，诲人不倦。因政绩卓著，康熙五十九年（1720）升任山东维县县令。他秉公执法，礼贤纳士，爱民理政，深得民众爱戴。张端亮任维县县令时，维县发生了杀人案。维县县城里有一家婶母和侄儿同居，侄子刚满十二岁，忽然被人杀死在县城边的山脚下，婶母报官县衙。张端亮亲自带人勘验现场。他走在回城的路上，一边走一边想，已经走了近七八里地，忽然又带着衙役直奔那个婶母家中。进门之后，见那女人很年轻，打扮得妖娆俏丽，更增加了怀疑，便用眼睛怒视，女人显得惶恐不安。然后，他走进卧室，仔细寻找痕迹，发现木柜上有血点，便问是什么东西？女人答道："这是杀鸡时沾上的血。"张端亮说："杀鸡应该在厨房里，怎么到了卧榻边？"他伸手用指头刮下来一尝，说："鸡血淡而人血咸，这个血味道是咸的，肯定是人血。"那女人一听顿时惊慌失措，面无血色。女人被带回县衙，经过进一步调查审讯，终于查明事实：原来那女人和别的男人通奸，被侄子撞见，怕他传扬出去，那女人与奸夫一齐将侄子杀死灭口，并把尸体转移到山下，伪造了被他人所杀的现场。张端亮精通古文和儒学，尤其工诗文，擅长书画，被当时世人誉为"滇西三绝文人"。著有《抚松吟集》诗集，均被收录在《云南丛书》。他写的诗"庄而雅，秀而逸，工丽而淡远皆得"。赵藩非常推崇他，并写诗赞誉："三绝名齐郑文广，贞操我道郑输君；三层阁上松风曲，不要筝笆俗耳闻。"

万人塚

唐师深入南夷穴，二十万人无遗孑。
热血迸为洱水潮，白骨堆成点苍雪。
苍血能消水易流，年年遗恨锁荒丘。
玉龙吹沙风怒起，剥落残碑衰草畔。
如山性命等鸿毛，反使蛮夷诱京观。
除却新丰折臂翁，几人称健几争雄？
一朝结为泉下客，谁是凌烟付画工？
残魂盼断秋原绿，来往何人刍一束。
野狐拜月雁嘶空，笛声空度关山曲。
堪嗟相国论功时，独树南征捷报旗。
大将捐躯军效死，当日天子知不知？

杨晖吉

杨晖吉，字有孚，号勿庵，云南大理人。清康熙十三年（1674）甲寅科举人。杨晖吉两次遭遇滇南变乱，遇到的艰难险阻，无法用语言来叙述。在当时，他感慨忧国忧民的忧愁之情，都用诗歌来寄托。湖南人胡蔚评价他的诗说："浓而不溽，含新于陈。其五言，佳处近陶，卓然可传。"他作的《迁葬论》写道："凡举一事，为人者善，为己者不善。古者人子不忍其亲体之未安也，于是乎慎择地，又恐朝市变迁不可前知，于是乎谋之于龟筮，其后独信堪舆之说。寻龙穴，择日诹辰，不恤亭阁岁年，而惟虑身之不富贵，后之不昌炽，此当复有为亲之心哉？甚乃既葬之后，或少不适意，而辄咎葬地使之然。营营聘师求地，一迁不已，以至再三，泥不可知之说，取先人之骸骨而屡移之，欲以取一己之富贵，与子孙之绵昌，是亦忍心害理之甚矣！"又说："然则葬皆不可迁欤？"又说："不然。寄客归里则宜迁，防备崩溃则宜迁，水浸虫巢则宜迁，是皆所为亲而不为己者也。大率以慎终为要耳。"云云。诗稿今已失传，唯《滇南诗略》记载有三十三首。

鸡足山

锦浪云蒸孵色天，行过霞坞胃烟鬟。
太平已夙人间世，极乐应寻象外山。
饶我奚囊随笑傲，羸人潘鬓得清闲。
归来一路啼喜鸟，送客声声济胜还。

刘 彬

　　刘彬，字玉章，云南永胜人。清康熙十六年（1677）丁巳科拔贡。祖籍安徽霍邱。其父刘星海，原为四将军部将，随永历帝入滇，累立战功，官升总兵。其时刘彬和兄长随行，长兄刘范。刘氏父子，因倾慕洱海之秀，苍山之幽，便落籍大理。但好景不长，定居不久，因是明末旧臣，其父被吴三桂发配辽东北古塔充军为奴。康熙二十年（1681），吴三桂反清失败，刘彬只身一人，不辞千山万水，历尽艰辛，从云南到塞北，遍地寻访其父，历经三年，将其父接回大理。兄弟两人躬亲奉养，尽为子之责，报孝养之恩。直至其父去世，撰写《如东录》一书，详细记述刘彬万里寻父之经历，颇得滇西民众称颂和效仿。清道光时的《云南通志》《新纂云南通志》均有著录。康熙三十一年（1692），永北府总兵马声素知刘彬品质高昂，才华超群，于是聘请他到永北府壶山书院执教，聘为壶山诗社社长。刘彬到永北后见山川秀美，人文开化，物产丰厚，气候宜人，便居住在清驿。他所著诗文较多，有《铁园呓诗集》《萍寄偶吟醉余草》。他的很多佳作均被《滇系》《云南通志》《滇南诗略》《经世文编》《云南丛书》等收录。刘彬兄弟二人，兄友弟恭，相处甚融。其父刘星海死后，两人节衣缩食，遨游云南各地，虽有关隘阻滞，盗贼频仍，未减其睿智。而后写出《全滇疆域论》，收录在《永北直隶厅志》中。刘彬擅长书法，其草书似王羲之风格，清代滇省各地均收藏并视为珍宝。刘彬落籍永北，生有二子，长子名德辉，次子德炜。德辉入永北府儒学为庠生，德炜中康熙四十七年（1708）戊子科武举。刘彬移居永北府，遨游滇中，广纳弟子，著书立说，广泛传播汉文化，使滇西永北府一时文风大振，在全省各地列入前茅，这与其传播汉文化的影响是密切相关的。

读残明遗事漫记四首

其一

凛凛孤忠志独坚，手持一木欲撑天。
磨盘战地人犹识，磷火常同日色鲜。

许贺来

许贺来（1656—1725），字燕公，号秀山，云南石屏人。清康熙二十二年（1683）癸亥科举人，康熙二十四年（1685）乙丑科第二甲第30名进士。授翰林院庶吉士，后改授编修，升侍讲学士。清朝云南入翰林者，从许贺来开始，故有"开风翰林"之说。许贺来以诗文著称，荣获过"清华首选""清华储相""纂修秘阁""笃学卓行"等赠匾，光耀门庭。当时的大学士陈海龙与他是同榜进士，称赞他是"笃学卓行"的君子，是"同榜进士中最少年风流，蕴藉倾倒一座的瑰奇伟之士"。他的古诗文辞，常获翰林院称誉。康熙二十六年（1687），御试体仁阁，授予编修。康熙二十七年（1688），分春闱，所取均是饱学之士。康熙帝大喜，除有封赠外，又准他百日假，回乡省亲。许贺来回到家，本想终身侍奉母亲，不远游仕宦，然吏部以檄文催促，于康熙三十二年（1693）冬回京复职。康熙帝重视才子，经常诏命翰林院学士进殿面试，康熙四十四年（1705）七月初三日，诏试许贺来。他当即发挥，应答确切，众臣赞颂不已，因此获上恩，擢升侍讲学士，"望亦重，名亦高，出入馆阁，颇受敬重"。在此期间，他曾与大学士兼礼部尚书张英等编纂《渊鉴类函》。许贺来侍母至孝，虽在京城，却不趋势赴炎。时年，其母年逾80岁，他常在南城远眺，望云兴叹，想拂袖归乡。同年，朝廷派他出任督学，但他回乡意决，固辞不受。他归乡后，在普陀岩下筑活水园，侍奉老母百年谢世。丁忧期满，竟不赴京补官。终日著述，有《赐砚堂诗集》《纪恩集》等。后又鼓励本州学子求学上进，曾捐俸禄五十四石，作为童生卷金，得到石屏民众的祭祀之。

山 居

了无尘事到山林，选石诛茅也用心。
低筑垣容山翠入，半开窗许月光侵。
花因好客常含笑，鸟亦骄人似解吟。
纵饮清淡非傲世，偷闲容我酒频酌。

李发甲

　　李发甲，字瀛仙，号云溪，云南澄江人。清康熙二十七年（1688）戊辰科举人。李发甲中举后，辞别父母，择定吉日启程进京，参加会试，不料名落孙山，后回到家乡。康熙二十九年（1690），他再次进京会试，吏部授李发甲云南大理教授。赴任后，他训课教谕，爱生如子，开导尤多，建树卓著。三年后，他升调河北灵寿县令，深入实地，访贫问苦，听取民意，集众灭蝗，兴修水利，发展农业，虎患尽除，盗匪销声，庶民安生，名声远播。安溪李相国听到李发甲治理灵寿的政绩后，极力向康熙帝推荐。康熙帝爱惜李发甲的学识与才华，命恢复李姓，升任监察御史。他职司弹劾，光明正大，刚直办事，向康熙帝上《赈济齐鲁饥疏》。因疏牵涉时政和皇亲国戚，惹得康熙不悦，吏部议革职，但爱其忠直，留文未发。事后调任河北道台，未几又升调京东臬台，后再升福建布政使。康熙五十二年（1713），升任湖南巡抚。任职期间，其母在家病逝，他停职奔丧，孝服未脱，又被复职。他在湖南任职期间，诸事不顺，积劳成疾，病逝于任内。康熙帝以李发甲清廉正直，忠心尽职，应以恤典，特赐予祭葬。

何其俠

何其俠（1674—1723），字天成，号六谷，云南石屏人。何愦第三子。清康熙三十八年（1699）己卯科拔贡。何其俠秉性刚介，待友诚恳，自幼好学，学问渊博，对诗词古文有专攻。他书法有苏东坡之风，擅长黄庭坚行楷书。家中收藏经史书帖极丰富，所藏书籍字帖，必用心研究，领会其要旨；所作艺文，独出匠心，别开生面。他主张文章创新，语差雷同。其文章与饱弟何其伟一时齐名，被石屏州学士共钦佩。著有《墨雨楼文集》。其文集由张月槎为之作序，且十分赞赏他的才华，说他："才华渊博，诗赋有子长、子瞻之雄放，又自成一家；其诗以古诗为优。文则优于时文。不拘古诗文旧束缚，如风驰电掣之逸驹，非法律与八比之制所能羁縻。"何其俠喜好山水，游遍滇中名山大川，沿山脉走向，江河源流，细心考核，并绘成图说，著有《迤江图说》《元师平滇道路考》《西藏指掌》各一卷。其书内容精细翔实，是当时条件下难得的地理专著。康熙五十二年（1713），有佛教大师由滇入西藏，云南巡抚甘立轩拜访何其俠，拿出其地理专著，强取去。其中《州属河渠水道》《两河分志》，山山水水，一目了然。何其俠回家，知其著述被巡抚夺去，愤懑难泄，一气成病。雍正元年（1723）五月五日病逝于家，时年仅49岁。其子何朗文，才华超群，于康熙六十年（1721）辛丑科中第三甲第60名进士，授翰林院庶吉士，复授检讨。

何其伟

何其伟，字石民，其俠胞弟，云南石屏人。清康熙十八年（1679）己未科举人。何其伟少时与兄齐名于乡里，博学善文，有真才实学。中举后，任浙江遂昌县令。在任期间，注重兴学课士，培养人才，多有政绩。康熙五十六年（1717），浙江典试，所取者多为名士。因此，何其伟更加被上司所器重。他任县令时，封建门阀等级制度森严，足不履公庭，不干预外事，以诗书自怡。他与当地文人学士相交，讴歌浙江山水名胜，著有《我堂诗古文集》。何其伟写的诗文清雅，多被后人所珍藏。袁嘉谷极推崇他，称他为"石屏文献大家"之一。何其伟的散文造诣超过了诗歌的成就，袁嘉谷说："读他的散文，如读《岳阳楼记》"何其伟在回乡居住期间，乐善好施。石屏县年轻学子，凡能勤奋刻苦上进之士，若在经济上存在困难的，他均给予资助灯油费和学费，且奖励后进。何其伟在雍正十三年（1735）帮助石屏重建了西城楼。云南省政府和临安府均聘请他参与纂修《云南通志》和《临安府志》（乾隆元年刻本）。他的诗文著述在全省府、州、县被抄录很多，均被收藏于家。

夏日湖上

杰阁临湖敞，孤峰日夜浮。
朝曦先水面，宿雾青山头。
拂簟风收暑，敲窗雨作秋。
小轩幽意满，何处觅沧州。

段 昕

段昕，字浴川，号皆山，段拱新长子，云南安宁人。清康熙三十五年（1696）丙子科举人，康熙三十九年（1700）庚辰科第三甲第141名进士。段昕孝友宽厚，学问博大，文名高扬。在福建连城任知县时，有个富豪名叫王子良，依仗财势，无法无天，横行乡里。有一天，他无故杀死平民，被发现后为了逃脱制裁，便收买一个邻居假冒凶手去自首替罪。段昕在审阅此案时，察觉有奸诈，便带着衙役秘密查访。他在提审囚犯时，详细询问，囚犯一口咬定是自己行凶，愿受极刑。段昕问他："我听说王子良给了你十万钱，是真的吗？"囚犯暗暗吃惊。段昕又说："听说王子良还答应你，把你的女儿娶到他家当媳妇，把他的女儿许配给你的儿子为妻，是真的吗？"囚犯更加震动，脸色大变。段昕又说："你仔细想一想，你现在替他顶罪，被处死刑，事情过后，如果他伪造一张文书，说你女儿是卖给他家做奴婢的，那十万钱就是身价，他再把自己的女儿另嫁他人，你还有什么办法呢？"囚犯听完，泪如雨下，深悔自己贪图财物，代人受刑，便一一诉说真情。王子良虽然费尽心机，但也没有逃出法网。段昕在连城还广置书院，购买书籍，教化民众，因此民风大变。税赋摊派不均，他清理勘查欺骗隐瞒的大户，按照田亩分配粮赋，使赋税不再不公。当地民俗重男轻女，生下女孩后会被溺死，他用人伦天性来感化他们，以法律来警告他们。邻县的陈五显等趁饥荒肆意作乱，存伏党羽于乡间，段昕擒获严惩，贼人畏惧不敢再来。他又采取粜减米价，捐谷赈饥荒，家里断炊的以饼救济，使很多饥民都存活下来。因有功绩，后升户部湖广司主事。上任三月后，他面奏请求致仕归家。在家乡，他循礼读书，教育子孙，勉励族人，自己不出公府，过着平淡自给的生活。著有《皆山堂文集》《诗集》《四六总珩》《温泉图经》等。

昆明湖秋涛和韵

高秋云树入空濛，万里南溟一气通。
渔碛吹烟新秫熟，江天晴日晚潮红。
汉家楼橹撑鲸浪，帝女机丝织海风。
我望美人停桂棹，洞箫谁和月明中。

赵 河

赵河，字燕邻，云南通海人。清康熙四十一年（1702）壬午科举人。赵河任四川芦山知县时，发生了少女被杀命案。芦山县城里有一户农家，老两口年近半百，家中只有一个女儿，年方十六岁，眉清目秀，十分俏丽。一天，姑娘家的姑姑死了，她父母奔丧去了，只留姑娘在家里。第二天，姑娘的表哥来探望姑妈，见大门紧闭，敲了半天，无人应声。他觉得事情不好，就撬门进去。屋里静悄悄的，表妹闺房门大开着，进去一看，吓得魂飞魄散，只见表妹死在炕上，脖子上有很深的指印，被子被撕破，炕席上一片血迹。他立马跑到县衙报案，县衙只好将表哥拘押。赵河又传来姑娘的父母，问道："平时有什么人常来你们家吗？"姑娘父母答："没有。"又问："曾有人调戏过你女儿吗？"回答："没有。"赵河想来想去，决定亲自出去，微服私访。他扮装成一个普通人外出。出门不久，大雨倾盆，他只好跑到一家大户院落的门口躲雨。风雨稍小，院内出来一个人，问道："你是谁？在这里干什么？"赵河说："路过这儿躲躲雨。"于是两人蹲在地上闲聊起来。在闲聊中，赵河得知，此人是这个院子家的厨子。赵河问他姑娘被杀案时，他支支吾吾挤出一句话："哎，反正被拘押的小伙子是挺冤枉的。"赵河想厨子可能知道此案详情，就邀请他一同出去喝酒。酒过三杯，厨子讲出了实情：原来大户人家的奶妈和死者家是邻居，奶妈的儿子见姑娘长得俊俏，多次挑逗她，均被拒绝，而姑娘父母一直不知。直到那天，奶妈家儿子探知姑娘父母外出奔丧，家中只剩她一人看家，就在晚上偷偷爬墙进去，潜入姑娘房中，强行奸污，又怕姑娘将来声张，起意杀人灭口，遂用手扼住姑娘脖子，将姑娘掐死后，又悄悄逃出。一件命案终于真相大白，姑娘表哥获释，真正的凶手受到应有的惩罚。赵河著有《待焚草》一卷。其兄叫子城，为赵河撰的《待焚草》

书写跋，曰："季父纯孝，平生口不言阿堵物，惟于书未尝释手，过眼成诵，为文率吐弃一切，抒写性灵。于诗初爱太白，后乃心慕少陵，宋代推子瞻、圣俞，断句推临川。所为诗文，多不存稿。"尝谓"古诗十九首"，尚不肯以姓氏留人间。后因城力请，乃酌定此本。在任未半载，谢病归。布衣蔬食，万卷一瓢，陶然自足云。

谒城官翰林

唤我音书比岁繁，卖田卖马走长安。
十年乖隔忧身死，一夕团圆作梦观。
父子形容俱老瘦，悲歌出处各艰难。
如何蹈得疏家辙，多赐黄金早挂冠。

王思训

王思训（1659—1728），字畴五，号永斋，云南昆明人。清康熙三十八年（1699）己卯科举人，康熙四十五（1706）丙戌科第三甲第55名进士。历任翰林院侍读、编修，江西学政等职。王思训八岁丧母，而"家贫能自勖学"。成家后靠妻子织布"佐读"，"归则手不释卷，以是博览群书"。他为官十年后，因厌见官场的"肮脏"，而"有志述作，不求荣华"，辞官归故里。康熙帝赐书以兹勉励。他还在京城购书万卷，回到昆明建"赐书堂"，用以"饷导后进"。他主持讲学，传播文化，造就了一批有识之士。他"博综典籍，擅长诗文"，受云贵总督范承勋之聘，主撰《云南通志》，后又编撰《滇乘》二十五卷。著作有《见山楼诗文集》。雍正六年（1728）病故，享年69岁，葬于跑马山。

滇南述古

南中五郡蜀兼名，偏霸先留玉女城。
金马蹯邀闻阿育，石鲸鬣鼓动昆明。
出求身毒中郎节，还灭头阑校尉兵。
千古穷荒增胜迹，史迁略地报西征。

张 汉

张汉（1680—1759），字月槎，云南石屏人。清康熙四十七年（1708）戊子科举人，康熙五十二年（1713）癸巳恩科第三甲第49名进士。授翰林院庶吉士，升任检讨。乾隆元年（1736），丙辰博学鸿词科又以其"诗赋精辟"，再次复入翰林院，又一次授予检讨。此后，调任河南文武乡试同考官，旋升河南开封知府。后因忤逆上司被弹劾。雍正九年（1731），罢官回滇。雍正十一年（1733），兵部侍郎王士俊认为张月槎属于"扶藻摛词，富有腹笥"的特殊人才，特上奏章推荐他参加特科考试。雍正十三年（1735），内阁大学士张廷玉按制审查、剔除虽然"才华出众"，但犯过某种政治错误，以"于例不符"之由，不得参加考试。张月槎因为曾经被弹劾罢官而列名其中。张廷玉开列名单、事由，请雍正帝最后裁决。乾隆元年（1736）三月十三日，乾隆帝降旨："张汉着一体考试。余依议，只特许张汉一人参加考试。"张汉果然不负众望，考中二等第1名，再授予翰林院检讨之职。这也是他第二次进入翰林院。然而，这一年张汉已经五十八岁了。他有诗记述此事："旧史重新入网罗，瀛洲比数一人多。貂成领袖资毫续，骥取飞腾附尾过。两度迎春逢此岁，骑年引试重同科。文章炫俗浑闲事，房杜吾师意若何？"张月槎博学，善文辞，著有《秋夜回文诗》等。袁枚著的《随园诗话》收入了他写的《秋夜回文诗》。该诗从云烟、冷梦、悬壁、皎月、飞鸿、荧光等多方面形象地刻画了边城的寂寥萧瑟，对仗工整，咏吟中更增加悲凉。回文诗是倒过来也要能成句的。上下两首回文诗，意旨境界与原诗相近，但更流畅，更有气势。这是很不易做到的。回文诗多数是古代的文字游戏，有诗意、有境界的还确实不多，能流传下来的较少。张汉写的"下上云山四壁悬""秋树几回惊梦冷"，比原句更加贴切，更拓宽了诗境。

秋 夜

烟深卧阁草凝愁，冷梦惊回几树秋。
悬壁四山云上下，隔帘一水月沉浮。
翩翩影落飞鸿雁，皎皎光寒静斗牛。
前路客归萤点点，边城夜火似星流。

流星似火夜城边，点点萤归客路前。
牛斗静寒光皎皎，雁鸿飞落影翩翩。
浮沉月水一帘隔，下上云山四壁悬。
秋树几回惊梦冷，愁凝草阁卧深烟。

赵 城

赵城（1685—1759），字亘舆，云南通海人。清康熙四十七年（1708）戊子科举人，康熙五十四年（1715）乙未科第二甲第28名进士。钦点翰林院编修，充国史馆纂修官，乾清宫南书房行走。康熙帝赐他象牙雕龙戒尺一方、绣龙手套一对，用作教读皇子之赏。雍正三年（1725），先后任江南道御史、河南道御史、浙江道御史。雍正四年（1726），任贵州丙午科主考，雍正帝赏他乌喇玉砚一方，背后镌刻康熙手书"以静为度，足以养年"八字。雍正五年

(1727)，授湖南布政使，兼理湖北政事。雍正七年（1729），补授通政使司右通政职。乾隆元年（1736）三月，出任山东督粮道税道。之后，又相继出任甘肃提刑按察使、河南布政使、通政使司左通政等职。乾隆十四年（1749），赵城告老还乡，乾隆帝准予原品休致，并书赐他"忠厚笃敬"四字。通海县城保留有他撰写的对联："万古此崔嵬，杜当阳沉碑汉水，殊嫌多事；百年直瞬息，林处士鹤孤山，颇觉可人。"用典贴切，被誉为秀山楹联之冠。

秋 感

方寸偏教百感萦，悲歌时作不平鸣。
无才自愧头颅大，流涕频惊髀肉生。
千里关河秋作客，一灯风雨夜论兵。
何堪跂足依南斗，更上樵楼望帝京。

李根云

李根云，字仙幡，号亦人，云南洱源人。清康熙五十六年（1717）丁酉科举人，康熙五十七年（1718）戊戌科第三甲第48名进士。历官江西驿盐道、两淮盐运使、光禄寺卿等职。李根云任光禄寺卿时，受朝廷之命，巡察湖南和湖北两省。巡察一行人来到湖南汉寿县。当地有个地主张诚，中年无子嗣，为了传宗接代，收养了王家一个孩子，改名张继宝。后来，张诚之妻生了自己的亲儿子，取名张继嗣。张诚便给了张继宝八亩田地，让他仍回王家。张继嗣长大成家，娶妻马氏，生子张盛。不久，张继嗣一病不起，命在垂危。临终时，他叫来张继宝，又送给田地六亩，要请张继宝帮助照顾家业。张继嗣死后留下田地二百亩，其妻马氏在张继宝的帮助之下，苦心经营，恣意盘剥，十几年后又买地一百多亩。有一天，一家田主前来赎取典卖的土地，恰巧张继宝不在，马氏便让儿子张盛翻查书契，只见契约上写着田地是张继宝和马氏共同购买。马氏大吃一惊，再查其余买地契约，统统如此。马氏怒不可遏，质问张继宝。张继宝说："田产本来就是二人共买，不但土地如此，就是地租也是平分，现有收租账册为证！"二人翻脸，到汉寿县衙打官司。马氏说田地是她所有，被张继宝侵吞；张继宝称田地二人共有，持有证据。李根云仔细沉思后想：张继宝帮马氏管理家业，买卖田地，马氏虽保管契据，但她不识字，契据不足凭信，然而离开契据又没其他佐证。于是，他传来双方审讯，当堂断为"土地共有"。马氏不服，被赶出堂。他连声夸奖张继宝能干，张继宝得意忘形，放弃了戒备。李根云便随便问张继宝："你有多少家产？"回答："十三亩田地。"问他："收入多少？"回答："每年收谷三十一石，可得米十六石。"问他："家中人口？"答说："有一妻二子三女，只有长子已十八岁，能够干活。" 李根云说："据你所说，交纳赋税之后只剩下十四五石米，一家六口吃饭尚且不够，还要买柴买菜，怎么能度日呢？"张继宝说："妻子在家生活十分贫苦。"李根云说："别人都说你有很多钱，这是为什么？"张继宝叹道："自家的苦楚自家知呵！"这时，李根云变了脸色，拍案大怒说："那么，你和马氏买田的钱从何而来？你说家贫没有剩余，买田的钱是盗窃所得吗？"急忙叫来下属官吏，让他们查清历年来还有哪些没有破的盗窃案，装腔作势，要审讯张继宝的盗窃罪行。张继宝一听，吓得六神无主，连忙申辩说："我是安分守己的，确实从没偷盗。买田都是马氏的钱，契据账目都是伪造的，只是准备马氏死后与她儿子争田争产，地租也未侵占一文。"张继宝说出真情，李根云叫来马氏，又宣布了伪造契据无效，假账销毁，物归原主，结了此案。李根云有吏才，为官有循声，年近七旬才卸职回乡，侨居武昌，内转光禄寺卿，辞而不就。所作诗文，脱稿后不复视。李根云的诗，笔力矫健，富变化而有层次，语言朴直。

重修滕王阁诗

一年一度惯登楼，岂独冯唐恼白头。
缑岭云归非故岫，龙沙露冷又新秋。
高寒占断千门月，浩荡消残万古愁。
重与江山开面目，问谁横笛等闲游。

苏渭生

苏渭生（1692—1753），字子书，号叠山，云南新平人。清雍正元年（1723）癸卯科举人，其父苏因是康熙乙酉科（1705）举人，父子连举，当时在民间传为佳话。苏渭生历任福建连江、南平、彰化知县。苏渭生任南平知县时，山北有个姓张的娶山南周家的女儿为妻。一天，周氏回娘家探亲，住了一段时间，其丈夫不见返回，便让弟弟前去迎接。叔嫂二人边走边谈，行至山中，周氏累得气喘吁吁，便坐下歇息。小叔子抱着侄儿先走一步，回家之后很久，周氏仍无踪影。兄弟二人觉得奇怪，便沿路寻找，找到周氏歇息处，不见人影，再去周家探询，也不见返回。周氏父母十分着急，与张家兄弟一起进山搜索，结果发现周氏被杀死在树林中，只存尸身，不见头颅。周氏的父亲怀疑是她小叔子心怀不轨，企图强奸嫂子不遂，杀人灭口，便将张弟扭送南平县（今南平市）衙。苏渭生严审张弟，张弟拒不承认自己谋杀嫂子，只好将他收监候处。又过了一年，张家的一位邻居有事前往福州，住在一家客店里。在这里，突然看到了周氏，大吃一惊，对周氏说道："你小叔子现在还关押在监狱里。"周氏只好讲出事情的真相：那一天我坐在山里休息，有一个长着满脸胡须的人担着笼子上山，见四面无人，拔出刀来，胁迫我脱下衣服与鞋子，从笼子中叫出一个妇人，让她穿上，然后把那妇人杀死，砍下脑袋放在笼子中，把尸身扔到树林里，硬把我塞入笼中，挑起便走了。大约走了半月，来到福州。张家邻居急忙回到南平县（今南平市），将此事报告县衙。苏渭生立即派人将罪犯抓获，经过审讯，罪犯供认不讳。苏渭生在台湾彰化县任职期间，捐资在块官、八卦两山购置山场，为客籍户设置公墓。他到台湾后，不忘记南平学子，每逢地方官设宴招待应举学士时，都要寄白银数百两，补助贫困举子。他把大陆汉文化带到台湾，推动了当地文化的发展。后调任河北清河任知县，他治理黄河泛滥，负责救济灾民事务。苏渭生为官十余载，清正廉洁，办事严谨，得到民众好评。年逾花甲，告老还乡，病故乡里。

罗凤彩

罗凤彩（1695—1772），字苞仪，号竹园，云南石屏人。清雍正元年（1723）癸卯科举人，同年联捷第三甲第52名进士。历任刑部广西主事、四川司员外郎、广东道监察御史、太常少卿、通政司副使等职。罗凤彩在任广东道监察御史时，广东新丰县有一村民外出归来，被人从后面刺中右肋，重伤倒地。第二天早晨，伤者的哥哥出来寻找，发现弟弟重伤在道边，奄奄待毙，急忙扶着他回家。回到家中，哥哥问他："是谁杀害你的？"伤者吃力地答道："白帽子……黑衣服……高个子……"没有说完就咽气了。哥哥急忙向新丰县衙报案，县令当即叫来打更者，询问案发当晚有没有见到穿黑衣服、戴白帽子的人。打更者说有个叫刘福儿的经过，样子挺像的。县令命立即逮捕刘福儿。经过审讯，刘福儿坚持不承认杀人。县令既不能判，又不敢放，就把刘福儿关进监狱，一直关了三年。三年后，正好罗凤彩出任广东道监察御史，巡视到新丰县。他在审查狱囚中，发现刘福儿一案有疑问："死者临死前说凶手是高个子，可是刘福儿个子并不高啊；死者伤在右肋，而刘福儿素用左手，如由后面杀伤，伤应在左肋，为何却在右肋呢？"经过一番侦查，终于抓到了真正的凶手，释放了刘福儿。雍正七年（1729），罗凤彩巡视中城，擢升户部掌印给事中，钦命查赈直隶、宣化等处灾民，弊绝风清，抚恤灾民。雍正十年（1732），稽查通粮船事，巡察淮安漕务，所至清操。乾隆元年（1736），皇帝广开言路，凤彩识大体，不以矫厉沽名，陈《请均出贡》一疏，士林称颂不绝。乾隆五年（1740），巡视天津水灾，所至以清廉著称。由太常少卿升任通政司副使，晋升宗人府丞，后告官回籍。罗凤彩居官二十余年，义利分明，待人和厚。归隐林泉后，谈及人世纷华，视名誉为浮云。罗氏家族课子有方，其子元琦，孙辈庆恩、湛恩、会恩、觐恩、荫恩均为有学之士，乡人羡慕不已，视罗、朱两氏出人才，激励子孙，以为榜样。

陈　沆

陈沆（1679—1761），字存庵，号湖亭，云南石屏人。清雍正元年（1723）癸卯科举人，雍正二年（1724）甲辰科第三甲第116名进士。历任湖南武陵知县、吏部稽勋员外郎、浙江处州知州、湖南衡州知府等职。陈沆任武陵知县时，有一个凶手夜间杀了人，把脑袋割下拿走了。清晨，一个姓王的樵夫背着柴火走，在路上捡到了凶刀，便插在柴捆上面。武陵县办案的捕役把他抓住刑讯，结果他含屈招认了。陈沆怀疑说："哪里有杀了人而公然把凶器露在外边的傻瓜？"于是，陈沆就写了一张布告挂在街头说："王某杀人已经认罪定案，如果有人献出死者头颅，必定重赏！"因此，很快便擒获了真凶，无辜的樵夫获得释放。陈沆与王思训、马汝为并称为"滇中三杰"。陈沆自幼聪颖，读书数行俱下，过目即不忘，独能"以清真雅正之作，扫除而更新之"。他的古诗文辞，气韵高洁，有欧阳修遗风。他在湖南武陵任知县时，饥民数千，无法生活，横行洞庭，抢劫官商二十余案，气势汹汹。陈沆从容镇静，戮其首领，胁从皆释放不究，并赈济饥民，使之安生。陈沆断案公正，廉洁奉公，后得到监察御史举荐，升任衡州知府。陈沆撰联悬于堂上，所言所行，正如其联。陈沆廉洁刚正，在衡州因与大吏顶撞，被召回京师。年近七旬，告官回乡。乾隆二十六年（1761）病逝于家，葬于秀山，诰授中宪大夫。

咏 吏

察吏所以安民，惟是扬清激浊。
益下何妨损上，敢辞茹藿饮冰。

朱 焕

朱焕（1698—1774），字临川，号龙坡，云南石屏人。清康熙五十九年（1720）庚子科举人（解元），雍正二年（1724）甲辰科第二甲第75名进士。历任江苏淮安，河北任丘知县、赵州知州、广平同知、大名知府、永州知府等职。朱焕居官多年，简静廉平，所到之处均有惠政，京畿最著。朱焕性直耿介，在任职中，所用薪米皆由市价购回，不苛求民众；对属吏不动声色，而肃然畏之。乾隆二十七年（1762），由大名府调任永州，当地民众阻道十余里，相送啼哭之声不绝。朱焕在赤城任知县，以才能得到总督倚重。后到了大名府，风气稍稍改变，院司都更替轮换，朱焕为官廉洁，不随波逐流。保定知府对朱焕说："漳河水一滴不见遗耶，以故久不迁。"朱焕也不愿与后辈争短长。最后调到了贫困的湖南永州，别人替他感叹，他却高兴地说："这里距离云南更近了，可以随时做回归的打算了。"他调离的时候,当地士民遮道给他饯行,十余里不绝。到永州一年多,最终与巡抚意见不合,愤然告官离职。乾隆三十九年(1774),病故于石屏。

李治民

　　李治民,字立人,号棱翁,云南晋宁人。李因培之父。清康熙五十二年(1713)癸巳科举人。雍正五年(1727),参加大挑一等。派任广东清远知县,任职期间励精图治,整肃吏治,造福民众,多有善政,得到民众拥戴。后调任博罗知县,后在任上去世,年仅46岁。他书座右铭"穿衣吃饭,当思贫贱之时",表达其做官为人的道德标准。李治民出生时,因母难产去世,幼年时由其祖母抚养长大,其父因公常年外出。由于家境贫寒,不能购买膏火在夜间读书,他就到村后山上捡拾枯枝败叶燃烧照明读书,其好学精神感动私塾先生黄申奇,被黄申奇视为可教之才,认为今后必有所成,招至门下悉心培养。李治民不辜负先生教诲,每次考试均名列前茅。后参加乡试,又被主考官周彝赏识,经与其交谈,邀请他当家庭教师,被李治民所拒绝。在昆明居住时,他曾开办私塾广收门徒,由于弟子众多,就住到附近的寺庙中。李治民喜欢交结朋友,对友真诚相待,赢得了社会人士广泛称赞。朋友们在一起吟诗作对,团结友爱,十分融洽。

刘名廷

　　刘名廷,字柱题,云南蒙自人。清雍正十年(1732)壬子科举人。刘名廷中举后,先任广西义宁知县,因义宁不通水路,乡民常到永停去采购,甚感不便,于是刘名廷就造船摆渡,因此行人就方便了许多。当地人把这个渡口叫作"刘公渡"。他还重修学校，建设义江书院，自己捐出俸银，购置校田三十五亩，作为乡试考生的卷金。后调任天保县，当时官吏衙役相互为奸，利用手中掌握着的权力欺压当地百姓。刘名廷到任后，立即废除所设立的各种特权，并将取消的各种条例上报给上司。他教民植树造林，根据当地的气候和土壤种植芹菜，被当地民众称作"刘公芹"。刘名廷性情刚直孝友，在任期间，听到兄弟薨，哀痛至甚，须发皆白。后来他辞官归到故里，把自己多年的积蓄俸银分给侄子们，并购良田，建造宗祠。病逝于家，享年77岁。

杨如柏

杨如柏，字新甫，云南保山人。清雍正十三年（1735）己卯科举人。历任广通、琅井、楚雄教谕。因才能卓著，旋升任陕西高陵知县。杨如柏任高陵知县时，高陵县（今高陵区）发生了一起命案。高陵城中杨老儿有个儿子叫杨骏，生性浪荡，专爱狎妓宿猖，娶城北张老儿之女三姐为妻。三姐既美丽又正派，但杨骏总觉得不如妓女娈童一起玩乐来得痛快。有一天，三姐思念父母，杨骏替她去看望岳母，他没有告诉自己父母便离家出城。走到半路，见到一个十七八岁的英俊少年。两人谈得情投意合，杨骏问清他是去湖南探亲，便假说自己有个亲戚也在湖南做官，可以同路相投。干脆不去看望岳父母，竟与少年一起去了湖南。过了三日，三姐见丈夫还不归家，就把杨骏去她娘家的事情告诉公婆。杨老儿让人去亲家询问，张老儿答说没见着。杨老儿四处打听，仍杳无下落。一天，杨老儿正在发呆，张老儿的侄儿吴舟前来探询。吴舟年方二十，风流潇洒，杨老儿一见，立即怀疑他与儿媳通奸，谋杀儿子杨骏，竟不问青红皂白，扭住吴舟到高陵县衙控告。杨如柏审讯张老儿、吴舟、三姐三人，均一口咬定没有通奸的事实。杨如柏只能将他们三人暂时收监关押。张老儿因年岁已高，受不了惊吓，病死在狱中。一年后，杨骏沿途乞讨，返回家中。亲戚见他回来，愤怒异常，把他扭送到县衙。杨如柏问明真情，把杨骏重责四十大板，同三姐一同发放回家。三姐想到自己父亲，因丈夫杨骏离家出走，病死狱中，痛恨交加，当夜悬梁自尽。杨如柏在高陵县任职五载，后因父丧，回籍丁忧。三年后，补授山东蓬莱知县。当时正值蓬莱天大旱，杨如柏刚刚到县衙，当地百姓就跪在县衙前面祈求民命。又过了七日，老天才降下甘霖。杨如柏在任修治学馆，抚养孤贫，办事干练，民众爱戴。然而，他突发重疾，告官回乡，士民爱慕，到高陵城郊相送数十里，并有哭泣者。杨如柏回籍数年后，因病辞世，享年 61 岁。杨如柏为人敦敏，有吏才，事兄谨。从兄如送，官至御史，于杨如柏先卒。杨如柏迎其侄子于蓬莱，分给衣物，视如己出。杨如柏与人交往，久而不渝，无贵贱之分，人以此乐从之游。

刘 慥

刘慥（1707—1767），字君顾，号介亭，云南永胜人。清乾隆元年（1736）丙辰科举人，乾隆二年（1737）丁巳恩科第二甲第 52 名进士。授翰林院编修，参与撰修《大清一统志》。历任重庆、顺庆、曹州、苏州知府，福建按察使，河南、山西布政使，署理河南、山西巡抚。乾隆三年（1738）在翰林院任编修官时，得知朝廷下令"豁免丽江之夷丁课，鹤庆之站丁银"的消息，他欣然挥笔写下《请免金课奏》。永胜金沙江沿岸盛产黄金，自古以来便有金沙江沿岸穷苦百姓在此淘金度日。金沙江水夏涨冬降，只有在江水下降的冬天才能开采黄金，且有所收获。金沙江沿岸的淘金工人来自四面八方，时多时少，去留无常，流动变化较大，产金量不稳定。自明朝以来，朝廷就在金沙江沿岸设置金课税，每年由地方府衙征收，上缴朝廷，每年上缴的金课税数量不变。因受当地酷热的自然环境影响，淘金工人走了，淘金税就落到了沿岸少数民族的人头上，这叫作"认地不认人"。金沙江沿岸少数民族淘金者寥寥无几，长年累月反受淘金赋税之苦，更有甚者，逃离家园，贫困破产；怨声载道，村庄萧条。刘慥生长在永胜，对金沙江沿岸淘金情况非常熟悉，于是挥毫写下了《请免金课奏》。乾隆皇帝接到刘慥的奏本后，朱批云贵总督和巡抚查办此事。督抚又命令时任永北知府钱恒如实调查，经过详细调查，得到的结论是："确有其事，并无虚言。"遂将金沙江沿岸淘金税减免一半，闰年课税和其他苛捐杂税全部获免。永北府金沙江沿岸民众受金课税牵累者得此消息后，"居者安，远者来，逃者归"，村庄又出现欢腾景象，民众感激涕零。乾隆四年（1739），刘慥调任顺庆知府，因干练超群，任职九个月后，调任重庆知府。半年后，其母死于重庆衙署，他扶榇回籍。母后，调任山东曹州知府，任职三年，修治河道，建设考棚。期间，乾隆帝下江南路过曹州并召见他，将治理曹州四十八条水利图呈献予乾隆。乾隆看后，大赏其才，说："曹州不足以尽其长。"当即下旨调任苏州知府。他到任后，忠于职守，励精图治，深得民心。江苏督抚赏识他的清廉及才干，共同上奏朝廷推荐他为镇扬道监司。还不到一年，乾隆帝又下旨任命他为福建按察使。他到福建，秉公执法，事必躬亲，很快处理完陈案。福建督抚又向朝廷推荐，乾隆亲自批示道："朕谓此人为天下贤员，今果然不爽。"到福建一年后，又擢升为河南布政使。未几，河南黄河扬桥处决堤，淹没了万亩良田。刘慥亲自到灾区进行疏浚河道，慰问抚恤，殚精竭虑，吃住在船中五个月。其时，乾隆帝南巡回北京，路过河南，省府官员亲自迎接，当时巡抚没有据实上奏水患，皇帝大怒。又追问刘慥，他如实上报灾情。乾隆听后，即刻命他署理河南巡抚。他竭尽全力抗洪筑堤，决口逐渐缩小。通过数日修筑，于是决堤被堵住，河流被疏通，淹没的良田显露出来，水患消除。没过多久，山西吏制腐败，需进行整治，又将他调任山西布政使。刚刚一个月，又遇山西大旱，蝗虫遍野，刘慥率官员督查蝗灾，通过艰苦努力，才将蝗灾消除。是年秋天，又下大雨，发生洪涝，汾河、沁河等水流出堤外，巡抚非常担心，将灾情上奏朝廷。乾隆特下圣旨，说刘慥过去在河南抗洪救灾，擅长治水，令他专门督查灾情，体恤灾民。刘慥想尽一切办法，进行疏通，做到竭尽全力，使山西民众得以安居乐业。乾隆二十四年（1759），山西举行武乡试，正遇下大雪，天寒地冻。刘慥积劳成疾，突然中风痿痹，且右体手足瘫痪。他上奏乾隆皇帝，提出辞职归乡。乾隆下旨慰问他说："尔非借病规避之人，可善为调摄，病愈来京，其眷隆之礼正未已也。"刘慥接到圣旨，带着家眷南归，于乾隆二十六年（1761）回到永胜清驿家中。他到家后，欣然接受当时永北知府陈奇典的聘请，担任乾隆《永北府志》的主撰工作。历时三年时间，于乾隆三十年（1765）刊行。此书，是永胜迄今为止保存最为完整的地方志书。乾隆三十二年（1767），他旧病复发，溘然长逝。

登西山关

一

层峦耸峙郡城西，杰阁登临望欲迷。
浩淼平铺千层翠，迂回曲折万峰低。
前村旭照青烟袅，大地春回绿颖齐。
俯视山原如画里，名流何处觅标题。

二

石磴参差映碧空，遥瞻紫气澈苍穹。
天边云豁双眸外，陌上风清一掌中。
棋布星罗村远近，花朝柳岸屋西东。

多年雅慕晴川景,到此方知胜概同。

蒋祖培

　　蒋祖培,字绳其,云南鹤庆人。清雍正四年(1726)丙午科举人,乾隆二年(1737)丁巳恩科第三甲第37名进士。历任翰林院检讨,山西和顺县、河南孟县(今孟州市)、浙江办鄞知县、浙江盐道监使等职。蒋祖培任和顺知县时,审理了一件杀夫诬告案。刘甲与李乙酒醉后发生争执,互相殴打,经人劝开各自回家。刘甲回到家中躺倒熟睡,半夜里被人砍断了脚,旋即死掉。刘甲的妻子告到和顺县衙,说丈夫被李乙报复杀害。蒋祖培命令县役将李乙逮捕归案。过了一会,他对刘甲的妻子说:"你回去料理丈夫的后事吧,李乙已经招供了。"同时,他派县役尾随观察。只见刘甲之妻与一个前来迎接的和尚相视而笑,窃窃私语。蒋祖培接到报告,立即将他们抓来,严加审讯,追问他们通奸杀人的情状。二人无法抵赖,便如实招认了。李乙被当堂释放。有人问蒋祖培:"你是怎么知道刘甲之妻因奸杀夫的?"他答道:"我看刘甲妻虽然男人被杀,但是毫不悲伤,而且她既然与被害人同床睡觉,为什么身上却没有一点血迹呢?因而推断另有隐情。"蒋祖培在和顺任知县时,清操自律,劝火耕,勤月课,兴纺织,拒盐窝,除五道邪神庙。调孟县知县,甘雨随车,陈案立剖。在浙江办鄞县(今鄞州区),赈济灾民,全活甚众;治常山匪,隔省侦探,无株连,常山人谓之有德,为祖培立祠。升任浙江盐道监使,他肃清漕政,筑海塘为民除患。后辞官归故里,课子教孙二十余载。著述颇多,可惜在动乱中遗失,仅找到诗《题朵美水阁》与《刘惜墓志铭》。

题朵美水阁

　　温泉土沃稻粱肥,绿泛江波雪水归。

大嚼蔗浆凉气入，细翻滩石软沙飞。
虚空杰阁孤山寺，游窝回流道士矶。
壮里乾坤差几许，五云缭绕尚依稀。

徐硕士

徐硕士，字孔昭，云南峨山人。清乾隆六年（1741）辛酉科举人。历任江苏云龙学官，河南宝丰、封丘县同知，湖北安陆知县，徽州知府。徐硕士任安陆知县时，有个商人的毛驴因缰绳断了而走失，后来商人虽然找到了毛驴，但毛驴背上一具价值五千贯钱的鞍子不见了。商人告到安陆县（今安陆市）衙。徐硕士估计偷毛驴的人一定是在夜间把毛驴放掉，而后再把鞍子藏起来的。他左思右想，告诉商人说："有办法破案了！"于是，他吩咐商人不要给毛驴草料，将毛驴饿上一段时间，然后取下辔头放它出去，派人后面跟随。毛驴为了觅食，就自己奔向曾喂过它的人家。到那家一搜，果然在草堆下面找到了丢失的鞍子。徐硕士每到一地，均有"惠政"。他任宝丰同知时，黄河水涨成灾，他捐出俸银并募集购买船只拯救溺水灾民，救活三千余人。后又缉获大名县重犯。擢升为徽州知府，其时有个叫岩镇的地方，有炉、魁两奸民，诱诸富家子弟，纠集党民"吏掾为奸，相助作声势"，闹得人心惶惶。旋派人将炉、魁二犯抓获，革去二人生员资格，随后又将他们流放到外地，驱除党羽，令民众得以安居乐业。著有《攀辕吟》等。

新安留别

临岐何事叹孤篷，得就田园即至公。
便拟南宫图卓茂，敢言西蜀化文翁。
他年俎豆渐循吏，此地衣冠见古风。

最是回头堪恋处,春郊灵雨杏花红。

师问忠

师问忠,字恕先,又字裕亭,云南弥渡人。清乾隆六年(1741)辛酉科举人(亚元)。授予晋宁州训导。师问忠十四岁成为孤儿,居住在深山丛林里,发奋于学,读辄易忘。他虽勤奋,但仍懵懵如故。据说,他整天哭泣,哭完又继续苦读,攻读罢又哭泣,这样反复哭泣攻读,却无计可施。他到寺庙里上奏诸神,直接陈述自己的苦衷,忽然在一天夜里,梦见一个人捉刀打开他的胸膛,取出他的心脏洗涤之后而离去,于是他夜里惊醒,从此以后开始慧悟。今天来审视这一传说,当然是由于师问忠日有所思,夜有所梦,是他刻苦努力的结果,但也印证了他读书求学的一片苦心。师问忠在晋宁任训导后,又晋升为长芦石碑场盐课大使,后来在乐亭县常住下来,二十余年后,才回到家乡。回乡八年后去世,享年81岁。师问忠有文学才华,而能屈于下僚,且和睦相处,遇人平心静气,至于是非道义却坚守不可犯。他洁清自好,不名一钱。按照资历理应推荐为县令,他却让给了他人。师问忠以文章教育弟子,有很多成名的人,唯独其子师范,能够传其学而光其大。师问忠著有《劝学录》《洗心记》《鸣鹤堂文稿》《北上集诗稿》等。在《滇诗略》里,收录了他的四首诗。

登晋宁望海楼

望海楼头望,沧波万顷长。
凿应嗤武帝,溺却吊梁王。
舟去移山影,天来接水光。
石鲸鳞甲在,把酒意茫茫。

周于智

周于智（1711—1779），字明远，云南峨山人。清乾隆三年（1738）戊午科举人；乾隆七年（1742）壬戌科第三甲第180名进士。历任山东茌平、胶州、宣化、朔平、平鲁知县。后因功绩显著，晋升河南开归陈许兵备道，旋调任怀庆知府。再调任开封复任兵备道，"所至政声显著"。周于智年少时，以匡济天下为志，痛恨虐待民众的酷吏和庸吏。他做官后，诚挚爱人，对刑狱案件处理十分谨慎。在博平、新野两地发生凶杀案，造成家庭纠纷。前后几任县官都无法明断，逮捕关押上百人，喊冤叫屈者把官署衙门前道路堵塞。周于智详细询问，仔细侦查，得其要害，将其冤案判决，数十家当事人从牢狱中释放，当地人拍手称快。大案即"昭豁明白，群吏叹服"。乾隆四十三年（1778），周于智在开封任职，正值黄河决堤，兰考被淹。当时周于智因病告假在家养病，皇帝下旨命其前去救灾，他不顾重病在身，备马快速向兰考赶去。一路上，因受暑湿，刚到开封，病愈发加重，不到十天就病故了。周于智于乾隆四十四年（1779）在开封府衙病逝，乾隆帝闻之，特下谕旨，加赐按察使衔，命司事经理其丧事，驿送回乡安葬。

杀虎口

城阙东依岭，征车北绕河。
一夫防守易，百国注来多。
落日鸣斑马，春风载橐驼。
时清途路坦，无处不讴歌。

李因培

李因培（1717—1767），字其材，号鹤峰，云南晋宁人。清乾隆三年（1738）戊午科举人，乾隆十年（1745）乙丑科第二甲第9名进士。李因培自幼聪颖，其父口授"四书"、"五经"、《国语》等，他皆能背诵，被当地人称为"小先生"。九岁时随其母迁居昆明，十一岁参加童子试，补授博士弟子员。李因培中举后，因其父病逝，家贫无力上京应试，过了七年后，得到朋友资助，才考中进士。历任翰林院学士、山东学政、刑部侍郎、顺天知府、江苏学政、礼部侍郎及湖北、湖南、福建巡抚等职。李因培在湖南做巡抚时，常德知府锡尔达揭发武陵知县冯其拓亏欠国库帑银二万余两。当时李因培上报的通省仓谷无亏，鉴于下属的颜面和政绩的影响，他示意布政使赫升额，让他命贵阳知州张宏燧代冯其拓偿还亏欠的库帑。由于数额不足，无法还此亏欠，锡尔达仍上疏弹劾。不久，正赶上张宏燧判决杀人案件不当，误指罪人，被按察使所纠正。李因培及继任巡抚不能决断案情，乾隆帝命令侍郎期成额审讯，于是，知道了张宏燧营私舞弊亏欠库银，并把详细实情禀报给乾隆帝，乾隆帝命令夺去李因培官职，逮送湖北对簿公堂，经调查都是事实。其成额的奏章到后，李因培被刑部判斩决，乾隆帝命令改监候。秋谳入情实，赐自尽。李因培与袁枚友善，常诗酒集会，游玩于山水间。袁枚建随园于南京，曾作上联"此地有崇山峻岭，茂林修竹"，李因培对下联"其人读三坟五典，八索九丘"。袁枚大加赞许，称为"绝对"。李因培博学多才，尤精文史，为官清廉，颇得民心。云南民间有"才高八斗李因培，字压两江马汝为"之说。李因培祖孙四代名噪文坛，其事迹《清史稿》有传记，并被《中国历史人物辞典》收录。

沅江曲

一

猿啼返照古汀州，浅水明沙有画楼。
欲醉楚江桑落酒，白云低处是沅州。

二

平羌星月静澄江，不比山溪隐画艭。
浑似昆池秋泛夜，洞箫寂寞对银釭。

黄　桂

　　黄桂（1700—1775），字月轩，号清华，云南云龙人。清乾隆十二年（1747）丁卯科举人。黄桂自幼清姿挺拔，器宇豁达，家贫好学，做事不拘小节，平易近人，耿介潇洒，有鹤立鸡群之态。其有真性情，且有真才实学。所读经史子集，能得心应手，挥笔发论，往往别具一格。《黄公桂墓志》载："公造就多士，穷经术，辟文风，持士气，倡义举，沐其数者莫不望之为北斗。""老树抚丑枝，著花增明媚"是对黄桂的高度评价。黄桂不但学识渊博，且一生留下不少著作，有《观易之门》《清华文集》《青云馆集》等。他的部分作品被收录在《滇南诗略》。黄桂亦是云龙历史上第一位著名的诗人，他的诗作获得当时名家很高的评价。《新纂云南通志》载："先生诗名噪甚，惜遗稿不概见，犹记其出滇南胜景起句云：'半生为地限，今日出滇南。老奔黔道千山马，寒卧辰州十日船。'皆警句也。"周于礼写道："我友黄月轩，忘年申结契。昂藏老书生，比作雕虫技。弄笔摩青天，拔剑斫厚地。"黄桂诗句有："雨随黔地尽，江人楚天流。"具有唐朝诗人之风格。黄桂对家乡教育，弘扬士气，培养教化人才，功勋卓著。云龙县第一名进士马锦文是其弟子，第二名进士黄绍魁也出自他的门下。他倡修孔庙和崇文宫，置学舍于其中，帅一井之弟子，蒸蒸然以兴于学焉，文风从此大盛。乾隆四十年（1775），黄桂病逝于家，葬于曲存老路坟岭祖茔。

澜沧江桥

峡涌澜沧出，横空鹊架形。
路穷生造化，人过入丹青。
晓岸云常恋，寒关夜不扃。
于今消瘴久，树茂武侯亭。

马锦文

马锦文（1725—1763），字梅阿，云南云龙人。清乾隆十二年（1747）丁卯科举人，乾隆十七年（1752）壬申科第三甲第107名进士。授翰林院检讨、山东道监察院掌管、广西道监察御史、署户科掌印给事中兼巡视东城，敕授奉直大夫。马锦文进京殿试中进士，超群的胆识和出众的才华深得乾隆帝的嘉许，特别是直言进谏，名震京师。《云龙州志》载，马锦文入朝供职期间，"正色立朝，敢直抗言，有古名臣风。所上奏章多中时弊，宦官为之敛迹，名震京师"。后人称："题谏院之名，马侍御直声丕振"，是对马锦文为官清正、刚直不阿的高度赞誉。马锦文在朝时，奏请"府考随棚考试，以免往返，皇上准允"，为后来各府进士、举人、贡生辈出创造了条件。马锦文夙夜勤劳国事，积劳成疾，中年卒于京师。为此，乾隆帝特颁谕旨："素旗出都门，公卿大臣设酬奠送。"由家人扶榇归里，所经之处，均穿城而过，地方官绅相邻皆辞交赞叹。因马锦文中年早丧，所著诗稿未能刊印，且已遗失。在云龙县民间，流传着许多"马翰林"刚正廉洁、乐助乡里、博学多才的口碑。

周于礼

周于礼（1720—1779），字绥远，云南峨山人。清乾隆十二年（1747）丁卯科举人，乾隆十六年（1751）辛未科第二甲第44名进士。历任翰林院庶吉士、编修，江南道监察御史，鸿胪寺卿，通政司参议，太常寺少卿，大理寺少卿等职。周于礼任江南道监察御史时，巡视到广西隆安县，有一家姐妹二人嫁给了两家邻居做媳妇。姐姐不怀孕，没有生育；妹妹生了一个儿子。在妹妹生小孩时，姐姐家的小老婆也生了一个女孩。她们对外诡称生的是个儿子，在半夜放火烧了一间房子，乘邻居慌乱时，偷偷用自己的女儿换来了妹妹的儿子。妹妹发觉之后前去索要，姐姐不给，于是告到隆安县衙。周于礼就协助县令审理这桩案件，姐妹双方都坚持儿子是自己的，又都拿不出确凿的证据，争执不休，无法判断。周于礼就假装自言自语地说："两家相争，为了一个儿子，既然无法判明，只有杀死此子，才能了结啰！"说着就命衙役在堂下放一水缸，把两个妇女叫到缸前说："我替你们把这孩子淹死，来解决这场争端吧。"他密令一个衙役看好孩子，大声呼叫左右诸人假把孩子投入水缸中的样子，并立即把两个女人哄出门外。妹妹大哭失声，奋力去救孩子，以至于在堂前摔倒；姐姐却扬长而去。于是，周于礼把儿子断还妹妹而杖责姐姐，隆安百姓都说判得正确，惩治了邪恶。周于礼"平生敦本，博览群书"，为人诚实谨慎，办事公正不阿，持身制事，严有律度。其在朝廷任职多年，"家无余赀，无新服器，独书籍碑刻略具而已"。他曾两次主持四川乡试，三次充任京城同考官，都"得人称盛"。周于礼精于书画鉴赏，富于收藏，以书法著称于世，誉满全国。在京城为官，而无余财，只把平生所书《周氏诰封》《千字文》及其他一些得意之作钩刻于石，由京城用马运至家乡。著有《敦彝堂集》《听雨楼诗草》等。

家信寄滇

七年边郡一空囊，万里书成少寄将。
纸上殷勤齐劝诫，家中子弟远膏粱。
对床风雨终留约，举案盐齑也费量。
晚背秋灯悲囊训，好余清白问穹苍。

黄恩锡

黄恩锡（1716—1772），字素庵，云南永胜人。清乾隆十七年（1752）壬申科举人，同年联捷第三甲第39名进士。历任青海碾伯知县、宁夏中卫知县，擢升礼部主事。他以农为本，提倡儒学，体恤民情，赈济灾民，兴修水利，总结出"暗洞法、阴沟法和潴泄法"等多种修河筑坝、治理河道的良方。他认为"农田为养民之本，而农田必资于水利"。他主撰的乾隆《中卫县志》是一部宝贵的文献。他任职期间，政声卓著，得到了中卫县（今中卫市沙坡头区）民众颂扬。他在任中卫县令时写下的《中卫竹枝词二十首》，收入《中卫县志·文艺篇》中。《中卫竹枝词二十首》充分展现了乾隆时期宁夏中卫县的地域文化、风土人情、军事地理、乡村生活和景物风光。中卫县，位于今宁夏回族自治区中西部，是宁、甘、蒙三省区的交汇处。宁夏回族自治区的著名旅游景区——"沙破头"，就在中卫县境内，素有"天下黄河富宁夏，首富当数中卫县"的美誉。黄恩锡的著述很多，乾隆时的《永北府志》，道光时的《云南通志》《滇诗略》《滇文丛略》，光绪时的《云南通志》《永北直隶厅志》等史书文集，均有他的著录。由于时代的变迁，他的很多作品均已遗失，保留至今的诗作仅有五十九首。其中，他在京城时写的《澜沧杂忆词》，把永胜的风物风貌、壮丽景观、地方特产、饮食文化等描写得栩栩如生。著有《忆山诗草》和《素庵诗草》四卷。

西关远眺

岑楼碧汉拥坡巅，放眼凭高兴豁然。
云宿山根浮绿野，人攀石磴上青天。
晴岚欲散遥风雨，晓气轻笼古树烟。
最是一川风景好，麦黄垄畔颂丰年。

赵 瑗

赵瑗（1733—?），字蘧叔，号检斋，云南晋宁人。清乾隆十二年（1747）丁卯科举人，乾隆十七年（1752）壬申恩科第二甲第55名进士。历任翰林院庶吉士、工部员外郎。乾隆二十三年（1758），湖北乡试主考官。乾隆二十五年（1760），任京师会试同考官。乾隆二十九年（1764），任河南卫辉知府。后调任归德知府、开封知府，提升为河南陈许道、陕汝道道员。赵瑗任开封知府时，有一次，他收到一些匿名信，信中告发别人有不轨行为，牵涉附近一百多家。赵瑗把匿名信打开，一一检视，见这些匿名信所指控的人和事都大体相同。后来他目光落到最后一封信上：信大致与前面几封相同，但是指控的人名字比前面几封多了三个，其中一个姓潘的姓名特别显眼。赵瑗拍案而起，高兴地说："有线索了！"他立即派人传来潘某，问道："最近有谁跟你闹过别扭？"潘某答道："有一个朋友上次拿了一支毛笔来要卖给我，我没买，他就怒气冲冲地走了，嘴里还嘟嘟囔囔，看样子好像是对我怀恨在心。"赵瑗命令府役立刻把那个卖笔者抓来，经过审讯，果然是他一个人干的。于是，按诬告罪把他处罚了。赵瑗还娴熟案牍，为官求真务实，廉洁自律，秉公办事，很受推崇，颇有政声。乾隆四十八年（1783），他以母丧为由，自请辞官，回归故里，时年只有五十岁。归乡后，他以赋诗填词为乐，著有《庚山诗集》和《渠川外集》等。

菜 花

一

只有秋花入品题，春花无分得提携。
相看乞是篱边物，不遇陶潜价便低。

二

喧阗蜂蝶野田飞，黛陌黄花映夕晖。
若遇樊川开笑口，游春应插满头归。

李云程

李云程，字鹏九，又字扶九，云南石屏人。清乾隆十二年（1747）丁卯科举人，乾隆十九年（1754）甲戌科第三甲第41名进士。李云程胞弟云汉是乾隆三十五年（1770）庚寅科举人。李云程因家贫，无钱贿赂朝臣，虽考取仕途，但未被重用，任命他为广西府教授，后又因贫困流落他乡，借寓在四川。李云程在广西和四川期间，编辑了《古文笔法百篇》二十卷，撰写了《寓川草诗文》三十卷。这两部遗著，后来门生代为其刻印行世，通行全国。他编著的《古文笔法百篇》，选文精当，由浅入深，重视笔法的不同类型，把百篇古文分为二十类，各标以题目，"其标题分类，文简法颏，异于他本之编代，编入莫分门径，致初学无从入之途"。每篇古文，他均写有评语，题解："评语撷其精英，逐层汇附，小批之上有未经前人道及，虽无可发挥之处，亦必参以管见，补苴罅漏。"清咸丰年间，内阁中书李元度说："海内翻刻无数，行销甚广。"19世纪20年代，上海大东书局出版古文译注本；1984年4月、1985年8月，湖南人民出版社两次出版。经胡怀琛编辑、吴曼青校点的《古文笔法百篇》，仍然只能效法李云程的编辑方法。

尹　均

尹均，字佐平，云南蒙自人。清乾隆十八年（1753）癸酉科举人，乾隆十九年（1754）甲戌科第三甲第91名进士。先祖为河南怀庆人，明朝兵部给事中，因言事被革职，贬到大理为县丞，子孙落籍蒙自。尹均少时勤奋好学，刻苦钻研。历任翰林院庶吉士、内阁中书等职。尹均为人至孝，有至性，父母丧期，结庐在殡宫侧，朝夕守之。兄弟五人，家无异财，较为贫寒。他对兄弟亲朋照顾有加，体恤乡邻故友，勤俭持家，非常简朴，日餐素食。他常说："此吾乡味，若即富贵，慎无忘记。"乾隆时期有名望的大学士刘统勋在论到当朝公卿时说："能以清白遗子孙者，尹均也。"得到其赞誉甚少。儿子尹壮图、侄子尹英图皆是当时的进士名人。

袁文典

袁文典（1726—1816），字仪雅，号陶村山人，云南保山人。清乾隆二十一年（1756）丙子科举人。袁文典出生于书香之家，为人敦厚，学识渊博。他参加京城会试落榜后，回到家乡，孝敬父母，扶持兄弟袁文德、袁文思、袁文揆等读书。因家境贫困，家庭生活拮据，受聘到施甸教书，以微薄的薪酬接济家中。后又转到永盛乡教书，他见到那里村庄篱落，桑田鸡犬，很像晋代诗人陶渊明的居所，加上自己的性情、经历和气质，于是自号"陶村山人"。他在教书之余，进一步研究经史子集，著书立说，文章闻名远近。此时，因邻国缅甸多事，侵犯边境，清朝征缅大军到保山，军中文人名士王昶、陈孝升、张凤孙等，慕名和他交往过从，诗歌唱和，友情颇深。不久，他被选送到广西任学政，后因四弟袁文揆中举，家中老母无人孝养，只好辞职回家，以教书为业。袁氏先祖中有很多长寿之人，朝廷表其坊曰"三朝人未老，四代眼同春"。著有《陶村文集》《陶村诗钞》等，深受社会各界赞许。

题陶靖节集后

先生何所有，种得门前柳。
犹恐荒三泾，不为折五斗。
高卧北窗风，醉饮东篱酒。
餐英采黄华，赋诗娱白首。
临流兴自清，酬觞人不偶。
第得琴中趣，挥弦不在乎。
第会书中意，求解不在口。
羲皇以上人，魏晋能有否？

李 翊

李翊，字桂圃，号衣山，云南晋宁人。李因培长子，自幼聪颖，在其父李因培的培养下，饱读诗书，博通经史，喜爱诗词。清乾隆二十一年（1756）丙子科举人，乾隆二十二年（1757）丁丑科第二甲第10名进士。李翊八岁时，被其父李因培带到京城，进入翰林院晋侍讲学士。他考中进士后，任翰林院编修，在翰林院十余年。李翊与蒋士铨成为知己，得到翰林院学士的普遍尊重。由于他身患肺病，在得到朝廷同意后，一直追随其父李因培辅助其工作达十余年，后因病辞官归到故里。乾隆三十三年（1768），因其父李因培案发，李翊遭到精神上的打击，卧床不起，竟病逝于北京，时年仅28岁。李翊育有一子李瀛，中举人，官至直隶玉田县知县。李翊诗有《昆明竹枝词》《黑龙潭》《九龙潭》《盘龙寺》《白云洞诗》，著述有《衣山诗钞》等。

雪中怀孙髯翁先生

镇日茅堂把酒杯，孤吟不觉暝钟催。
柴门流水无人到，几树梅花雪里门。

杨 霆

杨霆（1728—1796），字虹孙，云南大理人。清乾隆十八年（1753）癸酉科举人，乾隆二十二年（1757）丁丑科第三甲第100名进士。历任河北涉县、平山、井陉等知县。杨霆任平山知县时，有一个寡妇来县衙告发她的儿子不孝。按照清朝法律，"不孝"是十恶重罪之一，犯者要处以死刑。杨霆传寡妇的儿子到堂，见他面容悲戚，泪流不止，似有冤屈而又不加申辩，便对那寡妇说："你丈夫已死，身边只有这个儿子，你用法当论死的罪名告他，以后不后悔吗？"寡妇说："他对我不顺从，我还能可怜他吗？"杨霆说："既然如此，你去买口棺材准备盛殓他的尸体吧。"寡妇欣然下堂。杨霆命人尾随其后，暗中观察，看到寡妇对一个道士说："事情办妥了。"很快寡妇便买来了棺材。杨霆又传寡妇到堂，再三劝说，还希望她能悔悟，但寡妇坚持原意，毫不动心。于是，杨霆命人把在县衙门外等候消息的道士抓来，严加审讯。道士说："我与寡妇通奸，常常被她儿子劝阻，所以，为了要除掉这个障碍，才想出了这个办法。"杨霆听后，下令将道士用刑杖打死，寡妇重打三十大板。道士尸体就用寡妇买来的棺材装殓埋掉，宣布寡妇的儿子无罪。三年后，杨霆因父母年老，辞官回籍。他隐居林泉二十三载，疏食饮水，终身不悔，过着万卷经书一瓢诗的孤单生活。后终死于故居,享年68岁。

大理怀古

(节选)

白头闲话说元光,有客当年过夜郎。
真向南天开礼乐,早从西蜀显文章。
写韵迹陈人不见,老僧无语掩山扉。
一楼烟雨暮霏霏,秋意骚情满翠微。
滇海文章愁里著,锦城乡里梦中归。
白头一曲歌垂柳,红树千山挂落晖。

黄绍魁

黄绍魁(1727—?),字希侨,号砥石,云南云龙人。清乾隆十七年(1752)壬申科举人,乾隆二十五年(1760)庚辰科第三甲第91名进士。授户部辽宁司主政,敕授文林郎,赐承德郎。《云南通志》载:"宁河为宝坻故地,雍正八年始分设。旧多水患,绍魁为立桥梁,平道路,行者遂不病涉;又以泮宫狭小,拓而大之,凡民所欲为无不毕举。"他当官六年,政绩卓著,蜚声朔北。《云龙州志》载:"存心仁慈,官居着贤良声,教家敦友谊,老诚典型,尤堪矜式。"黄绍魁热心家乡公益,并力主尊儒废巫,移风易俗。云龙诺邓巫术盛行,曾修有巫教"天子庙",他主使撤除神庙,将泥巴塑像抛入村西箐内。他给村民教育说,人死后只许弹洞经音乐,不准请道士开路。他还从山东曲阜孔子家乡带回泥土,掺入本地泥巴内,重塑孔子金身。他对振兴家乡教育,加强礼乐教化,创建文明村风,确实起到了很大的作用。

楹 联

风云事业烟云志,虎豹文章海鹤巢。
春申奕业祥符远,山谷流风瑞应多。

朱 昕

朱昕(1739—1828),云南永胜人。乾隆二十五年(1760)庚辰科举人。次年到京城会试未登第,后又参加大挑,评为一等。被清廷委派到江西,先后在大庾县(今大余县)、清江县任知县。因政绩卓著,升任江西定南厅同知,后调署赣州、袁州知府。朱昕在外做官二十余年,为官清廉,知人善任,刚正不阿,是当时永北府享有盛名的四品知府。乾隆三十一年(1766),朱昕被朝廷委派到江西大庾县任知县,四年后调任清江知县。乾隆三十八年(1773),因政绩卓著,朱昕升任定南厅同知。据《定南厅志》载,朱昕在定南厅任同知期间,体察民情,善政必举,知人善任,兴修水利,重视文教。乾隆四十四年(1779),由他和同僚刘霖主纂了《定南厅志》。他在《定南厅志》序言中这样写道:"国家统一,区宇幅员之广,超越前代,计天下府厅州县,棋布星罗。非《禹贡》《职方》所能尽其域,其间土地人民政事之经治忽安危之迹,彼此异视,今昔殊状,何以使人不出户而周知四方之故土,上下千百年而了如指掌,且惟结绳易为书契,以治以察圣人之功,于是为大而记载之,不可以已也……"从以上《定南厅志》序言中不难看出,朱昕不但重视文教,还胸怀百姓。他把地方志书的修纂作为当地促进社会经济发展的大事来办理,寐以枕旦,督抓督办,得到定南民众的爱戴与颂扬。乾隆四十五年(1780),朱昕升任赣州知府,四年后又调任袁州知府。乾隆五十二年(1787),因朱母病逝,朱昕回到家乡永北中州村奔丧,至三年守制期满。乾隆五十五年（1790），进京起复，奉命到贵州任安州知州。嘉庆四年（1799），他致仕回到昆明，任教于五华书院。嘉庆八年（1803），朱昕回到永北中州村，这时他已年过甲子。然而，他仍不遗余力地为家乡的教育添砖加瓦，培养人才。朱昕中举人后，乾隆二十八年（1763）至二十九年（1764）间，曾参与刘慥主持修纂的乾隆《永北府志》，并受聘担任"编次"（即编辑）第一人。

笔岫晴岚

嶙峋碧汉削三峰，日色晴薰翠霭中。
班笔思投朝作嶂，江花欲吐夜修容。
浮云独看庐山面，著屐难施谢客踪。
不惜物华多泄漏，此间特地秀灵钟。

尹壮图

尹壮图（1738—1808），字万起，号楚珍，尹均之子，云南蒙自人。清乾隆二十七年（1762）壬午科举人，乾隆三十一年（1766）丙戌科第三甲第35名进士。历任翰林院庶吉士、刑部安徽司主事、吏部文选司员外郎、考功司郎中、礼部郊祭司郎中、江南道监察御史、内阁学士，兼礼部侍郎等职。乾隆三十六年（1771），尹壮图参与典试广西，次年又奉钦命充武闱会试同考官。乾隆四十二年（1777），尹壮图任顺天乡试副主考。乾隆四十八年（1783），再次参与主持顺天乡试。乾隆五十一年（1786）十月，尹壮图奉乾隆帝命，总阅《四库全书》，与主撰纪晓岚相处甚得。乾隆五十二年（1787），尹壮图奔父丧，在蒙自守孝三年。乾隆五十五年（1790），上疏言山西、直隶、山东、江苏等省府库亏空事，惹怒乾隆帝，并交由刑部治罪，刑部以"比狭诈欺公，妄生异议律，坐斩决"。而后，乾隆帝又认为尹壮图

"逞臆妄言，亦不妨以谤为规，不必遽加重罪"，将其降为内阁侍读。不久，改任礼部主事。乾隆五十七年（1792），尹壮图以母老乞归，"蒙圣恩谕令回籍养母"。嘉庆元年（1796），清仁宗颙琰即位，尹壮图曾是颙琰的侍读，给颙琰留下"敢言之臣"的印象。嘉庆四年（1799）春，嘉庆帝亲政，"召诣京师"，要尹壮图"急行来京擢用"。尹壮图到京，仍要求嘉庆帝准其回籍养母。嘉庆帝准奏，赏给其母大缎两匹，并"加壮图给事中衔，赐奏事匣折"，允其"在籍奏事"。尹壮图善书法，他博采众长，自成一体，浑厚凝重，圆阔自然，人称之为"龙蛇体"。著有《尹壮图诗稿》二卷，《详批纲鉴性理语录文稿》四卷。嘉庆十三年（1808）病卒，享年70岁。

小村有感

冥冥雾起阻归人，谁氏宗祠傍小村。
马见云来思避雨，风知客到预推门。
危檐斜挂秋虫网，茂草丛依古树根。
借问桂兰何处发，空余麦秀慰孤魂。

杨 嵘

杨嵘（1718—1782），字建立，号固亭，云南永胜人。清乾隆二十七年（1762）壬午科举人，乾隆三十一年（1766）丙戌科第三甲第122名进士。曾参与修撰乾隆《永北府志》。任广西武缘知县，后升宾州同知。其先祖是四川安岳人。兄弟六人客籍永北府，其后人有移居广西的，有移居陕西的。明朝时期的翰林，曾任陕甘总制的杨绳武是其杨氏嫡系族人。杨嵘自幼读书到中举，均师从刘慥学习课业，得到刘慥躬亲指教，学业品质卓然超人。刘慥回乡后，受永北府知府陈奇典聘请，主撰乾隆《永北府志》。杨嵘参与修撰了其志书。他中进士后，曾任广西武缘县知县和宾州同知，署理知府。他为官清正，不图虚名；事必躬亲，且两袖清风。乾隆四十七年（1782），死于官署任上，因家贫子幼，无力归葬。数年后，其孙杨昙长大成人后，多方筹措资金，才得以扶柩归乡安葬。杨嵘葬于今程海镇宋官村北侧，墓经其后人修葺，现存完好。

张贞女
（节选）

玩月喜玩十五月，年年此夜总不缺。
种树爱种连理枝，日月交柯免离别。
安得伉俪尽如斯，百年长绾鸳鸯结。
吾滇之西北胜州，张家贞女足哀咽。
髫年受聘字彭郎，彭郎聪颖暗愉悦。
正思科第奋功名，桂殿琼官仰人杰。
天公靳才不育才，一病摧残成永诀。
闻讣大哭呕心肝，抢天呼地泣泪血。

钱 沣

钱沣，字东注，云南昆明人。清乾隆三十三年（1768）戊子科举人，乾隆三十六年（1771）辛卯科第三甲第11名进士。授翰林院庶吉士，散馆任检讨。充任国史馆纂修官，前后任职近十年。乾隆四十六年（1781）任考选江南监察御史。此时，正值甘肃冒赈折捐事件发生，主其事者为甘肃布政使王亶望，他被调任甘肃后，搞起了"捐监冒赈"的勾当。所谓"捐监"，就是为解决粮食歉收问题，官府允许一些人通过捐粮换取监生资格。王亶望把粮食折成银两，进行监生资格拍卖。他向朝廷谎报旱情，编造说把监粮用来赈灾了。实际上,他把捐纳的银两全部私分,从总督到州县官员人人有份。甘肃官场多利欲熏心之辈,时任总督的勒尔谨也为他隐瞒。甘肃省有一多半大小官员参与了"捐监冒赈"的贪污侵吞活动。这一切,乾隆帝都被蒙在鼓里,还升王亶望为浙江巡抚。直到有人反映地方官员在浙江海塘工程中弄虚作假,中饱私囊,才引起乾隆帝的怀疑。不久,乾隆帝又从来自甘肃的奏报中得知当地并无旱灾。乾隆帝马上派官员去浙江对王亶望进行严审,铁证面前,王亶望只好招认。乾隆帝抄了王亶望的家,没收财产折合白银三百万两。此案终结,共判死刑者五十七人,发配五十六人,还有不少人受到牵连。乾隆四十七年(1782),乾隆帝令和珅、刘墉、钱沣三人同往查办山东受贿案。山东巡抚国泰奔走于和珅门下,纳贿交结。和珅庇护国泰,恐吓钱沣,他不为所动,不屈不挠,查明真相,国泰、于易简论罪至死,终被正法。乾隆五十八年(1793),钱沣又奏劾军机处大臣和珅、王杰、董诰、福长安等关系紧张,值班时各居一处,不能集思广益,影响工作效率。乾隆帝为此申斥、诫勉诸大臣,并命令钱沣纠察军机处。和珅是乾隆帝的宠臣,权倾朝野,势焰逼人。乾隆一朝,敢于同和珅正面交锋者,寥寥可数。钱沣不畏权势,不避灾祸,多次抨击和珅,在一定程度上遏制了和珅的胡作非为,维护了正义。乾隆六十年(1795),钱沣奉旨外出巡视,遭受奔波之苦,后入军机处稽查各大臣履职情况,和珅故意把军机处的劳苦之事委派给钱沣。但军机处属于禁地,地势空旷,秋风寒冷,而钱沣家贫衣薄,常年粗茶淡饭,入值军机处后,夜入暮出,以致积劳成疾,于是年九月十八日溘然长逝。他的儿子在整理其父诗稿时,发现有一份数千言的弹劾和珅奏疏草稿,列举他罪证二十余条,但这份奏疏稿生前没有送到乾隆帝手上,所以社会上有钱沣是被和珅毒死的传说。钱沣是清代云南很有成就的诗人和书画家。嘉庆年间,友人师范编辑他的诗《南园诗存》二卷,著名文学家姚鼐、法式善为之写序,赞美其风节文章不遗余力。钱沣书法酷似颜体，端庄厚重，遒劲有力。绘画以瘦马见长，人称"瘦马御史"。光绪三十二年（1906），陈荣昌为弘扬南园精神，在翠湖之畔修建"钱南园祠"，供世人瞻仰祭奠。赵藩为原翠湖"钱南园祠"撰写的楹联也移于此："风月湖光是昆华胜地，刚严贞介为一代完人。"

题　画

昔闻庄生说马蹄，患极烧剔鏊与齐。
野人释耒束簪绂，形则贵盛心酸嘶。
栈豆满前不敢顾，此情独与知心语。
短衣欲背北风行，胡为顾我泣吞声。
世间纵少扬州鹤，饶有天公付饮啄。
千金费尽学屠龙，几年骨朽厌朝风。
何况所见唯凡马，途尘纸墨为此画。
门径强托苏与韩，田中刍狗嗟谁看！

刘大绅

刘大绅（1746—1828），字寄庵，云南华宁人。清乾隆三十五年（1770）庚寅科举人，乾隆三十七年（1772）壬辰科第二甲第45名进士。历任山东新城、曹县、文登、朝城等知县，青州同知，武定同知等职。刘大绅在曹县任职时，一次，他到乡间巡视，听到民众互相诉苦说："谷贱银贵，田赋开征的期限将近，奈何矣？"他就对民众们说："等谷物有好价钱再交田赋也不迟啊！"这话传到上司那里，上司以"擅作主张，拖延征期"怪罪大绅，并另派"能吏"到曹县代征。百姓唯恐失去大绅，奔走相约，及时交赋，及代征者到县，当年田赋已全部交清。上司嫉妒其贤能，又限期催收上两年因灾拖欠的五万多两赋银，并扬言说如收不齐，就另派他人取代刘知县。百姓很害怕,便足力完成所欠赋款。乾隆五十三年(1788),大绅因病辞官,民众遮道拜送,深感惋惜。大绅不忍离去,只好答应不走,又被调任文登知县。嘉庆八年(1803),刘大绅任武定同知时,黄河水暴涨成灾。大绅奉命查灾赈济,竭力任事,惠及灾民。巡抚代嘉庆帝朱批"好官可用"四字。而后,新城张万年等乡绅特请人作《遗爱图》一套十九幅,图绘刘大绅在山东各地事迹,以寄托对他的思念之情。嘉庆十八年(1813),刘大绅辞官回籍,主讲五华书院。著有《寄庵文抄》三卷、《寄庵诗抄》三十卷,均收入《云南丛书》。刘大绅书法古朴淳厚,恰如其人。

师　范

师范(1751—1811),字端人,号荔扉,云南弥渡人。清乾隆三十九年(1774)甲午科举人。清代著名文学家、史学家。师范自幼好学,博览群书。他无论为官为民,所到之处都很重视教育,结纳名士,授业弟子,"陈古指今,悉中利害"。乾隆五十三年(1788),师范被选任剑川州儒学司训导,当时正碰上官军西征郭尔喀,师范被派驻丽江,辅助由滇入川运粮观察使。当时军需繁忙,丽江帮助四川运输军粮,观察使出驻中甸知州事。师范被委派处理州中的大小事务,军队物资供给充足,"凡是剑川应该运输的军粮,皆是出于他手"。西征胜利后,他又两次入京会考,也未及第。嘉庆六年(1801),师范以军功得保举,选授安徽望江知县,履职八年。被安徽桐城学士姚萧称赞为"为人恺恺忠信,笃于友谊","凡有关民生是者,莫不考求实用"。师范为官清廉,因重听致仕,贫困不能返回故里。嘉庆十六年(1811),客死在安徽望江县,家无余财,仅有书籍千卷而已。济南太守张鹏升将其灵柩运送回家。师范生有异禀,于书无所不读;学识广博,工诗文,亦喜欢作画,是清代云南有较大影响的史学家、文学家、教育家、诗人和学者。著有《金华山樵集》二卷、《雷音集》十二卷、《荫春书屋诗话》一卷、《小停云馆芝兰》十册、《二余堂诗稿》等。

剑阁行
（节选）

北风吹地草木黄，剑门关外天苍苍。
两崖壁立耻相邻，曲通一线如羊肠。
小剑牙列露峭削，大剑角突纷怒张。
芙蓉出匣练影碎，排云争插千干将。
我观妙似城郭状，丛峦错峙横女墙。
高墉南抱势睥睨，楼橹斥堠疑相望。
扬一益二古陆海，特区秦陇严周防。
造化到此洵得意，彼五丁者徒荒唐。

谷际岐

谷际岐（1739—1815），字凤来，号西阿，云南弥渡人。清乾隆三十九年（1774）甲午科举人，乾隆四十年（1775）乙未科第三甲第2名进士。祖父为州廪生，父亲为国子监生。历任翰林院检讨，参与校译宫廷《四库全书》，先后任国史撰修、武英殿提调官、咸安宫官学总裁等职。嘉庆二年（1797），他任福建道监察御史，时逢清朝派兵镇压白莲教起义，多年不能平定。他查访实情后，两次上疏，参劾陕甘总督宜绵、陕西巡抚秦承恩等趁征讨之机，营私舞弊，肆意掠夺，残害无辜，在奏疏中还力陈"官逼民反"之理由。嘉庆七年（1802），他上疏举奏两湖总督陈辉祖的家奴蔡永清勾结权贵朱桂和庆桂，行贿朝廷"无尺寸之功而官秩五品"。嘉庆帝将他的奏章给尚书九卿众议，结果是剥夺了蔡永清的职务，朱桂、庆桂等人则下诏责备有差。皇帝以为庆桂不匿蔡永清，谷际岐连坐诋毁大臣，所举弹劾不当，左迁刑部郎中，于是他称病归乡。嘉庆二十年（1815），谷际岐病逝，享年76岁。著有《五华讲义》《西阿诗草》《龙华山稿》《采兰集》等。

袁文揆

袁文揆（1749—1815），字时亮，号苏亭，云南保山人。清乾隆四十二年（1777）丁酉科举人。袁文揆是袁文典之弟，自幼聪颖，五岁时，父亲口授《大学》，他便能背诵无差。袁文揆中举后，曾被选拔到京城参加会试，可惜屡试不第。落榜后，留在京城四库全书馆，担任《四库全书》的誊写工作。乾隆四十九年（1784），《四库全书》告竣，约十亿字，抄成七份。最后四库全书馆对誊写者评议等级次第，袁文揆先后在馆七年，兢兢业业，于是获任县丞职务，后来以抽签方式发到甘肃，第二年徒步到皋兰县报到。此地回族与汉族杂居，情感不融合，争议不休，历来为难治之地，令很多县丞与县令都头疼。他认为："有事则为朝廷出力，无事亦可学太史公、太白、子美。终不效长吉昭谏，扼于科名，终老牖下。"袁文揆一生走遍大江南北，特别是赴北京科考和甘肃上任，让他了解到民间疾苦，所到之处都与士大夫交游，谈诗论文，著有《时畬堂诗稿》《时畬堂文稿》等。

鬟镜轩晚眺

招携竟躡翠云隈，极目真同渡海来。
千古风涛生下界，一湖烟雨上高台。
鱼龙寂寞宵钟静，豺虎纵横画角哀。
莫问梁王沉石处，秋声已卷暮潮回。

段 琦

段琦，字魏肇，号可石，云南澄江人。清乾隆三十九年（1774）甲午科举人，乾隆四十五年（1780）庚子科第三甲第5名进士。历任江苏荆溪、金坛知县。段琦任金坛知县时，金坛县城里有一家人被盗，告到县衙，捕役抓来一批有偷盗嫌疑的人。但人数众多，谁是真的盗贼？段琦说："东岳庙里的铜钟能识别盗贼，谁偷了东西，只要一摸它，它就会发出声音来。"然后，他命令县役押解众犯罪嫌疑人前去庙中，自己则带着仆人先走一步。他事先把铜钟涂上煤烟，又把殿堂窗户用帘子遮住。等到人带到，又命令犯罪嫌疑人都进去摸钟。摸完之后，逐个检查他们的手掌，其中一人手上没有烟迹，便盘问审讯，最后证明此人就是盗贼。由于这个人偷了东西，害怕钟响，所以没敢去摸钟。段琦辞官回籍后，主讲滇南、弥勒等书院。吸收志士仁人读文史，研究经典，咏诗作赋，评论现实，培养了大批有造诣之士。著有《可石小草》。

黑龙潭观古梅

台上双梅二老人，支颐拄杖转精神。
有花竟自霜皮著，是雪才知玉骨真。
笑插一枝邀客赏，醉倾千石觉情亲。
传来唐代诚仙格，澄月寒潭认旧身。

沙 琛

沙琛，字献如，号雪湖，云南大理人。清乾隆四十五年（1780）庚子科举人。授安徽建德知县。沙琛抚恤黎民，训练义勇，很多事情都很有章法，当地民众因此安居乐业。未几，补授怀远知县。其时正值宿州发生叛乱，宿州与怀远相距仅百余里，怀远县城不能守住，官民都被迫居住在外城，叛军气势汹汹，不可终日，沙琛应机制变，沉着处置，得到当地百姓的信任。上司重视他的才能，调他回去守怀宁县城，怀宁不久也得到安定。在他任上前后十余年间，经过三次易地做官，所治理的都是号称难办不易处的地方，又往往多发生事故变乱。沙琛采取宁静廉平的治理原则，老百姓都能安居乐业。而后他署理霍丘县令，因为惩治逆子违背人伦杀父的靳同万案件被弹劾，就没有再复出被任用。他在任时，县人靳邻民弑杀其父靳同万，沙琛正要缉拿凶手，还没有抓获的时候，就被解职离去了。后任县令王驭超审出实情，安徽巡抚以沙琛讯鞫草率，几致罪人漏洞，上疏请求议处沙琛，后来奉旨："沙琛著发往军台效力赎罪。"还没有起解时，碰巧初彭龄继任安徽巡抚，沙琛父亲沙朝俊以自己年老为由，不忍心令壮年的儿子赴远处戍守，愿意回云南变卖家产代替儿子赎罪。初彭龄不允许，仍然催促起解。于是，怀远、怀宁、建德、霍邱四县的民众，各自愿意出金代县令沙琛赎罪，四县士民前后具词恳切陈请，并投具认状，缴纳银六千两，限两月完缴。初彭龄听说后，奉上谕说："沙琛平日居官既好，此次获罪之由只系承审不实，尚非私罪，竟可免其议罪银。所有士民等情愿措缴银两，如尚未交纳，即谕令停止。若已完缴，著即发还。免沙琛发往军台之罪，饬令他回籍养亲，以示联孝治推恩之至意。"事情既已明白，初彭龄下令教导各州县。后来有个安徽人辑刻了谕奏折及四县上书之文，刊为一册，名曰《赎台纪恩》。至此，沙明府之名誉，脍炙于大江南北。沙琛将要回归云南时，四邑之民又再次聚集而请求，愿意用饬还的银子帮助清廉的沙琛，偿还债务并加以赠送，让他能够奉亲回归故里。沙琛回到大理后，拿出囊中金银分给亲族，余下的奉养双亲。不时与故旧宾客载酒具食物，徜徉于洱海之滨，最后终死于家。著有《点苍山人诗钞》。桐城姚鼐、镇江仲振履、怀宁潘瑛为他作序。沙琛的孙子，名叫孙兰，也是举人。清末时，杜文秀占领大理城，孙兰奉檄前往劝说归降。杜文秀不听从，孙兰用武力挟持，被杜文秀杀害。

丁应鎏

丁应鎏，原名丕谟，字敬仪，号仙坡，云南石屏人。清乾隆五十一年（1786）丙午科举人。历任安徽青阳、来安、五河、婺源、桐城、怀宁、祁门等知县，后升任凤阳同知。丁应鎏任青阳知县时，有一天，大雨倾盆，一个平民和一个商人争夺一把雨伞，双方都说是自己的，闹到了青阳县衙。丁应鎏观察了片刻后，当机立断，叫来役卒，把伞剖成两半，每人一半，将两人赶下公堂。同时又指派衙役悄悄跟在他们后面，看他们的表现。只见商人愤愤不平，叫骂不停，那个平民则嬉皮笑脸地说："你自己丢了雨伞，与我何干？"衙役回县衙禀报，丁应鎏把两人叫回来，打了平民二十板子，并命他买一把新伞赔给商人。丁应鎏任职二十余年，兴修水利，为民造福；每逢灾荒年，率先捐资，赈济饥民，缓解灾情；节俭，爱民如子。他遇事敢言，当世推重。丁应鎏以爱民为己任，了解人民疾苦，兴利除弊，不畏强暴，严惩污吏。后因病辞官归到故里。

途中怀荔扉

皖江潮接望江潮，但得常来底事招。
笑我吹竽参七客，多君投辖度三宵。
书耽草圣腕惭弱，吏是诗豪吟敢骄。
别后心期滋味好，空山细雨湿兰苕。

尹英图

尹英图,字毓钟,云南蒙自人。清乾隆四十四年(1779)己亥科举人,乾隆五十二年(1787)丁未科第三甲第34名进士。历任恩施同知、知府,长阳知府等职。嘉庆元年(1796),川楚土匪窥视恩施,尹英图指挥官兵,大胆出击,擒获土匪头子朱德洪等人,使恩施社会稳定,旋升恩施同知。而后恩施又发生叛乱,尹英图重拳出击,逮捕叛军首领陈耀川,斩杀二千余众,擢升为恩施知府。嘉庆三年(1798),调任巴东,堵截张汉潮。嘉庆五年(1800),击破兴山贼,歼灭贼首樊人伦,击败西路贼苟文明等。嘉庆六年(1801),击败盗魁李彬等,得到朝廷功赏。嘉庆帝下诏:"尹英图在湖北,办堵御有劳绩,联甚嘉之。乡勇本英图简选于施南各县,恩信周洽。英图今之施南任,即付英图劳遣,使各归农亩。"尹英图遵旨将义民次第解散妥善安置,没有发生哗变。嘉庆七年(1802),受到朝廷褒奖。道光四年(1824)去世,享年78岁。

刘绍甲

刘绍甲,云南嵩明人。清乾隆五十一年(1786)丙午科举人。乾隆五十四年(1789)大挑一等,授直隶知县。刘绍甲任直隶知县时,县城中一个客店主人杨桦的妻子回了娘家。这一天,有过往客商张卫、王齐等人投宿住店。半夜,有人用张卫的刀子杀害了杨桦,作案之后又把刀子插回原鞘,张卫并未察觉,次日清晨就起身出发了。天亮后,店里人见杨桦被害,把张卫等人追回,查看张卫的佩刀,只见鲜血淋漓。张卫瞠目结舌,无法辩白,被送到直隶县衙。刘绍甲命令将当夜在店里的十五岁以上的人都集中起来,然后又以人数不足为借口把它们放掉,只留下其中的一个老妇人。到了天黑,才把这妇人也放出，命令手下官吏秘密跟踪，看谁与这妇人说话。这样反复三天，发现都有同一个人找老妇人。于是，刘绍甲又把有关的人都召集起来，从中找出与老妇人说话的人严加审讯，那人供称因与杨桦的妻子通奸，乘机用张卫的刀子杀死了杨桦。因他作案心虚，见每天都留下老妇人，就急忙打听虚实，正中了刘绍甲的圈套。后来，刘绍甲以母亲年老辞官归乡。时云南盐法大坏，巡抚彭龄命令进言献策。刘绍甲以《盐法议》献予省府，切中时弊，彭龄以为可行。刘绍甲终养后，回原籍，署理龙门知县，民皆呼为福星，逋赋不待追呼，悉输纳。当时有一无赖董四，好赌博，成为乡里的曲病。刘绍甲将他叫来责骂，董四请求改正，仍未见效。一日，刘绍甲对董四说："尔所为如是，必有横祸。"未几，董四被人所害，折骨几死，呼喊于署衙，大呼曰："小人负公，公爱我，我不复赌矣。"刘绍甲调任易州，走在回家的路上，看见一个人跪在道旁，且为绍甲换鞋，伏地痛哭不起，即董四也。后旋升易州同知，后又复摄徕水，以旱祷雨，雨立至。后因感寒疾，去世于官府。

李应元

李应元，字超五，云南晋宁人。清乾隆五十七年（1792）壬子科举人。李应元性孝友，博学多才。他设教于乡，从学者众，以器识为先。蔡琼、李文耕、李廷壁诸人，皆出其门。后授任四川高荣、新都、仪陇、丰都、绵竹、合江等知县，旋升汉州知州，均有政声。李应元任绵竹知县时，绵竹城里有一户人家，丈夫早死，老妇年过半百，有一个女儿已经出嫁。女婿是个浪荡子弟，游手好闲，千金家产，挥霍殆尽。一天，女婿又去赌博，输得精光，债主逼债，无以为计，就串通乡中恶棍，卖妻换钱还债。正好有个青年打算娶妻，女婿就通过乡棍，偷偷领着那青年来家看妻。青年见此女年轻貌美，欣然应允。于是,暗自订立"以五十两银子出卖妻子"的契约,并商定了迎娶过门的日期。到了约定迎娶的那天,青年家张灯结彩,鼓乐喧天,新郎喜不自禁,盛装迎轿。轿子进屋,从轿中走出一位鬓发斑白的老妇。新郎一见,满脸羞恼。旁边有个妇人笑着说:"新娘子被调包了。"这老妇就是那浪荡女婿的岳母,她也被女婿骗了。女婿骗她说,要陪她一同去朝拜九华山,梳妆打扮才能前行。那妇女告诉老妇,你女婿赌输欠债后,将你女儿以五十两银子卖给了这户人家。老妇一听,怒骂道:"这个无情寡义的小子!"她在青年家中到处转悠,心想:"想不到这浪荡女婿竟如此缺德,我女儿跟这样的人在一起,怎么能过好日子?看这家新郎,为人朴实,不如把女儿转嫁于他,还能过一辈子幸福日子。"她想到这里,拉过新郎对他说:"你们别着急,先别向外声张,我自有办法。"于是,老妇派一个婢女去告诉女儿,说自己已经得了一个好处所,要女儿乔装打扮过来,一同庆贺。女儿穿着一身新衣服,坐轿来到母亲这里,一进中堂,只见张灯结彩,鼓乐喧天。老妇把一切实情告诉女儿说:"你丈夫因赌博欠债,已立契约卖你,今日由母亲我代你做主,为你配婚。"女儿一听,既然如此,就欣然同意,合卺成婚了。原女婿在家闻讯,恼羞成怒,竟跑到绵竹县衙控诉。李应元即发传票,传原告、被告双方人对质,新郎家拿出浪荡女婿卖妻时签押的契约,交予李应元检验,老妇也把事情前后因果全部讲了一遍。李应元拍案叫绝道:"想不到这世上竟有如此有胆有识的老妇人,实在可嘉!"遂判浪荡女婿没收全部彩礼,以示惩戒。宣判完毕,周围人群无不拍手称快。绵竹民众感戴,立祠祀之。李应元被上司所倚重,判遇疑狱,动辄委讯,多所平反。后辞官归故里,筹备卷金,捐资修桥铺路,建造路道,疏浚河道,设置学田义地,赋税保田。著有《十不可箴》《左传碎锦》,未付桑梓。

那文凤

那文凤（1771—1823），字九苞，云南昆明人。乾隆五十九年（1794）甲寅科举人（解元）。那文凤出身寒苦，靠其父背盐巴所得微薄收入供其上学。他从小聪明过人，才思敏捷。他考入昆明县（今昆明市）学读书，因出生于少数民族（彝族）家庭，被当时的汉族生员讥笑为"异种"，但那文凤刻苦攻读，学业日进。一次，那文凤到省城五华书院考试，在墙壁上写了"鹤立鸡群"四个字。参加考试的生员看后，像捅了马蜂窝一样，议论纷纷道："你一介小小燕雀，竟敢如此炫耀文采？"他只好低着头走开。后来那文凤乡试考中了第一名，全省士子无不刮目相看。那文凤虽为举人第一名，但仅当过丽江县教谕和元江州学政，且在元江州学政任内去世，年仅53岁。那文凤以诗文著名，著有《雁字诗》一卷，但仅见著录，未见有刻本传世。其著述手稿，均在杜文秀起义的兵乱中焚毁。现存诗有刻于昆明西山龙门慈云洞石香炉上的《赠吴道人》诗二首，刻于西山大牛井孔圣殿崖壁上的《牛井》诗二首、《秋日同诸友来游即景》诗二首，收藏于永北府的《瑞光寺和诗》一首。那文凤书法学《灵飞经》《洛神赋》，颇具造诣。清朝云南贡院（今云南大学）至公堂门曾留下他题撰的对联：文运天开，风虎云龙际会；贤关地启，碧鸡金马光辉。其对联，被时人争相传诵。一直到20世纪40年代，昆明西郊清净寺还悬挂着那文凤小楷条幅，其书法作品深受民间珍爱。

赠吴道人

一

万钻千椎显巨才，悬岩陡处辟仙台。
何须佛洞天生就，直赛龙门禹凿开。
紫竹藤书心里出，慈云霭露掌中来。

昆池恰似观南海，不负当年梦几回。

二

凿石还超炼石才，竟追盘古辟天台。
烟霞一破乾坤别，日月新分混沌开。
世界壶中装得去，山河镜里照将来。
休疑此地人间有，只许刘郎到这回。

张鹏昇

张鹏昇（1716—1891），字培南，号溟洲，云南晋宁人。清乾隆五十一年（1786）丙午科举人，乾隆六十年（1795）乙卯科第三甲第39名进士。自幼敏而好学，七岁时，家中春宴，有客以"春客"二字嘱对，他应声以"秋官"相对，满座宾客皆惊喜其才思敏捷。任刑部主事时，上奏修订《大清律》：死罪人犯中如有误杀等，其父母独存者，或孀妇独子者，在刑减一等后可假释回家养育亲人。他对此条法律建议进行修订，得到乾隆皇帝批准实行。嘉庆五年（1800），提升为刑部员外郎。嘉庆七年（1802），提任山东沂州知府。嘉庆十五年（1810），松花江水泛滥，随赛将军到黑龙江督查灾情。嘉庆二十四年（1819），提升为刑部郎中，在任期间，历经七省，亲自调审许多重大案件。张鹏昇为官清正廉洁，交友真诚，且喜济人，官声俱佳。

刘玉湛

刘玉湛，字露亭，号辉山，云南巍山人。清乾隆六十年（1795）乙卯科举人，嘉庆六年（1801）辛酉科第三甲第72名进士。任刑部主事，后因母逝，丁艰回籍，守孝期满，补任大理寺讲席。后又回到刑部任职，充任提牢厅主事，执法公平。旋任户部仓场监督，擢升刑部江苏司员外郎。刘玉湛在刑部任主事时，有一年，他奉命到江苏阜宁县巡察，正遇县城中有一个菜农告状。他说自己种的茄子刚熟，被邻居偷去不少到集市出卖。菜农发现后前去追索，两人扭打到县衙。刘玉湛见双方都说茄子是自己种的，便命令把茄子全部倒在堂前，仔细审视。他哈哈大笑对那个邻居说："看来你是个真的小偷。为什么这么说呢？如果茄子确实是你所种，你舍得在它刚熟的时候就把这样小的都摘下来吗？"那邻居听了，不得不当堂服罪。刘玉湛在任提牢厅主事时，有一个重要囚犯，用重金行贿于他，被他严厉拒绝。嘉庆皇帝得知此事后，对他进行嘉勉，且升任为监察御史。仅过了数月，刘玉湛得病，卧床不起，后病逝于任上，时年55岁。著有《退思斋学吟》。

上寨道中

风尘岁月自消磨，几度驰驱奈若何。
山立万峰惊地少，云垂四面讶天多。
人烟倒向岩边出，马迹高从树梢过。
世路嶔崟都历尽，此间犹未觉偏颇。

王 崧

王崧（1752—1838），字伯高，号乐山，云南洱源人。清乾隆五十四年（1789）己酉科举人，嘉庆四年（1799）己未科第三甲第6名进士。授山西武乡县令，任职九年后，因得罪当权者被罢官。王崧任武乡县令时，一天，山西巡抚的儿子高某出游，路过武乡县境，住在县驿站里。高某吹毛求疵，嫌驿站的马匹不称心，又嫌驿吏招待得不周，大发脾气，还喝令随从把驿吏捆了，吊在树上。驿站的人荒了，赶紧去县衙告诉王崧。王崧听了，义愤填膺，怒不可遏，但又考虑他老子是本省的巡抚，是自己的顶头上司，不可太冒失。王崧带人来到驿站，看见身着锦绣衣服的高公子正在指手画脚地骂人。王崧便喝令左右说："把这恶棍抓起来，开堂审问！"高公子气急败坏地喊道："我是堂堂高巡抚的儿子，你们要干什么？"王崧厉声喝道："哪里来的恶棍，竟敢假冒巡抚家的儿子，败坏巡抚的名声！上次巡抚出来巡查时，再三嘱咐我们，叫地方上不要铺张浪费，招待过往官员务必节省驿费，他真是一个体恤民情的好官。而你这个花花公子，带着这么多行李，这么多银子，而且气焰嚣张，要这要那没个完，这哪里是巡抚大人的儿子，一定是坏人假冒了高公子来行骗的，必须依法严办！"于是，王崧命令杖责了一顿后，又带人前去搜查他的行李。从高公子的十几个大小箱子中搜出了好几千两银子，全部没收，交给国库，并且把经过情形详细写成一封信，连人带行李一并送交高巡抚。高巡抚气得说不出话来，他很想报复王崧，但转而一想，毕竟是自己的儿子不争气，才栽在王崧手里，只好忍气吞声，不了了之。后来，王崧应山西督抚之邀主讲晋阳书院。嘉庆十七年（1812）告老还滇，阮元任云贵总督，力邀他任云南通志馆总理，主持云南省志编撰。晚年回到故乡洱源，闭门研究儒学，专心著书立说。王崧是云南清代著名的历史学家、经济学家、教育家和文学家。著作有《乐山集》《乐山诗集》《说纬》等，编纂的《云南备征志》尤享盛誉。王崧在编修《云南通志》时，汇集从《史记》到《滇系》的有关云南史料六十余种，编为《云南备征志》二十一卷，向为学界所倚重，被誉为"滇南大典"。他的《云南志钞》系为《云南通志》撰写的稿件，也有很高的价值。

李 翃

　　李翃，字和之，号兰溪，云南晋宁人。李因培次子。清乾隆四十八年（1783）癸卯科举人，嘉庆四年（1799）己未科第三甲第9名进士。李翃生于江苏江阴，自幼聪明伶俐，四岁能背唐诗，少年时在江苏学政衙门中生活，深得其父赏识。乾隆三十三年（1768），其父案发，被乾隆赐死。当时，李翃年仅八岁。父亲死后，由其母任氏带到苏州生活，一直由母亲任氏教育抚养长大。李翃一生有两大爱好，一是读书，二是旅游。他长大后更加酷爱读书，考中进士后，进词馆。不久升任江南道监察御史，后以祖母年岁已高为由，辞官归故里，归乡后再未复出。李翃尤精经学，博览汉儒诗文，均有自己的见解，在书法、绘画、诗词、歌赋方面均有造诣。其楷书、草书、隶书、篆书无所不精，绘画也有很高的造诣。在诗词方面，他写的诗很多，著有《敬业载言》六卷、《云华诗钞》五卷，均传于世。李翃不仅文学造诣很深，且教子育人也很有方法，其子李浩、外孙谢梦渔均出自其门下，且考中进士进入翰林院。其他几个儿子也取得了功名。晋宁县（今晋宁区）的李氏一门，在云南科举名人中占有很高的地位。

程含章

程含章（1762—1832），又名罗含章，号月川，云南景东人。清乾隆四十八年（1783）癸卯科举人，嘉庆五年（1800）大挑一等。历任广东封川县知县、副统带、南雄知州、惠州知府、河南布政使、山东巡抚、江西巡抚等职。嘉庆十一年（1806），曾两次随提督出海捕盗，英勇奋战，擒获海盗数十名，"叙功最居"。嘉庆十四年（1809），升任连州知州，旋任惠州知府，因勤政为民，又有"万家佛座"之尊称。道光元年（1821），擢升河南布政使，提出"欲治河南，必先治河为要务"，受到朝廷重视。同年六月，升任广东巡抚，入觐时，奏请复姓程，得到许可。此后，出任山东巡抚、江西巡抚。道光四年（1824），任左侍郎，后又授工部侍郎。道光五年（1825），任浙江巡抚，提出辞呈，未准。道光六年（1826），调任山东巡抚。因疏奏浙江巡抚刘彬士失职不实，降为刑部员外郎。道光七年（1827），改任福建布政使，后告病回乡。程含章为官三十二年，所到之处，无不以劝农桑、兴水利、修书院、理积案、雪冤狱、除恶习为首要，备受百姓拥戴。道光十二年（1832），病逝于景东，享年七十岁。著有《岭南集》《山左集》《中州集》《江右集》《冬官集》《潞储集》《之江集》《月川未是集》等。

瘦　马

风尘蹭蹬几经年，负棘长鸣苇络牵。
他日银鬃辉锦障，只今骏骨贴连城。
如逢韩干应投笔，好诗孙阳任著鞭。
惭愧失途犹未老，平林秋草踏寒烟。

吴毓宝

　　吴毓宝，字亭珉，号晓舲，云南昆明人。清乾隆五十四年（1789）己酉科举人，嘉庆六年（1801）辛酉科第二甲第55名进士。授翰林院庶吉士。历任直隶迁安、武清知县。吴毓宝任迁安知县时，有一个妇人分别与两个用人汪某和赵某通奸。一天，妇人要回娘家，与赵某约定在城外大树下相会。汪某恰巧听到，醋心大作，顿生杀机，先去树下躲避。妇人一到，汪某就把她杀死了。第二天，妇人的父亲有事进城，顺便去看女儿，妇人的婆婆说："你女儿昨天已回娘家了，怎么还来看她？"妇人的父亲十分惊愕，赶忙到处寻找，在树下见到女儿的尸体，便告到迁安县（今迁安市）衙。吴毓宝审理此案，询问妇人的婆婆："你儿媳这几天和谁商量过事情？"婆婆答："只与赵某说过话。"于是，拘捕赵某，严刑拷问。赵某经不住刑罚，便胡乱招供，并交代说妇人所带的包袱埋在一棵树下。派人循迹搜索，果然在树下找到。赵某一听，叫苦不迭，惊骇道："怎么真有？" 吴毓宝觉得蹊跷。 吴毓宝又询问看守城门的役卒："昨晚是否有人带着包袱出城？"答："只有汪某带着一个包袱出城了。" 吴毓宝立即派人将汪某抓来审讯，汪某如实招供，全案真相大白。吴毓宝任职时，还取缔各种地方杂税，免除各驿站车马费用，以及各省封疆大吏途经迁安的用度。吴毓宝爱民如子，赈济灾民，兴修水利，不畏强权。后因厌见官场尔虞我诈，辞官回籍。著有《还云吟草》。

扬子江放歌
（节选）

平生惯作沧江客，大江之南大江北。
秣陵晴看六朝山，扬州好携二分月。
旧梦迷离四十秋，风涛变灭如霜沤。
只今白首掉归艇，布帆无恙江天浮。
扬子江头春欲暮，绿波青舫沧州路，
峭帆横渡柳花风，青青犹见瓜州树。
便欲直上妙高台，前身金粟参如来。
又欲焦山探周鼎，摩挲史籀分云雷。

李朝佐

李朝佐，字硕卿，云南弥渡人。乾隆五十三年（1788）戊申科举人，嘉庆六年（1801）大挑一等。授任到河南罗山、西华等任知县。李朝佐任西华知县时，西华县张家庄人王德娶妻刘氏，因家贫外出打工，刘氏在家纺麻织布，与邻居李奴勾搭成奸，情投意合。三年后，王德省吃俭用，攒下数十两银子，高高兴兴地拿着回家。在离家十五里时，天色已晚，他害怕带着这么多钱财回家发生意外，便把银子藏在一座桥的第三根木柱的空洞里，空手回家。王德回家时，刘氏正与李奴调笑。听见有人敲门，李奴急忙躲在床下。夫妻相见，互道辛苦，王德详细述说了藏银的事，解衣安寝。第二天一早，王德去取银子，已经不见踪影。原来李奴藏在床下，听得一清二楚，他乘王德、刘氏睡熟时，偷偷溜出去，抢先一步把银子取走了。刘氏听丈夫回来说银子丢失，本来心思就不在王德身上，又以为王德在骗她，便乱骂一通，大发脾气。王德只好到西华县衙告状。李朝佐听完王德的叙述后笑道："你把妻子当作心腹，不知妻子尚另有心腹！"于是，叫衙役拘捕刘氏，严刑审讯。刘氏大呼冤枉，王德可怜妻子，当堂申明宁愿撤诉，不再要银子。李朝佐斥责道："你到县衙诈称丢银，拿官府开玩笑吗？"便下令把他打入监狱，将刘氏释放回家。然后，命令衙役装成乞丐，到刘氏家中察访，只见刘氏与李奴互相慰问，十分欢喜。李朝佐下令把刘、李二人一并擒拿到县衙，再经审讯，案情大白。判李奴交出银子，并判刑两年；刘氏重打三十大板，由王德领回家。李朝佐所任皆有政声。后旋任河南巩县（今巩义市）知县，巩县为轮蹄络绎之地，四方捧檄衔命而至者，多如星驰云集，民苦供应，目不暇接。李朝佐到任后，即除烦就简，上无稽滞，下无追呼，民皆德之。他又故道以避秋潦，浚隍池以免阻洳。他还以孝友化及门，所得学租，给寒士之勤学立品者，由是士多勉为躬行。他教民勤植树、明礼让、重廉耻、崇俭朴、严保甲、法行乡饮酒礼，政声卓著。道光十五年（1835），卒于家中，享年76岁。

倪琇

倪琇，字尚莹，云南昆明人。自幼聪颖，家贫致力于学。清嘉庆五年（1800）庚申科举人，嘉庆六年（1801）辛酉科第二甲第26名进士。授翰林院编修，充任文颖馆纂修。不久，擢升江南道御史，稽查裕丰仓，巡视江南漕务。嘉庆十八年（1813），转为吏部给事中。林清、李文成谋反败露，京城内外戒严，倪琇接到危险的巡视城防任务，有人劝他暂时回避一下，倪琇说："人臣居官，如果只知道避难就易，根本不是臣子之心，并且都挑拣容易的事情去做，那么困难的事情谁去做呢。"嘉庆二十三年（1818），主持广西乡试，所得名士颇多。又任命巡视中城，抓获赌棍牟东山等十八人，上奏交予刑部。道光六年（1826），崇左匪徒蠢蠢欲动，总督孙尔准率师剿抚。倪琇负责督办兵船，筹运粮饷。不到一月，就将凶犯五十余人全部抓获。倪琇不久死于任上。著有《使车吟余草》。

扬州怀古

层城箫管几时休，处处垂杨处处楼。
一自台空人去后，琼花玉树不胜愁。

刘大容

刘大容，字云门，云南华宁人。清嘉庆九年（1804）甲子科举人。刘大容少年聪颖，能通经史；文章清秀，但屡试不第，退隐于家。到年四十岁，才开始学习写诗，在居所边建有"醉吟草堂"，藏书万卷，栽种花木上百种，在吟诗饮酒中生活。晚年，他厌见城市，隐退到其兄家，建一屋曰"潭西老人别墅"，水木绝胜，听松风声悠然，感悟诗中的三昧，诗境愈进。刘大容性情喜欢游玩，经邀约三五个同辈一齐登山临水，薅草垫坐在地上，一边饮酒一边吟诗，根本不知道日子过到了什么时候。刘大容生有四个儿子，长子考中进士，在江西当官，要把他接到官府中孝养。刘大容拒之，对家客们说："吾杖头钱自足，愿与君日觞咏，老死故乡，题墓道曰：醉吟先生，足矣。"逐年渐衰，预备很多的好酒，邀请相邻，觞咏其家。卒年74岁。

杨名飏

杨名飏（1773—1852），号崇峰，云南云龙人。清嘉庆十三年（1808）戊辰科举人。嘉庆十四年（1809），任延榆绥道员。道光十一年（1831），旋升陕西按察使。道光十四年（1834），任陕西布政使；同年九月，任陕西巡抚，授资政大夫、兵部右侍郎兼都察院右副都御史。道光十七年（1837）九月，辞官回籍。杨名飏从十九岁出仕，到六十四岁致仕，历时四十五年，由训导一直做到资政大夫、兵部右侍郎，正二品衔。他并没有养尊处优，为陕西和家乡做了很多有益的事情。他在陕西任巡抚时，重修灞桥，采用多跨的桩基石制排桥墩，使基础牢固，造型美观。他治陕政绩卓著，重建书院，发展教育；筹建谷仓，以赈灾荒；整顿世风，教化民众；维护古迹，保护文物；因地制宜，发展生产。他把三秦文化和内地生产技术传播到迤西，为家乡的经济文化发展做出贡献。道光四年（1824），杨名飏因母丧，自陕西回籍，在石门倡修铁链桥。桥建成后，当地人取名"青云桥"。他还捐资创办彩云书院，校舍大小八十余间，置租谷七百余担，共出资俸银九千四百二十两。他认为云龙"科第早已渐开，贤能亦经继起"，主要得益于象山书院和沘江书院的首创。他自谦为"补读少年未读之书，以寡晚年欲寡之过"。杨名飏在陕西供职时，著有《蚕桑简编》。他用通俗易懂的民歌形式，写下了《劝桑行》，在陕西广为流传。

劝桑行

（节选）

卒岁无衣怎样好，豳风自有蚕桑道。

绮罗岂是天孙裁，全在人工勤织造。
号寒雪夜空悲迟，劝尔栽桑要及早。
盘条最爱春风嫩，采葚须知芒种老。
路旁墙下随意插，一片荒郊绿云绕。

刘荣黼

刘荣黼（1773—1852），字榘堂，号怡云，云南大姚人。清嘉庆九年（1804）甲子科举人，嘉庆十三年（1808）戊辰科第二甲第63名进士。历任翰林院庶吉士、编修。曾参与修纂《大清一统志》，并著有《大姚志略》七篇。嘉庆二十一年（1816），任贵州遵义知府，到任三月，清理积案千余件。遵义境内有个洗马池，灌溉附近农田，因筑有石堤，潴水流注，不利农灌。由于迷信风水，从未有人敢于改变旧状。他得知此事，认为"不利于民，何有于官？"立即下令拆除石堤，方便了农田灌溉。嘉庆二十四年（1819），刘荣黼升任贵阳知府，正值广西流民涌入南定番州木瓜土司辖地，煽动苗民闹事，贵州巡抚韩克均决定调集重兵弹压，刘荣黼深感不妥，表示自己愿意轻装简从，前往土司境内解决此事。他带领四个随从，赶赴木瓜寨弄清实情，乘夜捉获为首闹事者，胁从人闻风而散。当巡抚派出的官军到来时，事件已经平息。道光二年（1822），刘荣黼"因公落职"，回到大姚。著有《榘堂诗草》，包括《鸣籁》《壮游》《翰林》《播州》《黔中》五个集子一千一百多篇。

忧乐观

鸿都鄂渚登临遍，大好风光让此楼。
山走苍梧开九甸，湖通青草浸巴丘。
绝怜词赋人皆古，除却礼仙世所浮。

放眼东南方待哺，敢忘后乐与先忧！

倪 玢

倪玢，字廷玉，号辉山，倪琇之弟。云南昆明人。清嘉庆十二年（1807）丁卯科举人，嘉庆十四年（1809）己巳科第三甲第112名进士。历任陕西洋县，浙江长兴、云和、江山等县知县。少时聪颖，行性孝友，听讼明决，勤廉有声。两次任乡试同考官，所推荐之人都是一时之才俊。在陕西洋县任知县时，盗贼行窃经常发生，倪玢探访捉拿了首犯，用重法处置，群贼于是收敛哄散。洋县民众习俗彪悍，于是他在各乡捐资建义、私塾，购置诗书，延师训练，上司嘉奖其方法，其下属也用他的做法行事。南、城、洋三县县民争水，向上控告的案件十余年不能结案，倪玢前往勘验划界劝谕，老百姓心悦诚服，在争控的地方树立石碑，上写"泽周汉广"。倪玢因丁忧离任，丧服满后，被派到浙江云和县任县令。后迁江山县令，正赶上连续灾荒，于是他捐献俸银，在绅士乡民中发出倡导，募捐到铜钱五万余千贯，赈粜兼施，接济饥民，达一年之久。上司嘉奖他的功劳。倪玢任知县八年后，升任知州，秩满入朝觐见，回来上任，病逝于任所。著有《小清阆阁诗钞》。

万 华

万华，字石斋，云南江川人。清嘉庆十二年（1807）丁卯科举人，嘉庆十四年（1809）己巳科第三甲第106名进士。曾任山西南郑知县。在任期间，他革除旧弊，整肃法纪，修建汉南书院和中梁书院，设置校田数十亩，作为学校资产，培养当地人才。他兴修沟塘坝渠，发展农业生产，使当地民众生活有较大改善。万华勤政爱民，关心民众疾苦。南郑县（今南郑区）地处崇山峻岭，猴子很多，猴患猖獗，凡到庄稼成熟季节，成百上千猴子到田间地头糟蹋庄稼，当地百姓和历任县官都无法解除猴患。他深入实地考察，摸清了猴子的生活习性，悬赏猎获了几只猴子，命衙役将猴毛剃光，把五色染料涂在猴子身上，然后把它们放回猴群中。猴群见到杂色无毛的"怪物"，吓得纷纷逃窜，从此猴患渐绝。万华为官清廉，五十岁时死于南郑任所，因"囊无百金之蓄"，无力归葬，得到当地士民资助，才得以安葬。

丁运泰

丁运泰，字保堂，云南石屏人。清嘉庆十五年（1810）庚午科举人，嘉庆十六年（1811）辛未科第二甲第72名进士。历任中书郎、安徽太平同知，泸州、安庆知府。丁运泰任安庆知府时，潜山县有个叫刘禄的，身上带着一千两银子外出做生意，突然死在路上。有人怀疑他是被同乡人马勋抢劫杀害的，告到潜山县衙。潜山县令派人到马勋家搜查，果然在马勋家里搜出一千两银子。马勋害怕拷打，便承认是他杀害了刘禄。案件报到安庆府，丁运泰阅读卷宗，感觉此案证据不足，尚有疑点。他把刘禄的弟弟刘福找来，问他："凡是图财害命的人，作案时难免惊慌，凶犯没有遗留下什么东西吗？"刘福答说："在尸体旁拾到了一把刀鞘。"丁运泰让他拿来，仔细看过后说道："我看这把刀鞘不像是在家中自己制作的。"于是，把安庆府内制刀的工匠召集起来，让他们辨认。其中有一个名叫张猛的人说："此刀是我所制，去年卖给了王锡。"丁运泰立即传来王锡审讯，王锡在人证物证面前不得不供认自己谋财害命，杀死刘禄的实情。同时，死者刘禄的弟弟刘福又在他身上认出刘禄所穿的黑色短衣。最后，凶手伏法，马勋获释。丁运泰还建筑安徽怀宁和巢县两县的江岸堤坝数千丈，防备江水上涨，淹没粮田和民宅，防患于未然。在饥荒年月，他开仓赈济灾民，且没有一个饥民被饿死。后其母病逝，丁运泰回籍丁忧。守孝期满，补授山东沂州知府，后又旋任泰安、东昌、济南知府，皆有政声。丁运泰在泰安任知府时，取消各种漕运杂税，免除各路驿站马料费用，以及各省封疆大吏游玩泰山的用度。沂州是山东盗匪最多的州，他任职数年，铲除捻军的长枪成员、响马数以千计，使沂州地界社会安宁。而后，他因积劳成疾，病逝于官府，当地民众均哀痛之。著有《岱青阁诗文集》《宦皖日记》《守沂末议》等，均藏于家。

和柳英洛神图

风尘何处着神仙，炼石难教补恨天。
流水落花春不管，却将幽意倩谁怜！

王寿昌

王寿昌，字介图，号眉仙，云南永胜人。清嘉庆十八年（1813）癸酉科举人。他出身寒苦，自幼死了父母，靠其叔父王元仕抚养成人。他一心想感激叔父的养育之恩，光耀门庭，且为国效力。王寿昌于嘉庆十八年（1813）十月启程，晓行夜宿，千里跋涉，经过三月余，终于到达北京。嘉庆十九年（1814）春，王寿昌参加会试，尽管他满腹经纶，文章超群，但三场科考，皇都放榜，仍名落孙山。王寿昌住在京城寓馆里，得到东家的帮助，聘进镇国公学馆陪伴公子王孙读书，潜心致力于侍读和自学。嘉庆二十一年（1816），镇国公之子升为郡王，成了庆郡王。他悉知王寿昌是个好先生，于是便聘请他到庆郡王府教授两个儿子。一天，一个衣冠楚楚的人抱着一包白花花的银子来求王寿昌，替他候补官职。他知道王寿昌很受庆郡王器重，要请王寿昌在郡王面前为他求情。而王寿昌为人的信条是"非礼勿言，非礼勿行，非礼勿动，非礼勿视"，他痛斥了求情者，便在自己的门上粘贴了一副对联："惟有著书消永日，更无闲事扰东君。"王寿昌从此闭门教书与著述，不管世事。道光十三年（1833），一天，皇帝旻宁到庆郡王府，庆郡王与皇帝在闲谈中提到王寿昌，把王寿昌的生平事迹向皇帝讲述了一遍。旻宁皇帝夸奖道："真是一个正经读书人！"道光十六年（1836），年近五十岁的王寿昌思乡心切，屡次向庆郡王要求解聘。庆郡王再三挽留，王寿昌执意要走，庆郡王无法，只好厚宴相待，赠送礼品，并礼送到十里长亭。云南提学使得知王寿昌回到家乡，于是下文，授任他为寻甸州训导。王寿昌在寻甸州任训导数年，后因患不治之症，死于任所。王寿昌死后，其子王政南搜集整理了其著作十多种，有《韵府探珠》《浅言》《眉山遗著》《时文》《新词》《古今珍奇志》《读物类相感志》《题桥集》《杏花园传奇》《春雷新省》等。其子王政南，咸丰二年（1852）成岁贡，历任云南府训导，著有《吊郡守张公愉暨各绅遇害文》。

宿太华山

暝色横空来，天水成一片。
墨浪翻渔灯，湿岚压古殿。
半塌下寒碧，高枕倚葱茜。
人静山愈深，悠然有余善。
树声吠凉月，石影触斜汉。
僧归鹤不惊，岩寒云犹恋。
坐久楼台迥，夜阑景物变。
万象涵虚清，一气返冲瀣。
疏钟响遥峰，松露正盈院。

披衣立空蒙，乾坤静如鉴。

孔继尹

孔继尹，号莘农，云南通海人。清嘉庆十八年（1813）癸酉科举人，嘉庆十九年（1814）甲戌科第三甲第 54 名进士。历任山东海丰、滋阳（今兖州区）知县。孔继尹任海丰知县时，商人王思和马生两人，准备外出做生意，雇了赵超的船，约定日期第二天出发。天亮后，马生来到赵超的船上，见赵超还在睡觉，便叫醒他问道："船家，王思来了吗？"赵超打着呵欠说："还没有。"过了很久，还不见王思的影子，就叫赵超去王思家催促。赵超来到王思家敲门，王思之妻三娘子出来开门，赵超问道："三娘子，王思怎么还没有来？"三娘子说："他天没亮就出门去了，还没有上船？"赵超说："是啊，现在还没有上船，他到哪里去了呢？"说着转身就走了。赵超回到船上，把情况对马生说了一遍，两人很纳闷，又分头寻找了半天，毫无线索。马生怕连累自己，就去海丰县衙报了案。孔继尹传来马生、赵超和三娘子一一询问，均说不知王思去向。孔继尹仔细琢磨案情，突然，他若有所悟，拍案而起，立即派人提来赵超，让他把当天情形再说一遍。孔继尹听完之后，厉声喝道："赵超！你去王家敲门，不呼唤王思，却召唤三娘子，分明是你知道王思不在房内，快把你谋杀王思的事从实招来，免得皮肉受苦！"赵超浑身哆嗦，汗流浃背，伏地认罪。原来，那天一大早，王思就来到赵超船上。赵超见他带着很多钱，顿起邪念，正好又是清早，四顾无人，就把王思推下河去，偷了他的钱财，藏起后，又假装睡着，正值马生上船。孔继尹在海丰、滋阳两地任职期间，实心爱民，循声卓著，两地民众感恩戴德。未几，旋擢任夔州同知，继升夔州知府。后因母病逝，回籍丁忧。守孝期满，官复河南汝宁知府。因修黄河有功，擢升广东按察使。此时，阳海海盗十分猖獗，孔继尹奉命前往进剿，他采取剿抚相兼的措施，经过一个半月的时间，将海盗全部剿灭，潮州民众拍手称快。旋升广西布政使，赏顶戴花翎衔，并上京城入朝觐见前后达九次之多，嘉庆帝有"老成持重，不愧封疆大吏"之旨。后回任广西巡抚，因病死于官府。当地民众念其德，将其列入海丰、滋阳两地名宦录。潮阳亦建祠以示祭祀。

李 浩

　　李浩，字篆卿，云南晋宁人。李翙之子，李因培之孙。清嘉庆十五年（1810）庚午科举人，嘉庆十九年（1814）甲戌科第二甲第75名进士。授任翰林院编修。道光二年（1822），被道光帝钦点为湖南乡试主考官。道光五年（1825），任湖北提督学政。李浩接受其祖父李因培、父亲李翙兴教之风范，在湖北担任提督学政十余年。他办教育，兴文之风，教士公明，受到湖北各界人士的广泛赞誉。在湖北任学政时，得到湖北名士熊士鹏的高度评价："今道光乙酉，又值中丞（李因培）孙篆卿学使，按部历试楚府州，凡十一属。电烁星驰，周而复始，所取士皆高才生，远近肃然，于是楚中人士深感佩学使之教。"李浩在湖北担任学政时确实为当地选拔培养过不少的优秀人才，因此具有很高的威望。李浩病逝于任所，时年仅39岁。后人方树梅所撰写的《滇南碑传集》对李浩的事迹有翔实记载。

韩树宗

韩树宗，字桂园，云南建水人。清嘉庆二十一年（1816）丙子科举人，后参加大挑一等。授任四川峨眉、合江知县，后又调云阳、屏山等知县。韩树宗所到之处，皆有政绩。他任峨眉县令时，捐出自己的俸银，提倡建修书院，兴办教育，教化民众，并建设义学，达十二所，培养德才兼备之人。在合江任知县时，当地民风彪悍，盗贼猖獗，他严格通缉拿办；且平反冤狱，上讼之风渐渐平息。在云阳任知县时，正值水灾过后，他带领当地民众建筑堤坝数百余丈，另外还开沟兴建水利，购置救生船以渡行人。当地饥民数以万计，他开仓赈济，救活民众甚多。上司以为没有得到朝廷奏准，不予上报，韩树宗自己出资垫补，百姓高呼"韩青天"。屏山县靠近四川凉山，苗蛮时常出来抢劫，使得本地区民不聊生，韩树宗自己捐资，招募乡勇，设法缉捕盗匪，经过数月追击，擒获蛮酋首领，其余党羽解散，并于屏山沿线坚壁清野，以防邻县的苗蛮之害。当地居民为其竖石立碑，歌颂其功德，并塑像于屏山的城隍庙祭祀之。著有《读春秋》《左绣臆说》。

江舻

江舻，字济占，号仁斋，云南腾冲人。清嘉庆六年（1801）辛酉科举人，嘉庆二十二年（1817）丁丑科第三甲第82名进士。历任山西怀仁县、绛县知县。江舻任怀仁知县时，有一天，县民张盛来县衙告状说："有个寡妇的婆婆收受了他的彩礼，同意他入赘娶那寡妇为妻，可是却遭到寡妇的父母阻挠，因此要求知县秉公论断。"江舻先审讯寡妇："你丈夫什么时候死的？"答："前几个月。"又问："得的什么病？"答称："心气病。"问："怎么治疗的？"答："张盛代买的药，吃了无效，最后死掉。"问："后事怎么料理的？"

答:"棺木是张盛所买,后事由他帮忙料理。"又问:"你婆婆收受了多少彩礼?"答:"不计其数。"江舻派人到药铺子查询,都说没有卖药给张盛。又到杂货铺查问,铺主拿出账目记录,上面写着:"七月某日,张盛买砒霜一块,钱若干,自称毒鼠。"于是,江舻严讯寡妇,她供道:"张盛是当地帮会首领,有钱有势,因畏惧其势力,又爱慕其钱财,与他早有奸情。乘丈夫病重时,用砒霜将其害死。婆婆由于双目失明,一无所知,反而对他感激不尽,同意他来家入赘。"江舻又审讯张盛,张盛全部招认,最后开棺验尸,证实是中毒而死。江舻兴修水利,为民造福,为官清廉,有"江青天"之誉。江舻自幼聪明勤奋,在严格的家庭教育下,十岁即能诗能赋,颇有才俊之声。著有《半过山斋文集》。

龙光台瀑布

烟云阴冷气森严,深壑中多灵物潜。
料是老龙眠正稳,沉沉高挂水晶帘。

朱 嶟

朱嶟(1791—1871),字仰山,号轻堂,云南通海人。清嘉庆十八年(1813)癸酉科举人,嘉庆二十四年(1819)己卯科第三甲第10名进士。道光十二年(1832),朱嶟任湖广道监察御史时,京城一带天旱,官吏倡议捐资备赈。广东、浙江、江苏等地富户捐输银两,朝廷即赏予举人,准其一体参加会试,有阁臣据此欲永以为法。他不随众议,上奏朝廷,痛呈此举弊端,奏书说:"若因此遂成定例,臣窃谓适足生富家侥幸之心,而阻塞寒儒进修之志。"道光皇帝御批:"朱嶟所奏《慎重名器》一折,可嘉之至,着宣付使馆永以为例。"道光十七年(1837),朱嶟升任兵部侍郎。道光十九年（1839），景陵茶膳房失火，朝廷交吏部、兵部议处。他秉性宽厚，对案犯量刑失当，被谴以"议律轻纵"，连降四级留用。道光二十四年（1844），朱嶟调任礼部左侍郎，次年补授内阁侍读学士。咸丰八年（1858），朱嶟升任礼部尚书。咸丰十年（1860），朱嶟出任全国会试大总裁。咸丰十一年（1861），他自感年老体衰，辞官开缺。同治十年（1871），朱嶟在京去世，享年80岁，葬于京郊，朝廷授谥"文瑞"。

杨国翰

杨国翰，字凤藻，号丹山，云南凤庆人。清嘉庆二十一年（1816）丙子科举人，嘉庆二十五年（1820）庚辰科第三甲第35名进士。历任浙江奉化、诸暨、海盐、仁和知县。浙江奉化习俗重男轻女，"举女多弃"。杨国翰为设方计，出俸银倡办育婴堂，救活婴儿百十人。他在诸暨时，禁止宰杀耕牛，整治诸多赌博及奸猾无赖者；修凉亭，通客商，偿饬逋赋；为民营辟义冢，掩埋露骨；兴修水利，固治海塘；建修学校，积储薯蓣，备民饥凶。杨国翰政事清平，所到之处，均有政绩，以治行高第；受到宣宗召见，褒奖有嘉，擢升温州台和玉环台二府同知，兼办理东防塘工程。后遭母丧，辞官回籍。数年后，辞世于家。

朱金点

朱金点，字丽川，云南安宁人。清道光元年（1821）辛巳科举人。少年时，家庭贫困，自力于学，性格刚正，常以气节自许。他撰写的文章，文辞古雅藻丽，最善于写古赋。他的古赋与汉朝、魏晋、六朝十分相近。他写诗的笔法也非常奇伟，在李商隐、李贺的风格之间。他小的时候,经常跟李于阳、戴䌽孙齐名,见重于总督伯麟、学使顾莼。后来调进北京城,尚书汪廷珍非常喜爱他的才能。而后,他辞官回到故里,出游到了山西、湖南、四川等地,足迹遍半个中国。他所到之处,最喜欢名胜古迹,拜访当地的士大夫和贤良学者,与他们谈诗论画,与他们深交,所学到的知识,一天比一天多。著有《存诚堂诗赋》《古今杂体全集》《相献分流》,已付桑梓刊行。子末樾,曾任安徽霍山知县。

杨绍霆

杨绍霆,字春生,号龙池。云南大理人。清道光元年(1821)辛巳科举人,道光二年(1822)壬午恩科第三甲第53名进士。历任浙江奉化、江山、乌程等县令。杨绍霆任江山县令时,有一天,江山县(今江山市)衙里的文案张华正在办理公事,忽然有人来报告,说他的小老婆在家里被杀害了。张华急忙回去查看,很快又回来,报告县令杨绍霆,杨县令立即命衙役将张华关押在监狱里。过了两个月,杨绍霆叫衙役粘贴布告说:将在某日夜二更后,审问张华这个案子。在审讯中,他突然命令衙役到门外去看,如果有来窥视的便立即逮捕,果然抓获两个人。经一审问,甲说:"是乙叫我做伴来的,我并不知道是什么事。"再用刑审问乙,乙便俯首认罪,招供说:"自己曾和张华的妻子通奸,被他的小老婆看见,为了灭口,就把她杀了。"于是,杨绍霆立即将乙法办,同时释放了张华。审案过后,有人问杨绍霆,怎么这么快就破了案?他说:"如果白天审问,来观看的人一定很多,便没有办法认出乙来。凡与自己利害无关的人,谁肯深夜来看呢?"大家称赞他神明。杨绍霆还熟悉农民生活,知道农间疾苦,力求做一个好官。奉化俗尚溺女,杨绍霆建育婴堂,修建书院房舍。在乌程县,老百姓闹漕,粮赋积欠十数万,夙称难治，杨绍霆严惩首恶，事遂息。他修河堤，治水患，处世以诚，善调解官民矛盾。

咏　怀

人才辈出竞功名，竞取功名世网樱。
万里鹏飞期远到，一天羊角失和鸣。
谋成捭阖身先刖，力致王侯面已鲸。
不蹈危机惟四皓，商山只管采芝行。

黄　初

黄初（1793—1856），又名黄耀枢，云南永胜人。清嘉庆二十四年（1819）己卯科举人，道光二年（1822）壬午科第二甲第88名进士。历任四川郫县（今郫都区）和丰都知县，福建福清县（今福清市）、武平县和建安知县，后升里塘同知。黄耀枢童年时期，读书十分刻苦，在夜深人静之时苦读诗书，一旦困倦疲劳了就用冷水洗脸，等神志清醒之后又继续苦读，直到能吟诵熟记为止。黄耀枢才思敏捷，写千言以上的文章，提笔一蹴而就，如行云流水。当时的人读了他写的文章均为之感叹，不但被他的文辞所撼动，同时也被他的精神和志向所折服，时人竞相传颂他少有大志。果不其然，嘉庆二十三年（1818），黄耀枢在昆明五华书院与同窗好友谭梅龛一同考中副车（即副榜），一时间名声大噪。第二年（1819），黄耀枢与好友谭梅龛一同拜林文忠为师，并得到林文忠的高度赞誉："韵清以远，辞炼而达，意则缠绵悱恻，有浑厚和平气度。当先梅龛步南宫。"果然被林文忠说中。道光二年（1822）中进士，被朝廷授任四川省郫县县令，后又补授四川省丰都县令，时年才二十九岁。因黄耀枢政声卓著，于道光五年（1825）和道光八年（1828）两次被朝廷任命为乡试同考官。他在丰都县的政绩也得到了朝廷的肯定。同年升任为里塘同知。著有《延晖阁诗集》四卷，同乡好友陈嘉谟先生赠曰："延晖阁缘公志也。"一时间被丰都县和永北府文人雅士视为珍宝，一直传抄至清朝末才遗失。黄耀枢不但勤政廉洁，而且还致力于置办学馆，培养人才。无论是在四川丰都县或是在福建省福清、武平、建安三县任知县，都以德才廉干而知名。道光二十七年（1847），黄耀枢被清廷授任国子监监丞。其后以长子黄伯颖选拔为贡生，且授任福建省德化县令。他以此为托辞，辞官回到永北府故里。黄耀枢辞官回到家乡后，被当时任永北府同知的熊仲山聘请到永北府壶山书院担任主讲。他不顾五十四岁高龄，仍然孜孜不倦地传道、授业、解惑。他把全身心投入到主办的壶山书院事务中，其时到他门下的学生就有百余人之众。经他的教诲点拨，学子们的学业蒸蒸日上。此时的永北府文风为之大变，他为永北家乡的教育做出了不可磨灭的贡献。他撰有《延晖阁诗集》四卷，可惜在时代动乱中遗失。黄耀枢于咸丰六年（1856年）病逝于清驿故里，享年65岁，葬于清驿村后几山黄氏祖茔，现存墓、碑、表于山巅。

中秋游瑞光寺

一

廿年忙里过中秋，几度携朋选胜游。
石畔煎茶寻旧径，池边酌酒听飞流。
四围熟稻香风细，半涧残红宿雨收。
此处蟾光知更澈，何须称兴上南楼。

二

小停深林月到迟，酒酣茶尽未归时。
满山叶落秋声赋，半壁虫吟夜坐诗。
宝镜岂因云气掩，龙泉犹作电光驰。

笙歌彻晓繁华地，廿四桥边不忍思。

李士林

李士林，字昊谟，云南通海人。清嘉庆二十四年（1819）己卯科举人（解元），道光二年（1822）壬午科第二甲第 35 名进士。朝考成为翰林院庶吉士，进庶常馆深造。三年期满后，授任安徽凤阳知府。李士林任凤阳知府时，有一户人家，只有婆媳二人。婆婆正是中年，却与村里一个浪荡男人通奸。媳妇很不满意婆婆的行为，便出面阻难。婆婆又羞又恨，极力找借口驱赶儿媳。媳妇不走，出言顶撞，揭发隐情。婆婆更加怨愤，便反诬儿媳与人通奸，告到凤阳府衙。李士林审讯时，询问奸夫姓名，婆婆说："黑更半夜，来来去去，实在不知究竟是谁，只有儿媳自己清楚。"传讯儿媳，儿媳果然指名道姓，可是坚称是婆婆的奸夫。婆媳二人互相推诿，争执不下。李士林又拘来奸夫，那人狡辩说："我和她们都无来往，只因婆媳二人素来不和，才胡说八道给我栽赃。"李士林说："一村中有几百人，怎么偏偏诬陷你！"准备用刑时，奸夫叩头求饶，承认与媳妇通奸。李士林又把媳妇提来再三刑讯，她坚持不承认。李士林命令将此三人分别关押起来。然后又让衙役们迅速准备砖、石、刀、锥子等物，以供断案使用。第二天，李士林升堂，先问各样东西是否准备妥当？知道俱已齐备时，便让陈放在公堂上，传来三个当事人，然后对婆媳二人说："我看这件事也不必寻根问底了。淫妇是谁虽然不好确定，但奸夫却已肯定无疑。你们本是清白人家，不管是谁，都是一时上当受骗，罪责全在奸夫一人。现在刀石都有，你们可以各自拿去把他杀死。"婆媳二人畏畏缩缩不敢动手，害怕抵偿杀人之罪。李士林说："你们不用害怕，一切有我做主。"于是，两个女人起身拿石头投掷奸夫。媳妇仇恨在胸，用石猛砸奸夫；婆婆却只是拣几块小石头，专打屁股和双脚。李士林说："算了，住手吧，淫妇是谁已经清楚了。"严讯婆婆，终于查明真情。李士林在任期间，以亲民为己任，解民众疾苦，除弊兴利，不惧强暴，严惩污吏，被凤阳人称赞为"忠诚楷模，笃善友谊"。李士林与黄初为同榜进士，两人同窗情谊深厚，视为知己。黄初之母彭氏病逝，为其撰写《黄春圃德配墓志铭》。

池生春

池生春（1798—1836），字籥庭，号剑芝，云南楚雄人。清嘉庆二十四年（1819）己卯科举人，道光三年（1823）癸未科第二甲第15名进士。历任翰林院庶吉士、编修，陕西主考，南书房行走，广西提督学政，国子监司业等职。池生春在楚雄龙泉书院读书时，被誉为"神童"，且少有大志，不同凡响。后到五华书院，成为刘大绅的得意门生，称为"五华五子"。他在《志不在温饱论》中说："播种五谷，吾得而食之；百工技艺作为器用，吾得而用之；披坚执锐以守土，吾得而安之。"基于这种思想，他为官清廉，供职恭谨。他在广西主持学政期间，锐意改革，兴办教育，先后创办了十余所书院。经费不足，他自己用官俸添补，使边僻子弟也能就学。道光帝赐他《西域战图》一幅，以示嘉奖。著有《入秦日记》《直庐记》《池司业遗稿》《池司业遗集》等。

谒山谷寺

不作熙丰绍述臣，瘴江烟雨可怜春。
但工书翰终为相，如此文章竟误身。
死后有灵驱野老，生前无地著诗人。
一抔黄土衣冠在，七百年来俎豆新。

曹士桂

曹士桂（1800—1848），字丹年，号馥堂，云南文山人。清道光二年（1822）壬午科举人，道光十五年（1835）大挑一等。历任江西广昌、会昌、信丰、龙南、万安、南昌等知县。曹士桂任信丰知县时，有一户人家，母子二人相依为命，生活十分贫苦。一天晚上，儿子外出打夜工，直到次日早晨才回家，推门一看，大惊失色，老母倒在血泊中，头颅不翼而飞。过了几天，有人在村外一个碉堡门口发现一个人头，儿子赶去查看，正是老母之头。他报告信丰县衙，曹士桂带着衙役前往探查。他深感疑惑：说是情杀吧，死者年逾六十；说是仇杀吧，母子俩为人忠厚，素无仇怨。一时无从入手，始终没能结案。一年后的一天，村中李甲忽然来找里正，交给他一张字条，说："刚才我在碉堡口捡到这张纸条，我跟你一向不错，所以偷偷给你送来，你得好好感谢我啊！"里正接过字条一看，上面歪歪扭扭写着：去年碉堡门口妇人头，是里正放的。里正先是一惊，继而若有所悟，就给了李甲一些钱以示感谢。第二天，里正拿着这张字条去信丰县衙报告。经曹知县查验，纸条上的字迹为李甲的笔迹，即派衙役拘捕李甲。一审讯，果然凶手就是李甲。原来，李甲与村中刘乙家素有冤仇，他一直在寻机陷害刘乙。恰逢那天夜里，他从死者家门前经过，只见老妇一人在家，翻墙跳入，砍下老妇的人头，提着走了几里路来到刘乙家，准备放在他家门口。没曾想那天刘乙家有病人，大门一直开着，经常有人进出，灯火不熄，李甲无从下手。而后，他又想到离这儿不远处，住着里正，过去跟他也有仇隙，就把老妇的头放在里正家门口。第二天一早，里正的儿子出门，发现一个人头，吓得魂不附体，立刻进屋报告父亲。里正说："这是有人想陷害我，如果现在声张出去，那就正中了他的奸计了，还是先藏起来吧。"于是，把人头悄悄藏到碉堡门口。经曹县令分析推理，李甲想嫁祸于里正，并推论出：杀人凶手必定是李甲无疑。《龙南县志》载："曹士桂，云南举人，爱民礼士，课农桑、兴学校；案无宿牍，除暴唯严，民得安堵，人皆德之。"道光二十五年（1845）十月，曹士桂调任福建省台湾北路理番同知。不久，改任淡水厅事兼学海书院山长。在台湾，他目睹了台湾人民的贫困，以诗歌表达了自己对人民的同情。著有《宦海日记》，记述了他在台湾任职期间的见闻与感受，反映了台湾当时的社会状况、自然风光及风土人情。该书残卷藏于云南省博物馆，1988年由云南人民出版社出版。道光二十七年（1847）病逝任上。翌年，归葬故里。

茅舍吟

竹篱茅舍结村居，半饱薯芋半饱鱼。
漫向台阳夸富庶，萧条满眼欲嘘唏。

蓝　宣

蓝宣（1799—1865），字云晖，号文亭，云南大理人。清道光五年（1825）乙酉科举人。蓝宣中举后，历任邓川、剑川两县儒学训导，以培养俊才为己任，因勤俭朴实，改良教程，以教书为民，深得当地民众爱戴，待之如杜母。因其政绩卓卓，府掾荐之，旋升任剑川知县。蓝宣任剑川知县时，有一天，一个武生扭着一个乡下人来到剑川县衙，吵吵闹闹地告状。蓝宣询问缘由，原来是乡下人进城担粪，不小心碰着了武生，弄脏了他的衣服。蓝宣问清了情况后，拍案大怒，对乡下人喝道："你这家伙粗心大意，竟敢弄脏秀才衣服！依照法律必须严加惩处！"乡下人吓得连忙求饶。蓝宣沉思良久说："暂且从宽发落你吧！"于是，让秀才坐在大堂一边，命令乡下人给秀才叩一百个头赔罪。乡下人只得照办。他见武生在座位上趾高气扬,乡下人跪着叩头不已。当叩到七十多个时,蓝宣忽然说道:"停一停,我差点忘了问,你这个秀才是文的还是武的?"秀才答道:"是武的。"蓝宣连连自我抱怨说:"哎,我弄错了,我弄错了!"然后对武生说:"按道理,文秀才应叩一百,武秀才叩五十就行了。现在已经多叩了二十多个。你不能占便宜,他也不应吃亏,你得还给他。"于是,又让乡下人高坐在上,而捉住武生还叩。武生不肯,蓝宣就叫衙役由两边挟住,抓着头发,直到给乡下人叩完二十多个头才放手。武生怒气冲冲,急忙溜走了。蓝宣兴修水利,建置学馆,捐修城垣,平反冤狱,乐善好施,"宣藻负才不羁,素行不拘小节,其官剑川,颇能任事"。蓝宣任职时,清廷吏治腐败,民不聊生,官场陋习,下贿上赂,豪强遍野,横行乡曲。他厌见官场丑恶,辞官归故里,县民感戴,呼为慈父,乡人称颂。同治四年(1865),病逝于家,享年66岁。

登台怀古

千岩万壑秋,危峰壁鸟道。
元江皆西去,洱水尽东流。
先观前代物,纳家锦绣坊。
靖后多犹事,只恐筹边粮。

张其仁

张其仁(1802—1857),字静山,号鹤人,云南大理人。清道光五年(1825)乙酉科举人,道光六年(1826)丙戌科第三甲第38名进士。历任四川、安徽省粮储道。因与湖南巡抚有矛盾,巡抚曲词弹劾,解职还乡。《先祖事略》载:"一生着力处,在存心以治身,正己以化人",从政"有守,尤重有为"。张其仁认为:做官要干事，有作为，不能尸位素餐，不思进取。要有仁爱之心，忠于国家，关心民众，爱护万物。要培养浩然之气，保持坦荡平和的心态，善于反省，正己化人。要慎独，也就是洁身自好，不管环境怎样恶劣，别人怎样堕落，都要不为所动，正道直行，保持自身的干净。要以平等态度对待上下级，对上不谄媚，对下不冷淡。张其仁对"天心""天理"充满敬畏感。所谓"天心""天理"，就是自然和社会发展的终极原则。用"天"来指称，是要突出它的崇高性、神圣性和不可置疑。保持敬畏之心，才能有所收敛，而不至于无所不为。做官是要有所敬畏的。《官箴》：肯理事，不要钱。闲时看书，忙时定气。蚤起时食，节欲养心。修身齐家，正己化人。兴利当防其害，除弊在得其平。立法贵简明，易于遵守；用法贵坚持，期能持久。临事时尽吾之忠，退食时思己过。念念存利民济物，事事准天理人情。恭而有理，猛以济宽。上交不谄，下交不淡。勿侈无益之费，勿吝当用之财。敦俗劝贤，信赏必罚。坦白以施教，缜密以谨机。立事惟豫，杜渐于微。矢志思报君亲，缜独如对天地。勿造次而违仁，勿浮慕而热衷。常报泰然天君，直养浩然正气。唯此官箴，庶几贤路。

赵辉壁

　　赵辉壁（1787—1831），字兰完，号苍岩居士。云南洱源人。清道光二年（1822）壬午科举人，道光六年（1826）丙戌科第二甲第83名进士。赵辉壁自幼酷爱读书，且兴趣广泛。考取进士后，他任安徽全椒知县。道光十一年（1831），因父病故，以"以母老，乞终养，需要家居"为由，辞官回籍。直到道光十九年（1839），才再次出任山西临县知县。三年后，道光二十二年（1842），赵辉壁因病辞官，归居故里，在苍山脚下，洱海之滨，筑起"古香轩"，自号古香居士，过着田园生活，直至病死。赵辉壁年轻时，颇富豪情壮志，一心想为国为民干一番大事业，在他的诗歌中有"无须龌龊愁尘颜，天宇高寒任飞越"，可谓心高气盛。但为官历世久了，清廷的腐朽，官场的黑暗，世态的炎凉，逐渐与他的心愿发生了尖锐矛盾，他感到仕途的艰辛，但又不愿向权贵折腰，于是就产生了"万事于今且息肩"的思想。赵辉璧的诗不仅有浓烈的现实社会内容，而且有着强烈的时代气息，语言浏亮，感情真挚。他对文艺、诗歌创作的看法在今天也不失积极意义。他强调写诗和做人的关系，人品和文品相统一。

放歌行

志欲安一世，一身乃坎坷。
志欲医一国，一身反沉疴。
愚者唯自私，智者方蹉跎。
嗟嗟末世心，陷溺何其多！
入世期有济，自信心无他。
造物不我与，蒿目当如何？
我欲尽此曲，此曲难为歌。
毋为儿女态，悲愤徒滂沱。

杨 昌

杨昌（1784—1847），字东阳，号竹塘，云南丽江人。清嘉庆十二年（1807）丁卯科举人，道光七年（1827）大挑一等。授任湖北黄梅知县，后历任湖北谷城、潜江、天门等知县。杨昌在任上注重兴修水利，疏浚河道，治理水患。在潜江任知县时，集民修建潜水，修筑坝堤十三处，与民同吃同住。光绪《丽江府志稿》载："时昌亲督民工，或惜之，昌曰：上官委我，我又委他人，岂不甘蹈素餐之消乎？仍督工如故。"杨昌长于散文，著有《四不可斋文集》《舟居琐言》《丽郡文征》收录其散文二十八篇。《游玉湖记》《梦游玉泉记》为地方山水游记之佳作。论文《木氏世守丽江论》，不趋炎附势，评论"改土归流"对丽江木氏的历史作用，并客观地进行功过评价。杨昌擅长诗文，《丽郡诗征》中收录其诗数首。

朱　淳

　　朱淳，初名峤，字瀛山，云南石屏人。清道光元年（1821）辛巳科举人，道光九年（1829）己丑科第二甲第1名进士。石屏朱家学、朱臔、朱淳三叔侄同榜登进士，被民间称作"一门三进士"。自朱煐之后，朱家子弟自幼勤学，人才辈出，有"祖孙父子叔侄兄弟科甲"匾，石屏人羡慕不已。朱淳中进士后，授任翰林院庶吉士、编修，国史馆纂修，武英殿纂修，旋升河南监察御史，湖广监察御史，浙江金华知府，绍兴、宁波、温州等知府。朱淳任温州知府时，有个姓王的士兵开了小差，逃到温州平阳县，把妻子隐藏在前妻的父亲刘某家中，自己便很快离开，不知去向了。追捕的人根据线索，跟踪到温州平阳县，把王妻抓获。正巧这时发现附近井中有一具无名尸体，面目模糊，王妻便诬陷说刘某谋杀了她的丈夫。平阳县衙经过检验、审讯，定了案，将要处决刘某抵罪，上报到京城。这时，朱淳刚任温州知府，在审核案宗时，反复查对，见验尸记录簿上写着"尸身胡须长有三寸"，又了解到逃兵王某的相貌是面白无须，说："算起来由王某逃走到抓获他的妻子，才不过几天时间，胡须怎么会长得这么快呢？这个案子值得推敲。"周围的人都认为凶犯已经供认，无可置疑，再推敲是自找麻烦。朱淳坚持己见，不肯轻易批复。不久，王某被缉捕归案，证实他真的没死。平阳县令一惊，佩服朱淳的细致认真。一起冤案得到了避免。朱淳所到任之处皆有政声。在宁波"时值英人通商，兵火之后，中外杂处"，朱淳招抚流亡，尽心教化，铲除汉奸，遇事持正，遂使中外相安，疮痍渐复，海疆宴然，以劳卒于官府。朱淳生前喜好书法，乾隆以后滇中书法都崇钱南园，惟朱淳直追蔡邕、苏东坡，独树一帜。

朱 腧

朱腧（1794—1852），字丹木，云南石屏人。清嘉庆十八年（1813）癸酉科举人，道光九年（1829）己丑科第三甲第53名进士。历任安徽绩溪、阜阳知县，无为州知州，贵州兴义知府，江西督粮道，陕西按察使、布政使等职。朱腧任阜阳知县时，阜阳城内发生一起命案。某村有一个张监生与佃户的妻子通奸，嫌佃户在家碍事，便收买一个算命先生，让他假说佃户在家流年不利，必须出门在外，才能化凶为吉，免于灾难。佃户把算命先生的胡言乱语信以为真，告诉了张监生。张监生故作惊讶，伪装关心的样子，慷慨出钱借给佃户作为资本，让他外出做生意，三年不要回家。佃户走后，村里人便传言佃户已被张监生串通其妻谋害了。有一天，村里有一口井中发现一具已经腐烂的男尸，眉目不清，无从辨认。朱腧将张监生和佃户之妻拘押审讯，二人受刑不过，只好承认谋杀丈夫。朱腧认为证据不足，暂且收监关押。又过了一年，佃户从外地回来了。他跑到阜阳县衙，将外出之因告诉朱县令，朱腧恍然大悟，将张监生重打五十大板，坐牢两年，佃户之妻重打二十大板，归还佃户。朱腧在绩溪兴修水利，疏浚河道，重修书院，捐置膏火，亲躬课士，文风日上，详请旌表，以敦教化，绩溪民众感激涕零。在阜阳，时值饥荒，寇盗四起，朱腧上疏，并免积欠，开仓赈济，救护饥病之民。在陕西任按察使期间，他清积狱案九百余件，平反开释一百八十余人。为布政使时，一年之内，他追缴亏空库银二百余万两。其才冠于一时。咸丰元年（1851），因疾辞官回籍。著有《积风阁初集》《唐十家集》《经诗考误》《味无味斋诗集》《居敬持志斋制艺》等。

道士观

水势欲直山欲折，水不受折怒益烈。
山畏其锋稍退避，当水呀然开一穴。
穴以虚受水入多，入仍不纳水倒戈。
白虹百道跃而出，水与水轧掀洪波。
我舟飞来疾於鸟，委舟填穴嫌舟小。
将入未入心胆落，倏忽斜掠舟师巧。
远尺近尺分死生，先时后时吉凶争。
呼僮酌酒贺出险，波涛无声诗有声。

朱家学

朱家学，字簧峰，云南石屏人。清道光八年（1828）戊子科举人，道光九年（1829）己丑科第三甲第66名进士。历任山东海阳、文登、蓬莱、泰安、顺天、宛玉、大兴等县知县，易州直隶知州、永平府知府等职。后因与上司顶撞，引疾辞官故里。道光二十年（1840）至二十一年（1841）间，英国人扰我海疆，山东戒严，山东巡抚率兵驻防登州，以海阳濒海难守，拟遣将调兵二千余人往剿。朱家学认为："官兵事前扰民，事急则溃决，不可靠；海阳小县，民力实难供给官兵所用。"于是，觐见巡抚，愿以一身率士民死守，不烦重兵，巡抚许之。朱家学率壮丁，备火器，修筑城池，躬亲守城，敌船竟不敢犯而去。为此，巡抚器重其才，奏请道光帝，升任朱家学为直隶同知，并赏顶戴花翎。后因办理徐文兴惑众敛财一案与督察御史力争，被削职永平。他深知官场失意，遂不赴任，辞官回到故里。著有《簣峰文集》《经史疑义》等，均藏于家中。

窦 垿

窦垿（1803—1865），字子坫，号兰泉，云南罗平人。清道光五年（1825）乙酉科举人（解元），道光九年（1829）己丑科第三甲第 56 名进士。历任湖北兴山、襄阳、黄冈、罗田县和安徽黄梅知县，时有"青天"美誉。窦垿出身书香门第，从小受祖辈、父辈影响，少有壮志，发奋读书，主攻经济治世学，成为国家栋梁之材。窦垿中进士后，历任吏部主事、考功司行走。后因父病逝，回家丁忧。期满后，补授文选司主事、员外郎、掌验封、考功二司印、岁考课一等，记名以道府备用。窦垿少淳孝，有至性。八岁时丧母，他日夜悲泣，孝行感动邻居，勤奋好学，自给自力，每天夜分时起，秉烛夜读，至天明而不倦。窦垿以继母年老多病为由，上疏请求归乡养亲。此后，窦垿在家闲居七年。同治二年（1863），河南巡抚严树森、大学士倭仁先后上疏，进言窦垿居官正直，贤名夙著，不应该以小事的缘故就废止他的仕途。同治帝不久改主意，召见窦垿，加知府衔，派遣到贵州后调，主管城防局，至贵州后一个月去世，享年 62 岁。窦垿著有《晚闻斋稿》。

咏 史

一

卧龙早岁已腾声，吴魏犹将虎狗争。
如此才名居乱世，南阳未必许躬耕！

二

吾非徒与念斯人，鸟兽同群能几春？
始悟箕山高隐客，幸为尧舜太平民。

戴絧孙

戴絧孙（1795—1857），字袭孟，号筠帆，云南昆明人。清道光五年（1825）乙酉科举人，道光九年（1829）己丑科第三甲第 25 名进士。戴絧孙从小父亲早丧，家庭贫寒，靠外伯祖父抚养成人，因勤奋好学，且悟性极高，成绩名列前茅。他在昆明五华书院读书时，深得院长刘大绅的器重，与池生春、李于阳、戴淳、杨国翰并称为当时的"五华五子"。戴絧孙历任工部主事、贵州道监察御史。戴絧孙在闲暇之时，常爱流连山水，为其写铭，或吟诗作对，以抒己怀。他曾为祖遍山、九龙池、太华山写过铭。在道光年间，云南各府、州、县的地方志书不胜枚举，但作为云南省治的昆明，却没有一部县志。当时，云贵总督阮元主修的《云南省志》，传到北京城，志书中有关昆明的记载较为翔实，为他提供了可靠的史料，他决定自费编纂一部《昆明县志》。从道光十五年（1835）开始，戴絧孙一边为官，一边编纂《昆明县志》，经过五年的不懈努力，于道光二十一年（1841）编纂完毕。因社会动荡的原因，一直未能付桑梓刊印，书稿由戴氏子孙精心保存。一直到光绪二十七年（1901），经乡绅吕心源等人出资，才得以刊印成书。戴絧孙为官二十六年，咸丰五年（1855）回到家乡，定居五华山，掌管育才书院，为昆明培养栋梁之材。咸丰七年（1857），病逝于家，享年63 岁。

祭顾亭林

顾公祠宇傍西城，酒荐寒花一盏清。
人重千秋怀旧德，天开九日爱新晴。
无才用世身空老，多病观书眼暂明。
好语离觞须尽醉，诘朝分手送君行。

张凤鸣

张凤鸣，字紫亭，云南大理人。清道光十一年（1831）辛卯科举人。早年在家乡教育弟子，深受相邻爱戴，称其为"张尊师"，大理人周之烈，性情豪迈，客居云州，两人一见如故，成为莫逆之交。咸丰五年（1855），张凤鸣出任广西西林知县。先有法国天主教神父马赖由广州潜入西林县传教，与教徒马子农、林八等人奸淫敲诈，作恶多端，激起民愤。张凤鸣刚到任，受害民众齐来申诉，经调查罪恶属实。咸丰六年（1856），张凤鸣将马赖和不法教徒二十六人逮捕归案。审讯后，判处马赖、白小满和曹贵等三人死刑，立即处决。此事件近代史称为"西林教案"。清政府软弱无能，竟屈从法国的无理要求，将张凤鸣革职充军。张凤鸣性情刚直，诗文凝重古朴，可惜多已散失，流传下来的仅有散文《张氏墓志》和五言古风《题姜贞女墓》等。

陆应谷

陆应谷（1804—1857），字树嘉，号稼堂，云南蒙自人。清道光八年（1828）戊子科举人，道光十二年（1832）壬辰科第二甲第98名进士。历任翰林院庶吉士、编修、都察院御史、中和殿监试官、乡试同考官、山西朔平知府、太原知府、江西巡抚、河南巡抚等职。陆应谷任太原知府时，清徐县有一个富豪，只有一个女儿，美丽聪明，视若掌上明珠。她从小被许配给一个读书人家的儿子，富豪嫌弃他，便打算悔约退婚，双方争执不下，告到太原府衙。富豪为了退婚，拿出两千贯钱向陆应谷行贿，恳求袒护，他欣然收受。开堂审问时，陆应谷问那个未婚夫："你与他女儿定亲有什么凭据吗？"

那人递上了婚书。陆应谷看后说："不错,确实有婚书为凭。可是婚姻是两人自愿的事情,你强娶他女儿有什么好处呢?我看不如先退掉算了,我另外再给你聘一个好姑娘,一定让你中意。我是一府父母官,说的话你不许不听!"那未婚夫无可奈何,只好俯首听命。陆应谷又对富豪说："你要退婚,现在已经退了。可是,你女儿总得另择门婿。你们先不要急,稍等一等,我情愿以知府的身份当个媒人。"说完,陆应谷把那未婚夫领到后衙,送给他一套新衣服,穿戴整齐,并将富豪行贿的两千贯钱交给他,出来对富豪说："你之所以嫌弃这个女婿,无非是因为他穷。现在我送他新衣服,送他这么多钱,他已经不穷了。你找这么一个女婿也没有什么不称心的了吧?况且,如果你不将女儿嫁给他,他有这笔钱,将会另外娶妻,你女儿却落得个赖婚的坏名声,又有什么好处呢?"富豪不得不听从安排。陆应谷又对富豪说："你既然钟爱女儿,她的终身大事你决不会草草办理,必定要准备丰富的嫁妆。这样吧,你再出一千贯钱交给我,我来帮你筹备筹备吧。"就这样,陆应谷轻而易举地判了这一桩嫌贫退婚的官司。陆应谷离任时,女婿一家都前去送行,依依不舍,感激涕零。咸丰元年(1851)九月,陆应谷奉诏入京。咸丰二年(1852)四月,升任河南巡抚;同年六月,署理东河河道总督,移驻山东;同年十二月,迁回河南巡抚任所。咸丰三年(1853)三月,太平军攻占河南涉北、永安,进入冀境,清廷震动,北京戒严。清廷认为,造成如此严重后果,陆应谷"未能先事预防",难辞其咎;同年九月,将其革职,"交巡防大臣差委";事后,降调为直隶按察使。咸丰七年(1857),病卒于任所。陆应谷诗作很多是从自然风物中汲取素材,以写景为主。

偶　成

有酒已盈樽,有黍可充饥。

东廊力耕田，北窗聊读书。
今夕复何夕，凉风动修竹。
明月泻檐瓦，白露园庭绿。
虫声发四壁，起听绕茅屋。
对此清旷景，谁复伤局促。

杨喆士

杨喆士，字鉴开，号炯斋，云南剑川人。清道光十二年（1832）壬辰科举人。历官大理、开远、建水等州县教谕，后任永昌（今保山）教授。著有《敬业堂诗》。杨喆士在《宦说》里讲的"宦"，就是"仕"，指读书人到政府任职，通俗地讲就是做官。仕宦或做官是古往今来人们热衷和向往的一种职业，因为它有权力、有地位，可以支配公共资源，受社会尊敬。所以杨喆士说"士人艳心于仕宦久矣"，"艳心"就是心里艳羡、十分羡慕，这是正常的。当官享有富贵荣华并不是永恒不变的，它如早晨花上的露水，转瞬即逝；官位的显赫或晦暗、上升还是下降，都变化无常。因为有高官厚禄，只会追求口腹之欲，饱食终日，无所用心，跟养动物差不多。杨喆士认为，明白了上述道理，才清楚当官的正路。要正本清源，防微杜渐，警惕官员容易迷恋而沉溺其中难以自拔，效法正当的行为。正当的行为就是"正心修身，忠君爱国"，这才对得起"仕宦"亦即当官的本意，这才是好官。他认为当官并不是人生唯一的途径。《官箴》："士人艳心于仕宦矣，曰宦情，曰宦味。古今来或为名宦，或为巧宦，或为清宦，或为薄宦。宦辙无定准，宦囊有盈虚，一而所以成此，宦者不一也。故安其境则为宦场，危其途则为宦海。愚尝谓宦之义近于幻，昔人云荣华花露，富贵草霜，显晦升沉，变幻无常者，是也。宦之义近于患，昔人云驷马高盖，其忧甚大，富贵畏人，操心虑患者，是也。又宦一作涫，谓宦迹也，厕足朝廷，栖身衙署，东西南朔，随遇涫安，亦是寄居之类也。宦一作豢，谓宦养也，高位厚禄，美酒肥肉，醉饱昏沉，酣豢过半日，是口服之流也。人能及此义而推之，正本清源，防微杜渐，戒其所易溺，法其所当行，正心修身，忠君爱国，则宦亦可，不宦亦可，庶几循分尽职，不负仕宦之义也夫。"

董正官

董正官（？—1853），字钧伯，别号史城，云南大理人。清道光十一年（1831）辛卯科举人，道光十三年（1833）癸巳科第三甲第82名进士。历任福建安溪、长泰、霞浦、云霄等县知县，后调台湾噶玛兰任知县。董正官任长泰知县时，发生了一起奸情案件，有的说是通奸，有的说是强奸，各执一词。董正官为了判明案件性质，便找来一个身强力壮的彪形大汉，让他脱去犯案妇人的衣服。彪形大汉就按照董正官的安排去做：他将妇人外面的衣服脱下后，强脱里面的衣服时，那妇人拼死抵抗，弄得彪形大汉没有办法，无论如何脱不下来。董正官判断说："这个案件定是通奸。这名妇女如果严守贞节，连衣服都强脱不掉，更何况想强奸她呢？那是完全无法做到的。"于是，将此案判决。董正官在任县令时，兴修水利，为民造福；每逢灾荒年，他率先捐资，赈济饥民，缓解灾情；公明节俭，爱民如子。他遇事敢言，当世推重。他以爱民为己任，了解人民疾苦，兴利除弊，不畏强暴，严惩污吏，兴办教育，开设书院，更新学宫，百姓颂之。咸丰三年（1853），台中土匪暴乱，前往查办，途中遭伏击而牺牲。著有《续漱石斋遗稿》四卷，以及《蓝溪唱和集》《续漱石斋诗文稿》等。他还写过关于咏史和民间传说的诗，较有新意。

咏以志感

读书向到岗坡寨，仕宦今为葛玛兰。
此地我生犹未辟，居官随分便相安。
涉波忠信平时凛，跨海功名格外难。
惟望闲槽容老马，养回心力赋归鞍。

李　樾

李樾（1790—1838），字果亭，云南丽江人。清嘉庆十六年（1811）考中秀才，进雪山书院读书授业；嘉庆二十四年（1819）己卯科举人；道光十三年（1833）癸巳科第三甲第16名进士。朝考成为翰林院庶吉士，后授任山东定陶知县。李樾任定陶知县时，有兄弟二人都很富有，很早就分家另过。弟弟没有儿子，因病死去；哥哥却有两个儿子。为了占有弟弟家的家产，哥哥想把小儿子过继给弟弟家，作为合法的继承人。这个孩子品行很坏，挥霍无度，有恃无恐，经常辱骂、顶撞婶母。婶母十分厌恶这个孩子，便收养了另外人家的一个孩子。哥哥不许，说："按照法律应由我这个儿子继承。"婶母坚持不肯，认为："立谁为嗣要由我决定，我爱立谁就立谁。"双方争执不休，告到定陶县（今定陶区）衙。李樾问哥哥："你弟弟真的没有儿子吗？"回答说："是。"又问："你有几个儿子？"回答："两个。按法律规定应以一个过继给我弟弟家。"李樾又问在场邻居："他说得对吗？"大家都说："是真话。"李樾沉思一番，说道："不错，说得很有道理。"于是审问婶母："你有什么理由也来告状？"婶母说："照规定应立他儿子为嗣，按人情应许我自行选择。他儿子浪荡挥霍，不务正业，性情凶顽，经常顶撞，靠他不住，不如我自行选择如意继承人。"李樾一听，勃然大怒，正颜厉声说道:"这在公堂之上,只能讲法律,不能徇人情!怎么能任你想怎么样就怎么样!"哥哥一听心头暗自高兴,连忙叩头致谢。李樾对哥哥的小儿子说:"你父亲已经具结,现在婶子就是你母亲了,你赶快去拜认吧。"那孩子向妇人跪拜,认了母亲。这时,婶母号啕大哭,边哭边说:"这等于要我的命啊!我还不如死了好!"李樾问她:"你这么说有什么根据呢?"婶母说:"我刚才已经向你说清情由了,你为什么还一定要这么判断,强迫我接受啊!"李樾说:"我想你可能是骗我的。你说这个儿子对你不孝,你能列举事实吗?"于是,婶母便一件一件地叙述,说得清清楚楚。李樾转身对那个哥哥说:"按照法律规定,父母控告儿子不孝,儿子便犯了十恶大罪,应该当堂处死。现在这个孩子也应按照法律处置。"于是,立即命令衙役:"用棍棒打死这个儿子!"那个哥哥一听要打死自己的儿子,慌忙苦苦哀求,请知县千万不要如此。李樾说:"我是执法官员,只能依法办事。现在只有一个办法,就是不要他去当婶母的儿子。这样,他婶母也无理由以不孝之罪来告他,他的小命也就可以免于死在棍棒之下了。"那哥哥叩头连称"照办",于是,李樾让众人改了具结的口供,听凭婶母立她所选中的人作为嗣子。李樾为官清廉,慷慨正直,后被定陶人称赞为"忠信楷模"。道光十八年(1838),正当他大有作为之时,身患重病,死于定陶任所,享年48岁。李樾写下不少诗文作品,大多散失无存,仅有光绪《丽江府志稿》所载数首诗。

吴嗣仲

吴嗣仲,字春谷,嗣伯弟,云南保山人。清道光十九年(1839)己亥科举人。道光二十九年(1849),吴嗣仲用三寸不烂之舌劝降保山乱民骚动,清廷赏翰林院典薄衔。咸丰二年(1852),他赴湖北军营效力，被委任为黄州防堵，因有军功，升任湖北权化知县。权化县是湖北吏治腐败的县，依赖襄阳为重镇，他筹防、筹捐、办济襄营，使权化得以安定。总督杨霈札调任他到枣阳任知县，任职未几，杨霈札兵败，回到枣阳。其时，太平军攻陷多个州、郡，遂破随州。随州与枣阳接壤，他督率乡勇，扼险拒敌，使太平军不得进入。旋升枣阳同知，调任直隶州升用，赏顶戴花翎，领衔荆州。襄阳土匪与州境土匪勾结攻城，他率士民固守，敌败走。又升任知府，旋授安陆府同知，再调任汉阳府同知，驻扎汉口。其时，武昌忽得忽失，衙门、民舍，焚烧一空，他庶事草创，百废待举。在任两年，复回安陆。咸丰十一年（1861），吴嗣仲署襄阳知府兼权道台，其时，捻军猖獗，欲率捻军从河南进入湖南。他招募乡勇死守樊城，兼约水师策应。捻军攻到襄阳，水陆并进，吴嗣仲率官军迎击，力战一昼夜，捻军战败。他与襄阳知府、湖北巡抚合力抗击，因战事有功，被委任为桂阳知府。后病逝于官府，民众惋惜之。

缪志鲁

缪志鲁，字从周，号香谷，云南昆明人。清道光二十年（1840）庚子科举人。咸丰七年（1857）夏，京城被围，缪志鲁率乡勇守城，辛勤备至。他办理保甲数年，口不能言，巡抚嘉奖，保奏知县。他选授直隶山东庆云知县，廉明慈惠，爱士恤民，兴利除弊，政无不举。庆云迭遭捻军之乱，积案至三百余件，历数任县官不能理，缪志鲁日夕清厘，未到一年，悉数讯结，听断百姓，心悦诚服。总督曾国藩亟称赞之，谓缪志鲁有官吏之才而公牍，不失读书人本色。嗣因禁典吏擅受民辞，为典吏诬告，甫得直，旋告官回籍。主讲育才书院，循循善诱，成就人才甚众。著有《易晓篇》，津逮后学。长子缪嘉言，同治九年（1870）庚午科举人；次子缪嘉行，拔贡生，授任福建知县，历任江西闽县、永定、仙游等知县；孙缪介臣，光绪九年（1883）癸未科第三甲第53名进士，历任刑部主事，以文学世其家，乡邻荣之。

高本仁

高本仁，字静山，云南昆明人。清道光十五年（1835）乙未科举人，道光二十一年（1841）辛丑科第二甲第44名进士。授内阁中书，后出任贵州长寨同知，旋升古州同知。咸丰四年（1854），杨龙喜倡乱，高本仁招募乡勇集团，援助麻哈，救济清平，每战必胜。知府知道其能，任命他办理平越一带的军务，与丁宝桢、褚克昌一同孝顺各军相援应，复克瓮安县城，赏顶戴花翎。未几，云南被围，克昌奉檄驰，孝顺饷乏军溃散，麻哈、都匀、凯里、丹江、清江等均失陷。高本仁退守平越，敌大股来袭击，他与民死守，贼围数年，卒不得逞。后擢升知府，以伤病辞官，专任治军事务。咸丰十年（1860），贼扑瓮安城，形势甚急，高本仁率军救之，相持日久，贼乘间隙攻陷州城。知府以坐不能救被夺职。其时贼猖獗，贵州全省大部沦陷，贵阳被围，高本仁驰至黎平，与贵东道何冠英、提督田兴恕会商，整军支援，遂解贵阳之围，破清水江一线贼巢，攻进平越、都秉、丹江诸郡县城，官复原职。湖南巡抚奏调，赴湖南督办粮台，兼办总统支援贵州各军，后收复天柱、镇远、施秉、丹江诸县，擢升为道员。同治十年（1871），病逝于军营。赠光禄寺卿衔，授予葬如例。其子蔚光，进士，官任礼部铸印司员外郎；二子熙光，四川候补知县；三子慧光，荫生，候铨知县。

刘 崐

刘崐，字玉昆，号韫斋，云南景东人。清道光十二年（1832）

壬辰科举人，道光二十一年（1841）辛丑科第二甲第 16 名进士。历任翰林院编修、湖南学政、翰林院侍讲学士、内阁学士兼礼部侍郎、兵部右侍郎、工部右侍郎、国使馆副总裁、太常寺少卿、太仆寺卿、湖南巡抚等职。同治三年（1864）三月，刘崐为太仆寺卿；同年五月，任江南主考官。同治五年（1866）四月，升内阁学士兼顺天府尹，旋任侍郎职；同年又加任文渊阁直阁事。在此期间，曾历任癸亥科、丙寅科、己巳科顺天乡试主考官，湖南庚午科会试总裁，江南乡试主考官，复试各省举人，辛未科阅卷官，壬辰科殿试读卷、朝考阅卷官。同治六年（1867），刘崐擢升为湖南巡抚。此时，清军与太平军的战争已过去三年，但湖南大地仍是满目疮痍。长沙城垣、文物古迹毁于兵火；乡绅势力膨胀，经济萧条；各地武装抗争时有发生；会党活动突出，地方官贪严重；散兵横行不法，官绅相济，狼狈为奸，鱼肉百姓。他在给朝廷的奏折中："伏念湖南界连数省，杂处苗瑶，举凡察吏安民、兴利除弊，以及训饬营伍，绥靖边陲诸大端，责任极重，报称弥雄。"刘崐主要政绩有：催办粮饷以应清军战急调用；督饬地方官绅镇压会党闹事；参奏、弹劾地方贪官酷吏；倡导、督修《湖南通志》等。刘崐为人耿直，不畏权贵，不徇私情，为政清廉，所到之处，治理森严，力革弊病，遴选人才多属伟器。任湖南巡抚不久，便以年迈多病为辞，请求皇上恩准辞官，移居湖南长沙，概不问政。同治八年（1869），刘崐与母亲、妻子同年去世，合葬于湖南长沙河西岳麓山中，时年 64 岁。著有《刘中丞奏稿》，收集整理了钱沣遗稿，并刻成《钱南园遗集》，留存后世。

自勉联

愿与周旋客饮酒，难为未识人作书。

舒　藻

　　舒藻，字香谷，云南昆明人。清道光二十三年（1843）癸卯科举人。舒藻协助提督马如龙平定地方叛乱，后因军功升任湖北均州知州。未几，辞官回籍，主讲育才书院。《云南通志》载："汲引后进，如恐弗及。士有寸长片善，称誉之不容口。由是而争濯磨、勉成国器者，不乏其人。"舒藻教育有方，教态也很好，在施教中采取了以鼓励为主，循循善诱的方法进行教书育人，其方法符合今天的"正面教育"原则。舒藻先生门下"成国器者"颇多，成绩斐然。在清朝中后期，举人从事教育的很多，舒藻只是其中的一人而已，而且他们从事的教育已经形成有自己特色的教育思想和方式。当时的官办学校有"百无一事可言教，十有九分不像官"的说法。当时云南文化落后，办学任务繁重，清末建校办学，恢复社会战乱毁坏的学宫、义学的事很多，地方教官做了很大的努力，而舒藻就是为地方教育十分出色之人。

王汝舟

　　王汝舟，字济川，云南晋宁人。清道光二十三年（1843）癸卯科举人，道光二十五年（1845）乙巳科第三甲第74名进士。任四川苍溪知县。王汝舟任苍溪知县时，一天，有一老头用骡子驮着实物，骑着出山赶集。走到半路上，骡子炌蹶子，不肯走了。正在这时，有一个陌生人骑着一头毛驴来到跟前，陌生人见老头正在吃力地赶骡子，就问道："你老上哪儿去？"老头答道："到前面县城去。"陌生人说："啊，正巧，我也去县城，咱们一块儿走吧！"然后，又装出关心的样子，对老头说："你老这么大岁数，这个骡子性子暴躁，真够呛！你看我这头毛驴又驯服，又听话，咱们就换着骑吧！"老头很感激地同意了。陌生人跨上老头的骡子，狠抽几鞭，骡子撒蹄子飞奔起来，老头赶紧追上去，已经来不及了，一会儿骡子和陌生人就跑得无影无踪了。老头悔恨不迭，就到苍溪县衙告状。王汝舟问明情况后，就对老头说："你别着急，先把毛驴留在这儿，过四天后你再来。"王汝舟命令衙役把毛驴拴在一间空屋里，不喂草料。四天后，老头又来了。王汝舟问老头："你还记得你那骡子跑去的是哪条路吗？"老头答："记得。"于是，王汝舟就命两个衙役牵出毛驴来，跟着老头走。到了四天前骡子被拐跑的地方，衙役放开毛驴绳子，任其自去。毛驴饿了四天，饥不可耐，又认得回家的路，就一气跑去，衙役在后面紧跟上。毛驴跑到家里，衙役也紧随到达，一看：老头的骡子正拴在门口呢！于是，衙役绑缚了那个陌生人，带回县衙。一审讯，陌生人就认罪了。王汝舟在苍溪县兴修水利，为民造福。每逢灾荒年，他率先捐资，赈济饥民，缓解灾情。他遇事敢言，当世推重；兴利除弊，不畏强暴。晚年主讲泸州书院，更新学宫，百姓祀之。

谢太傅别墅围棋

送声云影翠微间，载酒弹棋往复还。
入座不妨分黑白，平生只合爱丘山。
勋名原向局中定，宦味能从忙里闲。
莫怪中年易生感，每闻丝竹便相关。
胸中早已破苻坚，胜算全争一着先。
名士风流真国手，英雄事业亦神仙。
行间布势神弥暇，物外寻幽地自偏。
终愧出山为小草，莫将成败话当年。

李玉湛

李玉湛（1827—1887），字会侯，又字辊川，云南丽江人。清同治九年（1870）庚午科举人。曾祖李慎为嘉庆举人，祖父李缉孙、父亲李腆皆积学有德。李玉湛中举候选教谕，曾三次任大理西云书院监院事。咸丰初年，云南杜文秀起义，占据滇西北各州县。咸丰六年（1856），李玉湛上疏《战守机宜》于郡守，讲求练兵镇压之事，并建议挑选能征善战的人出任战事主管。他和同乡杨泗藻（当过临海县令）筹集赀粮，往来调度于丽江、鹤庆、剑川之间，对外要抵御强悍的土酋，对内要歼灭残忍的土匪。他担任这种重要艰巨的工作六年。敌军攻陷了旁近的郡县，三邑看着也不能支撑，气焰嚣张波及中甸、维西。李玉湛辅佐镇远总兵和耀曾、提督张润，收缩兵力据守天险，收复了中甸、维西，进而扼守金沙江、澜沧江两岸。李玉湛家境富裕，自开战始，就拿出粮饷支持政府军队，因此，起义军非常愤恨，焚毁了他家的房子。但他并不后悔，一如既往地支持平叛。其后经过了四次收复丽江城，两次光复鹤庆、剑川城，最终收复了这三座城池。其后军队合围大理，扫穴歼渠，最终平叛成功。最后论功行赏，均推举李玉湛、杨泗藻和赵藩。李玉湛坚持安定桑梓，回籍田园，以读书作文为乐事。光绪二十年（1894），李玉湛、杨泗藻去省城昆明参加乡试，因为流言蜚语被投进监狱，幸好得到开明上司的信任，才能够安然无恙。李玉湛外表须眉疏秀，身材魁梧，饮酒数升不醉。他对于兄弟极其友爱，对于老朋友情深意笃。他晚年境况更加困顿，然心胸越来越开阔，更加热衷于自己的学问，而不愿意去尔虞我诈的官场急功近利捞取好处。他去世后，赵藩为他撰写了《墓志铭》。

墩汛竹枝词

一

冠裳鞋履异寻常，皮革毡衣炫贝装。
呼啸一声人去也，山风吹送健儿郎。

二

女郎装束更奇新，檀树茄花艳绝伦。
百褶毛裙长扫地，条条发辫绕惊人。

赵时俊

  赵时俊，字秀升，云南洱源人。清咸丰五年（1855）乙卯科举人，同治七年（1868）戊辰科第二甲第5名进士。历任翰林院编修，江西、河南道监察御史，贵州安顺知府。辞官回到云南后，他曾主讲五华书院。赵时俊任安顺知府时，有一次，十几个山西客商用骡子驮着茶叶、绸缎路过安顺，被强盗劫掠而去，报到安顺府衙。赵时俊当堂把这伙客商臭骂一顿，说："你们这帮狡猾的无赖，替主人贩运货物，不知尽心竭力，反而赌博宿娼，尽情挥霍。现在钱化完了，就来这里假说被劫，这样能够允许吗？"命令衙役每人打五个嘴巴，赶出公堂。失盗的客商们敢怒不敢言。退堂以后，赵时俊密令能干的仆人租赁十几匹骡子，伪装成贩运的客商，捆载着东西沿路而行。他自己精选五十名年轻力壮的士兵从小路悄悄地出城，不让别人发觉。仆人们在路上果然又被强盗劫了，这时赵时俊也已赶到，询问强盗的去向，仆人说跑到山上的古庙里去了。于是，他立即命令士兵乘夜包围捉拿，强盗无一漏网。经过查点，山西客商们所失去的货物安然无恙。赵时俊把强盗和赃物押回府署，把客商们叫来说："我昨天责骂你们，你们不怨恨吗？可是，如果不这样做就会泄露机密，使强盗们加强戒备，怎么捉拿破案呢？现在你们把所失货物领回去吧！"客商们感激不尽，一伙强盗被依法处决。后来，赵时俊看到清廷吏治腐败，民不聊生，官场陋习，下贿上赂，豪强遍野，横行乡野，厌倦官场丑恶，辞官归故里。县民感戴，称呼他为循吏。他应许佩所邀，书写《洱海楹联》相赠。许佩，腾冲和顺人，系民国腾冲商会主席许卓如之父，清末曾任滇蜀铁路银行腾冲分行经理。许佩是腾冲有名的商贾，有收藏名人字画的爱好，有机会结交云南名流，便有条件收藏名家的楹联，所以有赵时俊书赠的对联是情理之事。

洱海楹联

石窗湖水摇寒月，淡墨秋山画远天。

张钊弘

张钊弘（1848—1931），原名思敬，字榛舆，云南石屏人。清光绪元年（1875）乙亥科举人。张氏为石屏县书香门第，其祖父张为纬、父亲张宸皆是清朝孝廉，且道德文章著名，备受乡里敬重。张钊弘自幼敏而好学，又有严格的家庭教养，每日读书千言，皆能背诵如流。他考中举人后，更加勤奋读书，且博学古文，诗词文赋皆精通，为乡邻所敬重。张钊弘不但才识渊博，且乐善好施。石屏城西北的越磨河上有桥，通往省城。每到春冬水浅之时，河水不能载舟；夏季雨集，河水暴涨，又漂没人马，行人常困于河畔。他目睹此情此景，捐出一己之财，首倡建桥。石屏左邻右舍纷纷响应，出工出力，经过半年余，石桥竣工，且坚固壮观，可称当时石屏第一石桥。光绪十八年（1892），石屏、建水有两个在个旧开矿的厂家发生争斗，石屏厂家被驱逐还乡，准备集聚乡勇武力报仇，气势汹汹，连官府也不能阻止。他念及双方拼杀，必有无辜牺牲，亲自送石屏厂家矿丁数千人到个旧，与建水厂家在三义庙举行会议，以协商解决的办法，促使两厂家合好。此后，建水厂家欢迎石屏厂家到个旧复厂。建水石屏相安，数十年无争斗。

赵　藩

　　赵藩（1851—1927），字樾村，字介庵，云南剑川人。清光绪元年（1875）乙亥科举人。赵藩出身书香门第，清末政治家、学者、诗词楹联家。曾参与重九起义、护国运动、护法运动，以"滇男子赵藩"署名电斥袁世凯。1920年辞职返滇，被聘为云南图书馆长，致力于整理和保护云南历史文献。赵藩著述甚丰，主持编辑《云南丛书》二百八十多种。赵藩用三十个字概括了诸葛亮用兵和施政的经验，言语精辟，见识独到，历来被誉为治世名联。"攻心联"是武侯祠中最具思想力度的名联，毛泽东、邓小平均赞赏有加。赵藩三十四岁时第五次进京应试失败，云南总督岑毓英赏识其才学，聘为幕僚兼塾师。岑毓英病逝后，其三子岑春煊亲自出面为赵藩请咨，并于经济上支持他进京候选，获光绪帝召见，始入川为官。光绪二十八年（1902），四川总督岑春煊邀赵藩到成都相辅。二人虽有师生之谊，赵藩身为幕僚，人微言轻，岑春煊依然我行我素。不久，清军俘获义和团女首领廖观音，岑春煊又将其枭首示众。深感失望的赵藩，引经据典地撰写了"攻心联"，刊刻后悬于武侯祠，以对这位昔日的弟子、今日的上司巧施笔谏。城府颇深的岑春煊观后一言未发，不露声色，后来升调到两广总督时，不再聘请赵藩同往，反将其贬到永宁道为官。所以，当时四川师爷中流行"师道何道，试看永宁道"的说法。"攻心联"表现了赵藩高度的政治理性，鉴古知今，发人深省，其中总结的"攻心"与"审势"所蕴含的哲学意味，大到国家，小到个人，皆可借用。

攻心联

能攻心则反侧自消，从古知兵非好战；
不审势即宽严皆误，后来治蜀要深思。

张舜琴

张舜琴（1846—1911），字竹轩，云南石屏人。清光绪二年（1876）丙子科举人。张舜琴曾四度赴京会试，均未获取。历任澄江、昆明、大理县训导，顺宁（凤庆）教授。张舜琴侍奉继母至孝，迎养于学府"不冷堂"。后任云南育才、经正两书院监院，兼女子师范校长。曾被推荐用知县，因吏部索要贿赂，张舜琴执意不予，乃留教职，并参与修纂光绪《云南通志》。辛亥革命后，革命党人掀起剪发运动，张舜琴对此很不理解，顽固不从，并撰写挽联："惭对告亲师，幸留此白发数茎，为广文先生写照；伤心前今后，谁禁我青山一领，任造化小儿安排。"为之大悲，说："际此乱世，吾辈又何生为！"同年九月十六日，饮药而死，成为清朝的殉葬品。其墓葬于昆明黑龙潭。生有二子三女，长女配袁嘉谷。《清史稿》有传，全文如下："张舜琴，字竹轩，云南石屏州人，举人。选昆明训导。讲正学，尚名节，士皆敬之。擢顺宁府教授。事继母孝，迎养学舍。额其堂曰：不冷。监师范学校。人疑舜琴改平时宗旨及劝学规，严肃壹准礼法，皆俞服外国教习。亦金曰：张先生正人。学使叶尔恺调充学务，议绅变作。有令剪发，即大恸，阖户仰药死。"

杨文鼎

杨文鼎（1852—1911），字俊卿，云南蒙自人，清光绪二年（1876）丙子科拔贡，光绪五年（1879）己卯科举人。光绪六年

（1880），杨文鼎被委任为直隶总督李鸿章的文案。光绪二十四年（1898），经浙江巡抚刘树堂力荐，被慈禧太后破格召见。慈禧问他："四川等地蛮子猖獗，应剿还是应抚？"他答道："剿则玉石俱焚，抚则布德，恩威并重，以抚为主。"慈禧大悦，后被委任为福建盐法道尹。后因政绩卓著，旋升为福建按察使。他秉公执法，触怒权贵，不久即被罢官。光绪三十二年（1906），淮河水灾，当地官吏中饱私囊，总督端方力荐他出任淮扬道。他到任后，目睹淮扬所属十余县数十万灾民无食无宿，心急如焚。他一边筹集钱粮救济，一边请淮江北提督动支库银，按每人发五日粮救济安抚，同时发放路费遣散灾民回乡。因杨文鼎救灾廉政勤能，贤名远播，先调任贵州按察使，未到任改任湖北按察使，不久升任布政使，署理两湖总督。宣统元年（1909），杨文鼎任湖南巡抚。他刚到任即布告安民，并拨银三十万两救灾，压低米价；对趁灾打劫滋事者，仅惩首恶，胁从一律免究，社会恢复安定。宣统二年（1910），杨文鼎与东北总督锡良、云贵总督李经羲、新疆巡抚联魁、晋察都统溥良等十八省封疆大吏，联名致电清朝军机处，奏请在中国实行立宪政治，主张成立内阁，召开国会，以顺世界政治潮流。宣统三年（1911）十二月，杨文鼎在上海病逝，终年59岁。

张　炳

张炳，字伯章，云南昆明人。清光绪二年（1876）丙子科举人，光绪六年（1880）庚辰科第三甲第188名进士。曾任知县，后改任教谕。生母在他出生时就病逝了。到张炳五岁时，他问继母："人皆有母，我犹无，何也？"继母哭，他也泣，各自的枕上常有泪痕。长到十岁时，继母也去世，张炳悲痛得像成人一样，且遗弟还在襁褓中，待哺乳，弗食之。张炳令其妻罗氏哺之。兄弟长成人后，请求分家居住，张炳对他说："书画是我的先生所精鉴定过的，当分予一部分，好好保存。"老屋一所，薄田数亩，全部都分给其弟，自己则另外租房子，接回二位孀姑居住。他考中进士后，选定教书职业，开始任职时，对学生们说："六经四子书，大概皆是圣贤行事之迹之所寄也。诸生若徒诵习以为取科第之筌蹄，则志荒矣。当奉为律身行己之准，出处穷达，终身以之，然后乃可为真读书人。"因此，跟从他读书学习的人越来越多，有大关县的，也有永善县的，均负笈而至者。张炳对内对外均很耿直，办事有操守。云南各郡县的书院事情，若有聘请院长的，均推荐张炳。昭通教谕林绍年，升任为昭通同知，对接任者说："佣役尚待人赁，岂有师儒而自荐者乎？吾观张教授冲退，吾将以礼罗之，诸君休矣。"对张炳说："先生有教士责，勉为一行，且以息奔竞之风也。"乃聘之，主讲三年余。成就人才甚众。后张炳病逝，终年64岁。子张友仁，皆庠生。

华日来

华日来，号东瀛，云南昆明人。清道光七年（1827）辛巳科举人，大挑一等。分配到四川内江、安县、高县任知县，后升任巴州知州，旋授蒲江知县。所到之处，除暴安民，平反冤狱。在内江任上，他惩其盗寇，使境怡然。其县有强奸幼女诬告者，他立即纠正平反其冤。后其母病逝，回家丁忧。守孝期满，补授权高知县。旋调蒲江知县，浦江匪徒猖獗，民苦其扰。华日来以行使坚壁清野法，匪徒至无所掠，且被击破，遂不敢犯境。邻县也效仿其法，民得以安。浦江旧时无考棚，在署考试，多有弊端，华日来捐出俸银建设，务拔真才，士林德之。巴州与秦相连，多伏莽为患，知府重其才，调往摄篆，在任八月，四境宴然。因事到县内督察境况，积劳成疾，死于任所。著有《山馆学规》《山馆偶存》《浦江团练归约》等书。

其子华嵘,原名华岳,光绪二十九年(1903)癸卯科举人,官任丽江训导;次子华世熙,原名华嶟,光绪三十二年(1906)丙午科举人,官任广西知州。

陈 价

陈价(1851—1937),字价人,号性圃,云南文山人。清同治九年(1870)庚午科秀才,光绪八年(1882)壬午科举人。因父母年迈,未到北京参加会试。时值中法在越南开战,云南总督岑毓英督师出关,委陈价为采运专员,筹款设局,总理军需粮草。陈价根据运输的路途远近及沿途州县物力的多寡,分地点设置站屯聚,依次供应不乱,军民相安。事定论功,被委任为选用知县。光绪十八年(1892),陈价赴京会试落第,参加大挑,为一等,分发到贵州,帮办刑狱,坐庭决案,屡析案情,为上司所倚重。继而被委任为管厘金,税收倍增,民商不扰,深得巡抚王毓藻赏识,补任贵州龙里知县。光绪二十四年(1898),王毓藻奉旨查办滇中惨案,指派按察使玉恒参察,陈价协同入滇,经详细访查,侦得实情后,王毓藻请旨,全案自督军以下,无不升降有度。后陈价历任贵筑、清镇、遵义等知县,旋升松桃、普安直隶同知,补任思南、黎平知府。宣统二年(1910),云南片马矿务发生纠纷,陈价出任护国军第一军需处长,负责调停事务。事后两次出任云南省政府财政厅厅长,开源节流,且主持筹办富滇银行,颇有成绩。民国六年(1917)四月,当选为省参议院议员。后迁居昆明,仍不忘桑梓,重视地方教育,曾购《四部备要》,倡纂《文山县志》,后病逝于昆明。

孙光庭

孙光庭（1863—1944），字少元，号东斋，云南曲靖人。清光绪八年（1882）壬午科举人。孙光庭于光绪九年（1883）、光绪十五年（1889）两次上京会试，均因其父母丧而中途返回。光绪十六年（1890），云南巡抚张凯嵩考核人才，将他召入公署读书，又将其三女许配给他，并保举他为内阁中书，移居北京。光绪二十六年（1900），北京发生"庚子事件"，八国联军攻入北京，孙遂回云南，主管育才书院。光绪二十九年（1903），育才书院改为高等学堂，陈荣昌任总办，孙光廷任副总办，学堂兼理全省学务。光绪三十年（1904），云南选拔学生留学日本，任命孙光廷为留日学生监督，同时他在日本攻读政法专业。其时，在日本与孙中山相识。光绪三十二年（1906），孙光廷从日本回国，任云南学务处副总办，主管省图书馆。宣统三年（1911），云南重九起义后，孙光庭被委任为民政司副司长；次年又当选为国会参议院议员。民国六年（1917）六月，孙光庭离开京城去广州，参加孙中山召开的非常会议；九月，他受命回滇，动员唐继尧出任中华民国元帅职，被唐继尧拒绝。护法运动失败后，他移居苏州。整理书作《东斋文钞》和《诗钞》。民国十二年（1923），孙光庭重返北京，正值曹锟贿选总统，曹以五千银圆收买议员，被他拒绝。于是，曹锟变利诱为威胁，企图以武力劫持。孙光庭星夜南下上海，发表揭露文章，谴责受贿议员"逢恶作乱"行为。民国十三年（1924）十月，孙光庭随孙中山北上赴京。孙中山病逝后，光绪十六年（1890），孙光庭回云南，当选为省政府委员。民国二十年（1931），任《新纂云南通志》筹备处顾问。晚年隐居昆明，后回曲靖。民国三十三年（1944），病逝于老家。

黄　堃

　　黄堃，字履，云南永善人。清光绪八年（1882）壬午科举人。曾经掌管凤池书院、桂馨书院，培养了许多有用之才。光绪二十九年（1903）癸卯科第三甲第108名进士。中进士后，接到家信，言老母病逝，他暂时回家丁忧。有朋友劝其暂秘，等到朝考后，归故里，黄堃说："人生只知名利、忘根本，非人也！"因而，遂奔丧回籍。埋葬了老母后，他仍主讲桂馨书院。三年期后，再赴京城，补授四川全州，彰明知县。未几，后因病，辞世于屏山官署。黄堃性温厚和平，与兄黄春成十分友爱，从无间言。对待他所教授的学生，就像自己的亲兄弟一样，他经常说："教学不在严格，应当要循循善诱，才是最终的要领。若果稍微严厉，则学生望而生畏，不敢问难，当养其廉耻自爱之心，而使之能自生奋进，就足了！"因此，永善的士子都很喜欢跟从他读书学习，且有成就的也不少。天全即大金川，改土归流后，民风彪悍，在他前面治理的官吏，很多任都比较严峻，民风依然如故。黄堃当任知县时，仍像对待学生一样，对待当地民众，虽然有犯罪应该杖责的，有应该判死刑的，但他多从轻处罚。当地民众，感激他的宽厚仁德，犯法者逐渐减少，其治彰明县也是相同的。黄堃当官数载，罢官回籍后，仅有余钱千贯而已。

赵端仁

　　赵端仁，字熙甫，号春楼，云南腾冲人。清光绪八年（1882）壬午科举人。赵端仁少有孝行，博学能文，喜欢谈论经世学问。他在腾冲城里开设了学馆，教授学生，很多有才学的俊杰都投身到他的门下，其中有刘宗鑑、李恩周、王家士，这几人最著名。在李根源撰写的《行壮》里，有如此记载："宗鑑，字子明，亦腾越人。受业于端仁及弟端礼，学冠其侪，光绪壬午（1882）领乡荐第二，未几卒。宗鑑任侠好交游，其卒也，友人多为流涕。同里寸馥清等为刊其诗文。"李根源撰写的《传》里，有如此记载："恩周，字雨农，亦腾越人，父正观，以经商致巨商，故而恩周豪奢好客，有陈遵投辖之风。家以中落，乃闭户读书，致力于经史，穷年矻矻，丹黄不去手，年四十四以岁贡终。著有《雨农读书记》，其犹子学诗、根源为之辑，比将行于世云。"李学诗撰写的《状》载："家士，字月卿，亦腾越人。诸生。性傲岸自喜，学使按临，怒其不守场规，将笞之，学政为缓，颇得免。及文成，学使击节叹赏，拔置第一，肄业来凤书院，为学长。来凤多藏书，家士沈酣其中，文境益进，以六试秋闱不得志，橐笔游盏达，入土司幕，中瘴气卒，时年42岁。"

腾冲楹联

礼乐诗书，栽下一州桃李；文章气节，贻为百代楷模。
腾郡人文，半属公门桃李；童蒙课艺，尽读赵氏文章。

汤 曜

汤曜（1860—1920），字星韶，云南晋宁人。清光绪八年（1882）壬午科举人，光绪九年（1883）癸未科第三甲第58名进士。历任江苏东台、金匮、江都、泰兴等知县。政绩显著，深得当地民众爱戴。他考取进士后，被任命为江苏金匮知县兼海运局长。期间任职七年，当时民众仇恨外国传教士，引起烧杀案件。上司出面调停，由金匮县府赔款六千余两白银。汤曜闻知后，深感自己身为一方父母官，责任在己，遂毅然恳请自己一人赔付，不向民众摊派，侵扰百姓。当地百姓闻知，感戴不已。旋调任东台县令。东台濒临海滨，盛产食盐，但因奸商压价，加之海盗骚扰，民众困苦不堪。汤曜到任后，深入实地进行调查，且掌握了实情，只用了六十余天，就将堆积如山的案子，分辨是非，宽严并施，处理得井井有条，使盗匪敛迹，百姓安居。同时，他发动百姓栽桑养蚕，使民渐富，得到上司奏报，获得朝廷嘉奖。光绪二十三年（1897），担任江苏乡试同考官，后又调任泰兴县（今泰兴市）令。任职期间，打击囤粮奸商，平抑市场米价，使百姓得以安居乐业。旋任江都县令（今江都市），江都为扬州首县，事繁案多，他亲自审理案件，杜绝冤案，事必躬亲，得到朝廷授予的三品顶戴花翎，并以道员候选。此时的清朝政府已经是风雨飘摇，内忧外患。他看清了当下时局，要求辞官回籍。获准后，他回到晋宁老家，把自己多年的积蓄捐赠给地方，盖祠堂，并在晋宁城北供祭祀；办学校，为乡里子弟提供读书的机会。同时，他还出千金白银，办织布厂，培养百余名纺织人才，在晋宁推广织布业，深得百姓赞誉。因功绩卓著，受到云南总督府的奏奖，且在晋宁县城立坊旌表。民国九年（1920），病逝于家，享年60岁。

许印芳

许印芳（1832—1901），字茚山，号五塘山人，云南石屏人。清同治九年（1870）庚午科举人。青少年时才华颖异，博览群书，刻苦攻读，屡得名士称许。在五华书院读书时，掌院黄琮视为国士。著名学者王先谦极为赞赏其才气和诗作，以苏东坡得到黄庭坚相比，对他期望甚高。王文韶任云南总督，与巡抚谭均培一道聘请许印芳主讲经正书院。许印芳终身从事教育事业，为云南培育了许多优秀人才。同时从事云南地方文献的收集整理和研究，贡献极大。"文人相轻，自古而然"，他指出这是古往今来的普遍现象，但并不是所有文人都有这样的恶习。对那些品格高尚、胸怀宽广、才华出众的文化人来说,遇到杰出之士,只会英雄爱英雄,同声相应,同气相求,互相推扬,共同进步,相辅为强。许印芳认为,只要身居高位、掌握文学权力的人以恢宏的气魄、谦下的态度来对待别人,尊重别人,张扬别人的长处,那么,从大的方面看,杰出的人物就会大量涌现,登堂入室,而且互相谦让;从小的方面看,也可以桃李盈门。这样,就能达到"不争名而名愈彰,不忌才而才愈显"的效果。

登乾阳山感怀

日蒸雨后山川气,风搅树端江海声。
阔达高天围四野,汪茫远水浸孤城。
鱼头变恐历阳陷,龙腹凿应神禹生。
登览辄思经国手,恨渠有志事无成。

陈荣昌

陈荣昌(1860—1935),字小圃,号虚斋,云南昆明人。清光绪八年(1882)壬午科举人(解元),光绪九年(1883)癸未科第二甲第21名进士。入翰林院词馆供职。先后历任山东、贵州提学使、昆明经正书院山长、云南高等学堂总教习、云南教育总会会长等职。兴办教育,开设书院,更新学宫;吸收志士仁人读文史,研究经典,咏诗作赋,培养了大批有造诣之士。他把毕生致力于教育事业,弟子多有俊才豪杰,如袁嘉谷、唐继尧、李根源、赵复祥等。学识渊博,精于书法,擅长诗文。书法从颜真卿、钱南园为宗,正楷端庄遒劲,有"滇南第一大手笔"之美誉。为官清廉,并乐于从事公益事业,对求书者所予之润笔费均悉数捐助他人,晚年贫困而卒。著有《会泽唐公创办东陆大学记》。其思想要旨为:"鉴思潮之庞杂也，则以致知力行诲诸生；知思想不宜囿束也，则以自由研究为教旨。"唐继尧当时创办"东陆大学"之目的：扬文化之波，播科学之种，百务繁荣，斯为筌碟，则公之福利国家人群，固不仅一时一隅已也！

大观楼怀古

十年重此泛游航，眼底亭台尽改张。
风物自随时世变，情怀却为古人伤。
梁宫沐墅都荒废，舟屋升庵亦渺茫。
惟有湖山依旧好，白鸥飞过水云乡。

王人文

王人文（1854—1939），字采臣，号豹君，云南大理人。清光绪八年（1882）壬午科举人，光绪十二年（1886）丙戌科第三甲第132名进士。先后在贵州、广东、陕西等地做官二十余年。宣统三年（1911）三月，被任命为川滇边务大臣。因四川总督赵尔巽调任东北，清廷委任王人文为护理总督。民国后期，王人文任参议院议员。王人文任护理总督刚一个月，清廷下达"铁路国有"的诏书，引起四川民众的反对，掀起了"护路运动"的斗争。后又将"铁路国有"改为"商办工程"，导致清朝邮政大臣盛宣怀等人从中牟利。四川民众得知"上谕"后，反清情绪更加激烈，提出"暂不接收铁路"和"暂缓公布停征租股"两项请求。民族尊严感促成王人文毫不犹豫地把四川民众的两项要求迅速电奏朝廷，他的行为受到清廷的"斥责"。清廷的专横行为，促使四川民众针锋相对的斗争，在成都成立了"保路同志会"。而王人文在民众"保路"精神的鼓舞下，不顾"诏旨斥之"，再度承担风险，决心如实地向清廷反映民意要求，并亲自接见"保路同志会"的请愿者。但反遭清廷以"一再渎奏"严加申斥，另派刽子手赵尔丰为四川总督，王人文免职进京。1911年10月10日武昌起义，推翻了清朝统治，武汉政府宣布起义功臣八人，王人文是其中之一。民国初，王人文定居天津，北洋政府任命他为农商部部长，他力辞不就。1939年，王人文病逝于天津，终年85岁。著有《辛亥四川路事罪言》。

李 相

李相，字镜若，云南昆明人。李菜之弟。清光绪十一年（1885）乙酉科举人；光绪十二年（1886）丙戌科第三甲第111名进士。授内阁中书，后改任湖北谷城知县。李相任谷城知县时，城外有一座小庙，和尚行为不端，香火冷落，无人施舍。在除夕之夜，和尚就想出怪招说寺庙周围地里发出"神光"。第二天，小庙门前的地面上好像拱起来一个东西，到晚上已经长出了五六寸，竟然是菩萨的发髻！不过五六天，菩萨的全身全部长出，原来是一尊如来佛像。消息传出，在谷城县境内四方轰动，四面八方的居民齐来上香朝拜，人山人海，群情激动，谷城内外，一片欢腾。李相被和尚的迷信惑众行为所激怒，亲自率领大批衙役兵丁来到小庙中，下令把泥佛由神座上拖到地下，重打四十大板。衙役兵丁们心中害怕都不敢动手，李相亲手拿棍行刑，把佛像打得粉碎。然后严刑审讯和尚，和尚不得不如实招供。原来，和尚为了骗取钱财，在除夕夜里秘密把一尊佛像埋在地里，下面堆放几十斤黄豆，旁边留出一个洞口，日夜往里面灌水。这样，黄豆发芽，体积膨胀，自然而然将佛像顶出地面。再看被打碎的佛像，仍然是一块块湿土。于是，李相把和尚的供词抄录出来，在古城县境内张贴，揭露了这个阴谋，大家都明白了泥佛出土的真相，同时也十分佩服李相的智谋和胆略。湖广总督张之洞看重其才，委任李相为中东学堂教习，兼任分管修建永庆、太平两县的堤坝工程。当时湖广正在建设铁路，通行火车，李相建议以路起北关，虽然所费减省，而毁坏民居、坟墓有七八百处，且又地卑薄，半是沙洲，江流暴涨泛溃，欠考虑周全，应该从花园地以抵石嘴。张之洞改变过去的建设路线。后来李荣与李相在湖北相会，离别时李相十分感伤，回到自己的居所，悠悠不乐，从此饮酒，后酒醉而逝，享年42岁。著有《怡山诗集》三卷。

湖水歌

湖平水淼天，犹得曲波涟。
金马通百粤，碧鸡自三边。
一从慧钟蔓，顿觉哀鸣野。
日来羞作牧，愁无计租钱。

杨嘉栋

杨嘉栋（1850—1901），字小云，号松岩，云南宾川人。清光绪二年（1876）丙子科举人，光绪十二年（1886）丙戌科第三甲第40名进士。杨嘉栋少年时期，正值杜文秀起义，战事遍及滇西各县。他酷爱读书，在逃离战乱的路上，仍携带着书籍，可谓自学不辍。同治九年（1870），他在昆阳复试入学。同治十一年（1872），战乱平息，他回到宾川老家。光绪元年（1875），考中副榜贡生。杨嘉栋考中进士后，授任山西作城县令。当时作城县遭受灾荒，民众生活困难，他减免赋税，并填补了前任的欠款，受到上司嘉奖，调任广平县令。当时广平县情况复杂，盗贼充斥，他率众进入贼巢，歼灭魁首，对其余的部属加以安抚，使广平百姓得到安宁。他亲自到书院俭学，捐献俸禄奖励学生，培养读书风气。任职一年余，得到百姓的称赞和上司的重视，调任荣州县令。其时山西发生旱灾，人犬相食，地方纷扰不靖。他引导百姓抗灾防患，此时正值八国联军侵入井陉、固关，各地土匪乘机抢劫，清军粮秣供应困难。杨嘉栋因筹防筹赈，日夜操劳，忧劳成疾。有人劝他辞官归田，他却说："国家多事之秋，我只能尽心竭力地与百姓同甘共苦，岂能借病规避安逸。"光绪二十七年（1901），最终病逝于荣州任所，年仅51岁。光绪二十八年（1902）春，长子杨宗周扶榇归葬于宾川皮厂。杨嘉栋擅长诗文，著作颇多，可惜均已散失。书法以王羲之《十七帖》尤著名，至今民间仍有收藏。

卫家琇

卫家琇，字子莹，云南石屏人。清光绪十四年（1888）戊子科举人。卫家琇曾多次上疏谈论军事和时政问题，广西巡抚张凯嵩认为他有奇才，设置储才馆专门供养之。其时，一共供养着三个人，其中云南的有两人，即卫家琇与周文龙。未几，张凯嵩就得病死了，供养馆也废去。卫家琇只能再次参加会试，又名落孙山。他居住在河南省的学使官邸里，一起与同窗们研究会考的试艺，突然暴病而死，时年仅三十八岁。他的朋友魏余庆为他收敛了丧事，并扶柩回云南。魏余庆，字积堂，亦是石屏人，光绪十四年（1888）戊子科举人。他少年英俊，与陈毕明齐名。自从送卫家琇回云南后，没有几年，也病死了，时年仅三十岁。石屏人感到非常惋惜。卫家琇的堂兄卫家珍，字桐斋，同治九年（1870）庚午科举人，官任昆阳州学政，亦有文学天赋，卫家琇从小跟从他学习读书。卫家珍的儿子叫卫光禧，字书楼，光绪十九年（1893）癸巳科举人，亦倜傥能文兼知医术，著有《书楼文集》。

李 棻

李棻，字香畲，云南昆明人。清光绪十五年（1889）己丑科举人，同年联捷第三甲第 121 名进士。他任浙江萧山知县时，正值天干旱，饥民遍地，仓又早毁。因此，设置粜米局五处，减粮价便民。从香港或暹罗购来粮米接济，民以不困。到年终才将米局撤除，筹建粮仓储备。过了四年，米贵如昔日，赖仓以赈济。两年中，被李棻救活的灾民数以万计。萧山县（今萧山区）依江畔海，潮涨塘决，屡为民患，李棻修筑塘堤，并捐俸银垫款以助民工。堤塘筑成，水患已除。萧山乡民争地将械斗，聚众千余人，李棻率一仆人驰往弹压，晓以利害，立时解散，饬拿强横者十六人，其余皆不问，军械追入官府，争端皆息。萧山县多教案，李棻持法不阿，教民鱼肉乡民之风为杀。光绪二十六年（1900），八国联军进攻中国，谣言四起，李棻严密保护教堂，以故民、教相案，萧山县均无事。他修文庙，设置学校，皆尽力为之。在任八年，光绪二十八年（1902），辞官回籍，萧山人皆称他为循吏。

刘盛堂

刘盛堂（1860—1923），字克升，号怡园，云南会泽人。清光绪八年（1882）壬午科举人，光绪十五年（1889）己丑科第三甲 31 名进士。刘盛堂任广东开平知县时，发生了一起杀人案件，经过查验侦缉，捕获了凶手王乙，正准备批复上报。当天晚上，刘盛堂独坐在灯烛下读书，忽然隐隐约约听到一种细小的哭声。侧耳细听，哭声渐渐接近窗前，他便叫一个婢女出外察看，只听婢女刚出门便大叫一声，瘫倒在地。刘盛堂连忙起身，打开门帘一看，原来是一个满身血污的"鬼"，跪在台阶下面哭泣。他厉声呵斥，那"鬼"

俯首答道:"杀我的本是张甲,可是县官昏庸,误判为王乙。若真凶不服法,我的冤仇不报,我死难瞑目啊。"刘盛堂说:"我知道了。"于是"鬼"离去。第二天,刘盛堂又亲自提审此案,众人供述的被害人的衣服鞋帽与昨晚所见的"鬼"完全一致。他深信无疑,竟按照"鬼"话,改判张甲杀人。过了几天,有个门客来求见刘盛堂,问道:"那天晚上鬼从何处而来?"刘盛堂答:"他自己来到台阶下的。"门客又问:"鬼向何处而去?"答称:"翻墙而走。"门客说:"我听说鬼这种东西只有形状而无实质,离开时应该一下子忽然消失,怎么会翻墙头呢?"于是两人一起来到"鬼"越墙之处查看。虽然墙头的檐口瓦没碎,可是当时正是雨后,几层屋子都有人走过的泥迹,还明显可见,一直可以追踪到最外的围墙处。门客指着脚印对刘盛堂说:"这是凶手王乙家人,买通了善于飞檐走壁的人干的勾当,哪里是什么鬼?分明是一个骗人的圈套。"刘盛堂沉思良久,恍然大悟,仍然按照原审认定判处王乙死刑。未几,刘盛堂因越境抓捕犯人,被解职回籍。光绪三十年(1904),云南巡抚林绍年选派袁嘉谷、刘盛堂等二十三人到日本学习,并指定刘盛堂等六人考察学务。民国元年(1912)二月,刘盛堂被委任为矿务公司临时总办,负责清查东川铜、铅各厂资产,作为省府投资。民国二年(1913)三月,东川矿业公司改组,省督军委刘盛堂为安抚委员。未几,刘盛堂卸职返乡,着手发展实业,且身体力行。民国十二年(1923)病逝,葬于钟屏镇。

杨增新

杨增新(1864—1928),字鼎臣,号荩臣,云南蒙自人。清光绪十四年(1888)戊子科举人,光绪十五年(1889)己丑科第二甲第31名进士。历任甘肃中卫、渭源、平远知县,宁夏知州、知府,新疆都督、省长等职。光绪二十七年（1901），杨增新升任宁夏知府，旋任甘肃武备学堂总办。光绪三十三年（1907），以候补道员任新疆陆军学堂总办。民国元年（1912）六月，任新疆都督。他任职期间，哥老会活动于南北疆，杨增新依靠自己的基本队伍，或镇压，或设法采取调哥老会党首入会等手段，至民国五年（1916），均全部被灭。杨增新从民国元年（1912）到新疆任职，至民国十七年（1928）遇刺身亡，一直是新疆的最高军政长官，主政新疆十七年之久。他在新疆主持军政事务期间，是中国近代史上北洋军阀统治的黑暗岁月。在关内各派军阀混战之际，他偏安一隅，无论内政和外交都独树一帜，成为中国近代史上值得进一步分析研究的历史人物。杨增新主政新疆期间，内政方面，其荦荦大者，主要有两件大事：一是利用和控制伊斯兰教，且不允许扩大及开教堂；二是阻止国内外势力相互勾结，将新疆从中国分离出去。

杨 琼

杨琼（1846—1917），字叔玉，号迥楼，云南邓川人。清同治十二年（1873）癸酉科拔贡，光绪十七年（1891）辛卯科举人。授予晋宁州学正。他笃志于培养人才，教育成绩显著，遭人嫉妒，被罢官回籍。回乡后，他主讲邓川德源书院，为乡里培养人才，一时家乡老少赞不绝口，名声斐然。光绪三十年（1904）春，云贵总督丁振铎闻其贤良，电召入昆，委任云南省考试院校阅院士。光绪三十一年（1905），科举被废除，创办新学，杨琼被派往日本考察学务。回国后，被任命为迤南道成书院、经正书院山长。宣统三年（1911）十一月，被任命为云南省第二模范中学（今大理市一中）校长。民国元年（1912）五月，杨琼当选为国会议员，后又卸任进京，被推选为议会主席。民国五年（1916）二月，因年暮任重，辞职回乡，设置国学社。时袁世凯暴亡，临时国会电邀，同年八月再次进京，参议国政，并为云南省请获救灾巨款，大解民困。后因喉疾，在李根源帮助下，转至上海医治，因治疗无效，于1917年2月15日在上海去世，享年71岁。杨琼著有《小学均语》《寄苍楼赋》《雅正录》《滇中琐记》《诗文集识》等，其中《滇中琐记》展示了他四十余年的亲身见闻，举凡政治、经济、军事、文化、人物、卫生、风俗、逸事、典故，无不翔实记述，是研究云南民国历史的珍贵史料。

蠲薪草

薪濯濯，草芄芄，贼以薪刍苛民输。
官承贼弊输自如，小卯百姓纷追呼。
今日乃蠲除，荛者刍者歌于途。

赵式铭

赵式铭（1873—1942），字星海，号搜父，云南剑川人。清光绪十七年（1891）辛卯科秀才第1名，人称"龙首"。光绪二十年（1894）赴昆明，参加甲午科乡试。他在试卷中，放言时务，直抒胸臆，深得阅卷考官毛鹤畦的赏识，且建议名列前茅。然而主考官张建勋斥之其文"驳而未醇，实碍磨勘"，不准录取。后经监视朱毓崧主持公正，才给予"副榜"功名。光绪二十九年（1903）癸卯秋闱应试，在经文答卷中涉及时务，引近事解故训，被主考官以"违背部章"为由，不准录取。光绪三十二年（1906），赵式铭被丽江知府彭继志聘请为《丽江白话报》主编，且担任丽江师范、丽江中学两校的国文教师。宣统元年（1909），赵式铭随调任保山知府的彭继志到保山后，又创办了滇西的第二个民众读物《永昌白话报》，后曾任广州军政府交通部司长。宣统二年（1910），被派往四川调查了解都江堰水利工程。宣统三年（1911），赵式铭回乡奔父丧。辛亥革命爆发，经赵藩推荐，返回昆明任云南都督蔡锷记室，兼《云南光复志》编纂。民国二年（1913），蔡锷任命赵式铭为巍山县知事。年末，赵式铭调云南省都督府，任枢密官、省团保总局第一科科长。民国七年（1918），经赵藩推荐，赵式铭出任广州交通部综核司司长兼办公署秘书。民国十五年（1926），赵式铭因病返家，闭门著书，囊被萧然。民国二十年（1931），云南通志馆成立，周锺岳任馆长，赵式铭任副馆长兼委员。赵式铭大力提倡用口语白话写文章，把言语文字合二为一，使广大读者易读易懂。赵式铭是早于胡适，提倡国内白话文运动的第一人。钱平阶评论赵式铭的文章："文有电气，读之手颤。"民国二十八年（1939）5月，周锺岳出任国民政府内政部长，赵式铭升任馆长。1949年《新纂云南通志》出版，全书共二百六十六卷一百四十册，共计六百四十八万字。这部云南重要的文献著作，无不倾注着赵式铭的智慧和心血。

博南山杨升庵先生小祠

庄介孤忠不可作，乱峰高处小祠堂。
已无酬唱张公子，尚有联居李晋王。
夜宿鼹鼯留往迹，晨供巫觋剩余香。
马樱花发春山寂，客路风烟正断肠。

寸馥清

寸馥清（1867—1915），云南腾冲人。清光绪十七年（1891）辛卯科举人。曾历任镇南知县、云南都督府军机参赞。寸馥清中举后，先后游历了上海、天津、北京等地，后又到缅甸、新加坡等国。

光绪二十九年（1903），他首批考上云南留日学生。进入东京弘文高等师范读书。期间，他看到了国家贫弱受列强侵略欺凌的社会现状，广泛接触了西方新知识、新思想。光绪三十年（1904），他加入孙中山、黄兴领导的同盟会，使他逐渐摒弃了封建主义传统观念，接受了资产阶级民主思想。他把自己的"辅清"原名改为馥清，表明了与清廷决绝的决心。寸馥清为实现他的新理想，回到腾冲和顺做的第一件事，就是与李景山、张励、尹梓鉴等和顺贤达组织"咸新社"，共同学习新思想，讨论研究古今政治得失，在腾冲宣传资产阶级民主思想，向旧的礼仪制度发起冲击。先后创办腾越高等小学、永昌师范、腾冲中学。著有《芝轩诗文钞》《留日归国日记》。民国四年（1915）病逝，享年48岁。

腾冲楹联

种竹栽花，发新理想；
评今论古，见真感情。

朱家宝

朱家宝（1860—1923），字经田，云南华宁人。清光绪十五年（1889）己丑科举人，光绪十八年（1892）壬辰科第二甲第41名进士。授任翰林院编修、礼部祭司。历任直隶平乡、新城、南和知县。后被直隶总督袁世凯所赏识，推为"京畿循吏第一"。后升保定知府，被派往日本考察政务，回国后升任江苏按察使。光绪三十二年（1906），总督徐世昌推荐其为吉林巡抚，未到任，次年出任安徽巡抚。宣统二年（1910），辛亥革命爆发后，浙江、江苏等省宣告独立。安徽革命党人为地方治安为计，敦促朱家宝宣布独立，他拒绝说："嘉宝食清之禄，死清之事，城存与存，城亡与亡，诸君勿复多言。"后来，袁世凯派人密电朱家宝："宜顺应时势，静候变化，不可胶执书生成见，贻误大局。"朱家宝领会袁意，于11月8日宣布安徽独立，被推为安徽都督。次日，驻皖赣军黄焕章部围攻都督府索要军饷，朱家宝逾墙而出，缒城逃走。民国二年（1913），任省参议员。民国三年（1914）2月，被袁世凯任命为直隶民政长兼都督；同年五月，改任直隶巡按加将军衔。民国四年（1915），袁世凯称帝前夕，朱家宝奏折称贺；袁世凯称帝后，朱家宝授封为一等伯。民国五年（1916）7月，被段祺瑞任命为直隶省长兼督军。民国六年（1917）7月，称赞张勋复辟，被授予民政尚书。后复辟失败，流亡日本。民国七年（1918）10月，返回天津寓居。民国十二年（1923），病逝于天津。朱家宝工书法，字似黄庭坚，堪称清末书法大家。著有《海藏园序》《廷尉天下之平论》等。

胡寿荣

胡寿荣（1859—1898），字滚臣，云南姚安人。清光绪八年（1882）壬午科举人，光绪十八年（1892）壬辰科第二甲第73名进士。胡寿荣为官在清朝末年，正是吏治腐败，民不聊生，康梁维新变法时期。时在京城任礼部主事的胡寿荣毅然投入到了维新变法运动中。光绪二十年（1894），康有为在京策动各省举人一千三百人，联名上疏光绪帝，反对签订《马关条约》，提出"拒和、迁都、变法"的主张。胡寿荣参加了"松筠庵会议"，并在"上疏"上签字。光绪二十二年（1896），又参加了"保国会"活动。光绪二十三年（1897）6月11日，光绪帝下诏"明定国是"，在政治、经济、教育等方面采取一系列措施。此举触怒了慈禧太后，她发动政变，囚禁光绪帝，著名的"戊戌六君子"遭到杀害，其余在"上疏"上签字的举人均在通缉之列。胡寿荣弃官回到姚安，朝廷要地方官吏将胡寿荣"缉拿归案"。家乡父老，竭尽全力，予以保护，但上宪严逼，事不可缓。为不拖累乡亲，他毅然吞金自杀，年仅39岁。

和庚吉

和庚吉（1864—1950），字星白，号松樵，云南丽江人。光绪十五年（1889）己丑科举人，光绪十八年（1892）壬辰科第三甲第148名进士。和庚吉从小出生在一个裁缝家庭，幼时家贫而勤奋好学。历任四川乐至、石柱、秀山、温江、顺宁等知县，后授任兵部主事、中宪大夫。光绪三十年（1904），辞官回到故里，与家乡人和积贤协助知府彭继志创办丽江府中学堂，光绪三十四（1908）继任丽江府中学堂监督。民国二年（1913），当选为县参议长。和庚吉一生艰苦朴素，洁身自好。在乐至任知县时，遇干旱大饥，有当地居民吸食鸦片烟，用赈灾款买鸦片烟，不顾妻儿死活，他下令将烟民抓捕关押，并张贴禁止吸食鸦片烟的布告。对屡禁不止者，公开杀之。其长子和乃薪，因其父宦游在外，无暇管教，染上大烟，和庚吉将其锁禁，强行戒烟，因烟瘾太重，死于囚房。人们说："和进士为了禁烟，治死了自己的儿子。"著有《鸦片烟论》，陈述鸦片烟之害，疾呼朝野严禁。后编著《退园韵语》。

题白马龙潭联

此间尽足怡情，看攘往熙来，苦不了，寻衣觅食；
何处更求妙境，且临流酌酒，可少坐，聚首谈心。

宋廷模

宋廷模，字子山，号补山，云南晋宁人。清光绪十九年（1893）癸巳科举人。改官内阁中书。京城乡馆失修，宋廷模邀集同乡京官协议修葺。光绪二十六年（1900），京城发生"庚子之乱"，八国联军攻进北京，四民惊慌，宋廷模担任北京西城的巡防任务，日夜查哨，风雪不懈，盗贼绝迹。事后，旋升内阁中书。任期满后，改调福建，被委任为兴粮通判。时值海潮大汛，堤坝溃流十三处，田禾几浸，宋廷模亲率乡绅勘筑堤坝，并捐俸银竣其事，士民为其立碑志德。后调福建平潭同知，平潭地居海岛，民多寇盗。他到任后，提倡工业，振兴文教，冀挽颓风。其时科举被废，他禀设各种学校，集资办学；崇尚名教，建忠孝、节义等祠；并辟泄三十六湖之水，得田地万亩，均皆捐俸为倡。后来又升调水口厘务，到差未久，因积劳成疾而逝，平潭士民设立祭祀清官祠堂祀之。著有《退山诗草》，可惜未付桑梓。

王开国

王开国（1865—1932），字承谟，号沤生，云南腾冲人。清光绪十九年（1893）癸巳科举人。光绪二十一年（1895），进京会试不第，遂绝意仕途，立志回乡教书。初在腾冲城五保街设学馆办学，后迁移到全仁街本宅，署名"小绿天"学馆。王开国教书育人，始终以"尊圣言、笃风仪、端职业、淡荣利"为宗旨。训导学生："四书五经之训，如菽粟布帛，通于政事，达于民生。"王开国身举孝廉，秉性刚直，教育学生，能因势利导，大胆地革新教育。他不怕社会舆论，不畏封建卫道士们嚼舌，竟然招收女弟子入学读书。为了让弟子们开阔视野，认识世界，他还专门聘请懂英语的先生到学馆讲课。为引导学生关心国家大事，关心社会，常以时事为题材命题作文。王开国教书育人49年，把毕生精力和浩然正气都倾注在了学生们身上。他教过的学生达两千余人，有祖、孙三代皆就读于他的门下，弟子遍布军政、文教、工商各界，有将军、学者、名人、巨商，可谓人才辈出，这些弟子均是王开国莘莘学子中的佼佼者。王开国教书育人的人生经历，正印证了陶行知先生的名言：捧着一颗心来，不带半根草去。著有《小绿天诗存》《寄影小庐联存》，流传后世。

自勉联

明月自来还自去，
青山埋骨不埋名。

戴永清

戴永清（1854—1915），字光挹，号镜湖，云南通海人。清光绪十八年（1892）壬辰科举人，光绪二十年（1894）甲午科第三甲第173名进士。光绪二十四年（1898），戴永清任贵州谳局帮办，后晋升坐办，继而改任厘局总办。光绪二十九年（1903），任安平县知县，兼办漾头税务。在任期间，他倡议整修河道，排除滩石，以利商旅；引导农民栽桑养蚕，广扩税源；捐资修建城楼，防御盗贼侵扰；建盖养病所，施惠流民；备荒、劝学、养老、恤孤等，有利于民之事。光绪三十二年（1906），戴永清调任遵义知县。光绪三十三年（1907），戴永清任婺川知县。民国元年（1912），戴永清升任遵义府知府，兼遵义县（今遵义市播州区）知事。民国二年（1913）4月，戴永清以父母年老，辞官归养。离任之时，地方绅士列队相送，后又为他建祠、立碑，以志不忘。1915年在家病逝，时年61岁。

寸开泰

寸开泰（1863—1925），字晓亭，号心丹，云南腾冲人。清光绪二十一年（1895）乙未科第二甲第54名进士。寸开泰幼时家贫，苦读诗书，历次考试均名列前茅。他考中进士后，受到慈禧太后的赏识，御赐裘衣一件，并委任他为刑部主事。后又任山东司行走，续改任贵州补用知州，署理平知县令。在任期内，因发生考试作弊案，被降为丽江教谕。任期一年后，卸职返乡。后任腾越铁路公司协理及议会议长。宣统三年（1911）腾越起义胜利后，任都督裁判局负责人。1917年，任腾冲县（今腾冲市）劝学学长。他虽身体多病，仍然尽力推进地方教育事业。后又接任腾冲县第五联合中学校长，且兼职高级班文史教师，终因操劳过度，过早辞世。寸开泰学识渊博，工骈文，善诗赋，长于书画，执心地方史志。著有《龙陵厅志》《寸氏家谱》《腾越乡土志》等。他撰写的"龙光台长联"，描述腾冲的史迹、景物详尽细致，是难得的佳作。

陈启周

陈启周（1865—1948），字西屏，云南思茅人。清光绪二十三年（1897）丁酉科举人。光绪三十四年（1908），被委派到广西临桂任职。宣统元年（1909），因母丧回思茅，任思城书院山长。民国元年（1912），任墨江县知事。民国二年（1913），任禄丰县知事。民国六年（1917），调任昭通县知事。民国八年（1919），调任镇雄县知事，当时县境内诉讼成风，衙役多至数百人。他裁减冗员，亲自调查民情，对起诉案件公开审问，因而诉状大减。民国九年（1920），辞职回乡。民国十一年（1922）后，又起任邓川、玉溪、昆明等县长。民国十七年（1928），调任泸西县县长，到任后亲自接受状纸，免去书吏从中勒索钱财惯例；有不会写状子的，就口头向他陈述，当场判决，从不拖延。民国二十年（1931），云南省主席龙云提升他为云南造币厂厂长。他在任期间，所铸银币，严格按规定成色，不准掺假。民国二十一年（1932），出任昆明海关监督。在任职期间，不少商家请他搭干股，只希望他在货物进口时给予某种便利，但他坚决不允许，亲友笑他睡在银子上均不会发财。民国三十六年（1947），云南人民企业公司成立，受董事长卢汉和总经理缪云台聘请，出任公司监察。业余时间，陈启周爱好诗词、书法、绘画、楹联、散文。他题在昭通县（今昭通市昭阳区）衙正堂的楹联有："事思敬，疑思问；公生明，廉生威"；"头上有青天，作事须循天理；眼前皆瘠地，存心不刮地皮"；"眼前百姓即儿孙，莫言百姓可欺，当留给儿孙地步；堂上一官称父母，漫说一官易做，还尽些父母恩情"。民国三十七年（1948），病逝于昆明。

杨玉林

杨玉林（1872—1911），字荫皋，云南宾川人。清光绪二十三年（1897）丁酉科举人。杨玉林自幼勤学，幼年在宾川读书，成年后到大理西云书院攻读。数年后，选送到昆明经正书院深造。杨玉林中举时，正值中国海禁打开，西方文化流入国内，国人开始倡导新学。他受到新思潮的影响，离开昆明，游历上海、北京等，视野渐开。他归家后，抛去旧时所学的八股文和诗词创作，一心钻研新学文章，受聘担任笔山书院院长。光绪三十二年（1906），笔山书院废弛，他奔走四方筹措学款一千五百九十七两，创办宾川州初、高两级小学堂，且被委任为小学堂校长。宣统元年（1909），杨玉林赴昆明法政学校任教，刻苦钻研新学，常常以"求新不早"为憾事，刻苦学务。他于宣统二年（1910）离开昆明去北京时，身体日渐瘦削。他病愈后，出任四川云阳知州，继而辛亥革命爆发，各省纷纷响应，推翻了清朝统治。云阳土匪趁隙劫杀，官绅为难，事不可理，形势紧张。杨玉林打算回到重庆后，再返滇尽桑梓义务，不料途中疲劳过度，旧病复发，是年底死于隆昌。次年家人前往隆昌扶榇归葬。杨玉林擅长诗文，可惜他的很多诗文已散失，现存的只有《鸿门宴赋》《悼亡诗自序》，以及所撰碑刻数则。

单　镜

　　单镜（1868—1951），字蓉舟，云南永胜人。清光绪二十三年（1897）丁酉科拔贡，人称"单拔贡"。单镜先后到大理西云书院、昆明五华书院深造。单镜品德超群，才华出众，且不趋势利，更不慕虚名。光绪二十四年（1898），被清朝政府委任为彰明县金总办。任满后又调湖北宜昌署理水运，押解军械。光绪三十二年（1906），清政府设置"川滇边务大臣"，命赵尔丰任驻藏大臣，单镜充任赵尔丰的文案（秘书）。时值西藏叛乱，单镜随赵尔丰到西藏平叛藏乱三年。藏乱平息，赵尔丰奉旨回四川，单镜继续留任川边贡觉军粮府正堂，直到清朝末年。民国元年（1912），单镜由于署理西藏事务有功，又被国民政府继续留任驻藏贡觉行政委员。他在驻藏期间，由于清正廉洁，勤勉爱民，得到藏族民众的信任和爱戴。民国三年（1914）4月，西藏地区叛乱再起。据《民国史稿》载："达赖迫驻藏汉兵缴械出境，诡谋自立。"清朝留藏和留川官兵大多数被杀害。当时调往西藏进剿的部队才到大理一线，形势十分危急。单镜由于驻藏多年，得到藏族民众的信任和帮助，乔装打扮成藏族，绕道避开叛军，经过艰难跋涉，千辛万苦才安全离开西藏。民国四年（1915年），回到永胜家乡清驿，以教书育人为职业。民国六年（1917），任命为云南省第二届省议会议员。民国八年（1919），动乱中的云南，处于顾品珍武装反对唐继尧之际。当时唐继尧打着集资滇币一百万购买进口装备，以振兴地方武装为招牌，后将所筹资金携逃香港。云南省议会便派单镜、周静溪和蒋卜年三人到香港与唐继尧交涉，几经周折，迫使唐继尧退回所携逃的款项。民国十五年（1926），单镜又一次被维西镇守使罗树昌委任为腾越道尹，单镜因看透了国民政府的腐朽和时局动乱民不聊生，推辞隐蔽，坚持不就。单镜于1951年2月因病去世，享年83岁。著有《守梅轩文集》，可惜已遗失。

赠冷著堂

一

高唱阳光曲，春风送我行。
交情如水淡，离恨逐尘生。
转瞬滇池远，惊心铁轨鸣。
相思人不见，旅夜梦难成。

二

才离西藏险，又事粤东行。
壮志轻千里，浮名误半生。
知非人近老，识路马长鸣。
蚤岁蹉跎甚，何心慕晚成。

唐继尧

唐继尧（1883—1927），字蓂赓，别号东陆主人，云南会泽人。会泽唐家为书香门第，其父唐学曾是庠生，叔叔唐学敏为光绪二十三年（1897）丁酉科举人。唐继尧六岁入私塾，十五岁考中秀才。光绪三十年（1904）考取官费留学日本，初学工科，后改学军事，入日本陆军士官学校。光绪三十一年（1905），加入孙中山在日本组织的同盟会。光绪三十二年（1906），日本陆军士官学校毕业，回云南任陆军讲武堂教官及七十四标一营管带等职。宣统三年（1911），领导云南"重九起义",任昆明起义军临时总指挥,被推举为云南军政府军政、参谋两部次长。民国元年(1912),唐继尧率兵攻克贵州,被任命为贵州都督。民国二年(1913)11月3日,唐继尧接任云南省都督,兼民政长。民国四年(1915),云南首举反袁复辟义旗,唐继尧兼任第三军总司令,留守云南,机动策应各军。后自任中华民国护国军总司令,在护法运动中被推举为护法军总裁之一,并任滇川黔豫陕鄂湘闽八省联军司令。民国五年(1916),各省在广东肇庆成立护国军务院,唐继尧被推举为军务院抚军长。民国九年(1920),唐继尧出资五十万元,共筹集资金一百万元,正式成立"私立东陆大学",推举董泽为校长,唐继尧、王九龄为名誉校长。民国十二年(1923),唐继尧与川、黔、鄂、赣、豫、陕等省联系,组织建国联军,自任建国联军总司令,宣称实行"联省自治",号称"北伐"。民国十三年(1924)9月,孙中山推举唐继尧为副元帅,唐未到职。民国十六年(1927),云南发动"二六"政变,唐继尧部属龙云、胡若愚、张汝骥、李选廷联合反唐,举兵攻进昆明,改组云南省政府。唐继尧自民国二年(1913)开始担任云南都督及省长,到民国十六年(1927)失去云南政权,掌握云南政权达14年之久。民国十六年(1927)5月23日,病逝于昆明,终年44岁。唐继尧重视云南的文化教育,于民国九年(1920)创办东陆大学,从此云南有了第一所现代高等学校,对云南教育发展做出了历史性的贡献。

偶　感

双瞳日月视坤球,天下安危足运筹。
睨古睥今偏厚重,撑天持地亦优游。
马蹄怒踏山河小,龙剑横飞神鬼愁。
意自公平心自洁,均分霖雨润沧州。

李根源

　　李根源（1879—1965），字印泉，云南腾冲人。清光绪二十四年（1898）戊戌科秀才，光绪二十九年（1903）考入昆明高等学堂，次年留学日本，毕业于振武学堂与士官学校。宣统元年（1909）回国，任云南讲武堂教官，后升任总办（校长）。民国元年（1912）后，受袁世凯相邀北上，先后任航空督办、农商总长、兼署国务总理。民国十二年（1923），因反对曹锟贿选总统，退出政坛，隐居吴中。李根源是中国近代云南名士、国民党元老、上将、爱国人士。著有《曲石文集》《曲石诗录》《雪生年录》等。李根源品性高洁，才学富瞻，学养深厚，恭敬桑梓。他把云南人在历次革命关头表现出来的精神概括为"云南精神"，主要表现在三个方面：一是追求自由光明，反抗强暴的精神；二是坚强刚毅，不屈不挠的精神；三是精诚团结，奋发向上的精神。他号召云南人民继承和发扬这些精神，坚持"神圣的抗战"，"使我们的民族自由解放，我们的国家独立生存"。李根源所揭示的这些宝贵精神，对云南人而言，具有永恒的价值。他说："生存自由独立平等，是天赋给我们的人权，我们不想做人则已，想要做人，便得这样的做法。"

赠抗战将士

一

三年血战挫天骄，杀气如云万丈高。
再接从今还再厉，会须入海斩鲸鳌。

二

欧西法国夙称强，战未尽年竟败亡。
我抗东倭卅六月，神英诸将自堂堂。

张蓬楼

张蓬楼，字映瀛，云南腾冲人。清光绪二十六年（1900）庚子科举人。翌年，以"文章第一结上缘"，赴京殿试，再次考中辛丑科（1901）举人。成为清朝"庚子、辛丑"两科双举人。张蓬楼回腾冲后，在家乡与其族弟张贤楼设办私塾，许奠国（华英中学校长）等曾是他的学生。光绪三十年（1904），再娶长洞村人杨存英为妻。未几，钦命他为广东勘盐田，任盐大使农商部顾问、补授用场正堂。张蓬楼偕夫人杨存英同赴广东上任。两年后，同乡张砺考中癸卯科（1903）举人，朝廷分派他到广东任知县。家乡同仕在外，志同道合，相处甚洽。后张砺老母病逝，遂辞官回腾冲守孝。张蓬楼后因无意宦海，弃官经商，先后贸易于国内广东、广西、香港和国外新加坡、缅甸等地。民国九年（1920），张蓬楼带着妻室儿女，经关河跋涉返回故里，夫人带病到家后于同年清明节病逝，时年36岁。是年秋，张蓬楼为夫人杨存英和自己筑合冢。张砺为其题写正碑，张蓬楼写悼念亡妻诗三十首，刻于副碑上，并书刻墓柱联。

亡妻墓联

为宦为士为商，笑我几番换骨；
同德同心同梦，问卿何处招魂。

吕志伊

吕志伊（1881—1940），字天民，号占东，云南思茅人。清光绪二十六年（1900）庚子科举人。光绪三十年（1904）被派往日本留学，进入早稻田大学政治经济系学习。光绪三十二年（1906）加入中国同盟会，被推举为同盟会云南负责人，且担任中国同盟会云南支部长，先后发展同盟会员一百余人。在推翻清政府的革命中，他曾发表过《云南讨满洲檄》。光绪三十四年（1908），云南河口起义，他与杨振鸿、赵伸等发起云南独立会，宣布与清政府断绝关系，并召开大会，组织同盟会成员赴河口参加战斗。宣统三年（1911），他以云南军政府全权代表身份赴南京参加选举临时大总统。民国元年（1912），中华民国政府成立，他被任命为司法部次长，后又担任同盟会上海机关部副部长，兼国民政府新闻社总编辑。民国二年（1913），他当选为国会参议院议员，反对袁世凯擅自向五国银行签订"善后贷款"，被袁世凯下令停止议员职务。同年，他参加孙中山成立的中华革命党，继续反袁。民国四年（1915），吕志伊回到云南，在昆明大力宣传反袁称帝，被捕入狱。释放后，与贵州、广西及各省的革命志士联络反袁。民国五年（1916），袁世凯死后，被召回参议院复职。民国六年（1917）7月，孙中山在广州倡议召开国会，组织护法军政府。他赴广州参加非常会议，被任命为大元帅府参议。民国九年（1920），他任军政府司法部次长。民国十年（1921），他改任内政部次长。民国十三年（1924），旋任大元帅府大理院院长，兼广州三区党部执行委员。民国十七年（1928），他任云南省政府委员兼建设厅厅长，辞未就职。民国十八年（1929），他当选为国民党第三次全国代表大会云南代表，被聘为民国中央党史编纂委员会编纂。民国二十六年（1937），抗战爆发后，回昆明居住，积极开展支援前线工作。民国二十九年（1940），病逝于昆明。

张　鑫

张鑫（1876—1944），字丽生，号老栎，云南澄江人。清光绪二十七年（1901）辛丑科举人。民国初年，受聘于云南省立师范学校任教，后又入云南省两级师范任教，所培养的师资人才遍及三迤。民国三年（1914），云南省政府以他为全省品学兼优之士，推荐以县长任用。先后任云南禄劝、呈贡两县县长，均以廉洁奉公、勤政爱民为人称颂。张鑫任禄劝县长时，有个封疆大吏到各地巡察，路过禄劝县境，他的跟班二爷先到一步，对张县长说："我们到贵县巡察，不要你什么东西，只要你开一张假票，上面写上送我们多少多少东西，将假票送到下一个县，我们就可以在那里捞到不少油水了。"张鑫听后，摇头不干，二爷怀恨在心，便要尽手段报复。大吏来到禄劝县城，张县长急忙拜见，二爷打起官腔说："大人身体劳累，传令免见。"转过来又对大吏说："这个县长目无上司，竟然不来拜见，回去自己休息了。"大吏心中不快。张县长派人送来筵席，二爷偷偷把汤喝掉而换上冷水，大吏吃完上吐下泻，更加生气。等到睡觉的时候，突然床腿折断倒在地上，急忙叫人来收拾，再睡又倒，弄得一夜没有合眼。大吏愤怒万分，不知是二爷在捣鬼。第二天，张鑫再来拜望，就真的不见了。张鑫送来筵席，也拒而不受，只让二爷买油果子来吃，又叫把吃剩的油果子挂在轿子后面以备路上饿了当点心。走到路上，大吏要吃油果子，二爷装作到处寻找的样子，然后回报："大人，油果子让小偷盗走了。"大吏大发雷霆，怒骂道："他当县长，社会治安坏到这个程度，辜负了上级的信任。"马上写书信回省，让属员们赶快具文奏报，撤掉张县长的官职。省府属员接到信件惊奇不已，告诉省府师爷。师爷说："我知道是什么原因了。"师爷立即写信问张县长，在二爷身上花费了多少贿赂？张县长回信据实报告，大吏返回省府，属员和师爷一齐把事情的真相说明，他才如梦方醒，连忙说："我弄错了，我上当了！招待不周或因疏忽，油果子挂在轿后，小偷怎么能偷走？"把二爷叫来重重惩罚，对张县长进行表彰。民国十七年（1928），张鑫因身弱多病，辞职回乡。民国三十三年（1944），病卒于家，享年68岁。著有《老栎诗存》。张鑫一生酷爱书法，对张猛龙、郑文公、张黑女及云南名家致力尤多，书法名传省外。民国二十六年（1937），他为家乡澄江孔庙书写"通冠古今，德配天地"八个楷书大字，门楣上篆书"玉振金声"四字，至今尚存。临摹《张猛龙碑》一册，皆是珍品。

　　杨柳楼台诗画舫，烟波世界水云乡。

许兰皋

　　许兰皋（1872—1932），云南石屏人。清光绪二十七年（1901）辛丑科举人。许兰皋少时，资质聪颖，具有辩才。他中举后，曾在石屏城设馆教书，后到宝秀主持教务。民国初年，充任石屏县整理街道工程处常务委员、地方代表、南防参议。民国九年（1920），任个旧商会副会长、会长，个碧铁路股东会长等职。许兰皋性格坦荡，热心公益；凡事计谋，敢作敢为；关心国事，不避嫌怨。袁嘉谷为其撰写的《许兰皋墓志铭》，有如此记述："吾屏近日之才者，曰许君兰皋。兰皋中举后，于癸卯、庚戌，两次进京应试，皆未得第。于是，弃仕途之想，从事于社会事业。虽不官而责重于官。虽不职而绩逾于职，名满一时，谤亦随之。终遭暴徒刺而死。"光绪三十二年（1906），他倡办宝秀高级小学，深得民望；而动土奠基后，王姓家族，以王用予为首，以学校占用王姓坟山为由而阻挠，双方争执，互不相让。矛盾愈演愈烈，后致王姓雇佣庸夫身藏匕首，到学校行刺于他，后用软化、感化于凶而借机脱身。该案相持数年后，最后经临安府尹判决，将其地断定归学校，一场风波，遂告平息。民国二十年（1931），许兰皋接任陈钧任个旧锡务公司总经理，为权势者所忌恨，遂遭暗算，被刺身亡。时有七言绝句一首云之：

　　报国济民君子心，龙虎榜上未题名。
　　半生经论工画策，一生折磨为聪明。

张问德

张问德（1880—1957），字崇仁，号幼庵，云南腾冲人。清光绪二十七年（1901）辛丑科秀才第一名（案首）。张问德七岁启蒙，资质聪颖，十五岁读完"四书""五经"。宣统元年（1909），任腾越防营文案。民国元年（1912），任腾冲府行政长。民国二年（1913），任腾越道实业科科长。民国五年（1916），任两广护国军都司令部中校委员。民国十年（1921），盏达边界发生重案，调任盏达行政委员，办理边政前后达十年，颇多政绩。民国二十三年（1934），任腾冲县参议长。民国二十六年（1937），任滇军第五旅秘书，后调任云南省政府秘书。民国二十七年（1938），任昌宁县县长，任职一年半，因病辞职回乡。民国三十一年（1942），日寇攻陷腾冲城，张问德临危受命，云南省政府任命他为腾冲县县长，时年已62岁。他组成抗日政府，迁至界头，竭尽全力，办理县政，协助军事，培训乡人，保乡安民，整理积谷，救济难民，实行禁烟，输送粮草，收容伤员，组织游击。民国三十二年（1943），侵腾日军行政本部长田岛致函张问德，要求与他"择地会晤，作一度长日会谈，共同解决双方民生之困难问题"，遭到张问德复函《张问德答田岛书》，义正词严地拒绝。此书后在全国各大报刊上竞相刊载，蒋介石题词称赞张问德为"有气节之读书人"。民国三十三年（1944），腾冲收复，张问德抗节力争，严惩日伪县长钟镜秋及便衣队长杨吉品等人。同年10月22日，获国民政府颁发的光华甲种二等奖章。民国三十四年（1945），张问德赴昆明，受李宗仁两次接见。民国三十五年（1946），委任为顺宁县长。民国三十七年（1948）7月卸任。中华人民共和国成立，任腾冲政协委员、德宏州政协委员。著有《秋生草堂诗文》八卷、《偏安腾北抗战集》八卷。

正义诗

朋比为奸足杀身，两头活跃叹乡绅。
事同哭悼酬知己，胆敢联名作保人。
已视命官如木偶，不闻先世埋车轮。
老夫禄位无轻重，只要国家正义伸。

袁嘉谷

袁嘉谷（1872—1937），字树五，别字澍圃，晚号屏山居士，云南石屏人。清光绪二十年（1894）甲午科举人，光绪29年（1903）癸卯科第二甲第62名进士，光绪二十九年（1903）癸卯经济特科第一等第1名（状元）。授翰林院编修。后赴日本考察学务、政务，兼云南留学生监督。归国后任学部编译图书局局长，负责编写中小学教科书和大学参考书及编译外文书籍工作。光绪三十四年（1908），法国人伯希和从敦煌莫高窟带到北京的古文献，他深知其价值连城，急电政府对敦煌进行保护，防止文物进一步流失。宣统元年（1909），调任浙江提学使，积极兴办教育，建成西湖图书馆，收藏文澜阁本《四库全书》。后又兼任浙江布政使。辛亥革命后回到云南，被选为国会参议院议员。国会解散后，一心著书讲学，致力于文化教育事业，先后被任命为清史馆协修、东陆大学教授，担任省参议、省政府顾问、云南省图书馆副馆长、云南丛书总纂、云南通志馆编纂等职。编著有《卧雪堂诗集》《卧雪堂文集》《诗话》《滇绎》等。中国从隋朝开科取士，到光绪三十年（1904），科举历史已有1300多年，云南从来没有人获得科举考试第一名，所以民间有"山东不招驸马，云南不点状元"之说。因此，袁嘉谷夺魁被认为是改写了云南的科举历史，是云南人的光荣。袁嘉谷是云南近代名望最高的文化人之一。他品性高洁，才华出众，知识渊博，乐于提携青年，待人诚恳，是"才人、学人、至性人"，受到家乡父老的广泛尊重。他写的诗文创作和诗歌评论均有独到之处。书法自创一格，造诣很高，被称为"袁家书"。袁嘉谷于1937年病逝，享年66岁。

游西山

碧鸡旧迹访禺同，化作梁王避暑宫。
秋草斜拖飞鸟背，岩泉高挂云彩中。
水天一色山分界，台阁三清月半空。
俯视尘寰烁几点，步涯堪羡老渔翁。

周钟岳

周钟岳（1876—1955），字生甫，惺庵，云南剑川人。清光绪二十九年（1903）癸卯科举人（解元）。光绪三十年（1904），到日本弘文院留学，肄业师范。光绪三十一年（1905），到日本早稻田大学学习法政。光绪三十三年（1907），从日本回云南，任两级师范学堂教员、教务长。宣统三年（1911），云南发生英法隆兴公司攫取云南七府矿权及英占片马两桩外交大事，公推周钟岳、李灿高为代表，赴京请外务部废约及照会英国退兵。当时学使叶尔凯不准周钟岳离校赴京抗议交涉，周钟岳愤慨不已，不辞而别。民国元年（1912）2月，孙中山辞去总统职务，推荐袁世凯为临时大总统。任都督府秘书长的周钟岳力陈利害，指出："袁世凯一旦掌握政权，必为中国祸害。"民国二年（1913），任滇中观察使，辖州县凡四十一属之多，所至之处，严于查实，认真贯彻鸦片禁令，颇著成效。民国三年（1914），周钟岳进京随蔡锷任全国经界局秘书长，写成《经界法规草案》，编辑《中国经界纪要》《各国经界纪要》两书。民国六年（1917），张勋复辟，周钟岳积极倡导唐继尧响应孙中山护法之举。民国八年（1919），周钟岳代理云南省省长，主持滇政，欲修明内政，稍苏民困。民国二十年（1931），云南通志馆成立，周钟岳任馆长，编撰出版《新纂云南通志》。1949年后，周钟岳被选为云南文史馆馆员，站到人民行列。1955年病逝，享年80岁。临终前将藏书数万卷分别赠送云南大学和云南省图书馆。周钟岳撰有名篇《公民道德》。

山　家

斜斜整整白板房，高高下下绿萝墙。
东邻水过西邻响，大妇花分小妇香。
村巷夜深犬如豹，柴门日落牛随羊。
葛怀之民自太古，尘世遥望云茫茫。

李　坤

李坤，字厚安，号思亭生，云南昆明人。清光绪十九年（1893）癸巳科举人，光绪二十九年（1903）癸卯科第三甲第135名进士。其祖父李海裕，曾任甘肃丹噶尔同知。李坤生于甘肃，六岁就能背四书，全卷不漏一字。长大后回到昆明居住，拜大理的杨高德、昆明的施有奎为师，且二人皆器重之。后来又跟从石屏的朱庭珍游学，学业愈进。石屏的经正书院成立后，李坤考入书院，院长许印芳亦非常器重他，李坤每次考试都名列前茅。他考取进士后，先是在家丁忧，后来又外出教书，曾任云南高等学堂教务长，开办学校很有劳绩。民国初年，李坤为省会中学校及师范学校国文教授。民国五年（1916），病逝于家，享年51岁。李坤从小均以诗文著名。嗜好喝酒，善藏金石书画，所书皆是行楷，皆宋朝和明朝书法家之风。著有《思亭诗钞》《雪园文钞》《云南温泉志》《明滇诗拾遗》《续拾遗》

《古文一隅注》《齐风说》《楹联》《筱风阁笔记》等。

西湖上作

双堤断处六桥通，点缀楼台入画中。
此水何堪丁乱世，诸山多是葬英雄。
繁华地比秦淮雅，板荡诗饶宋季工。
风景不殊人物妙，摇鞍倘遇跨驴翁。

段宇清

段宇清（1869—1913），字漱泉，号梦奎，云南保山人。清光绪二十九年（1903）癸卯科举人。宣统元年（1909），被选为云南谘议局副议长。宣统二年（1910），云南发生盐荒，平民几乎都吃不上盐巴。当局不出面解决，反而以增加盐税来掩盖盐荒。段宇清得知消息，据理力争，免去了盐税。同年冬，英国武装侵略片马，据《庚子条约》开采云南七府矿产。段宇清为争取领土主权，慷慨陈词，全力抗争，被推选到北京请愿。到京后，即上呈《筹滇条议六则》，陈述了边界、矿产、实业、铁路、团练、军事设施等办法，博得清朝的嘉奖，同时向外务部陈述片马是国家领土，主权神圣不可侵犯，应坚持强力外交政策，与英国公使严肃交涉。宣统三年（1911），清朝颁布宪法，实行君主立宪制，各省成立谘议局，时由张继介绍段宇清加入同盟会。他回滇后，秘密宣传革命宗旨。"重九起义"后，各省都在为推翻清朝而宣布独立，段宇清积极电函各府、州、县，指明形势，拥护共和。民国元年（1912），国民大会在南京召开，孙中山被选举为临时大总统，设立参议院，段宇清被推选为议员。民国二年（1913）南北统一，北京政府成立，他被推荐为参议院议员。在会上，他登台演说，主张："民国无种族阶级之分，边区各土司区之土民亦属同胞,均有选举权与被选举权。"此言论,经过争辩之后,曾被列入民国宪法。同年,袁世凯称帝复辟,段宇清则力主维护约法,巩固共和政体,被袁世凯罢免议员职务。而后段宇清回到云南,潜心关注桑梓事务,倡办云南农学堂、自治局等,均有成效。民国二年(1913),病逝于昆明。

陈 钧

陈钧(1874—1941),字鹤亭,云南石屏人。清光绪十七年(1891)辛卯科举人,光绪二十九年(1903)癸卯科第三甲第9名进士。中进士后,授任湖北知县,尚未到任,便被派往日本考察政治。光绪三十年(1904)回国后,任湖北天门县令,天门多水患,刚到任即以治水为务,深受民众称颂。任职三月,其父病逝,告假回籍奔丧。丁忧期满,宣统元年(1909)补授湖北黄陂县令,次年调任宜都县令。宣统三年(1911),调任江西兴国县令,适逢清朝被推翻,陈钧未赴任而回家乡。民国元年(1912),云南都督蔡锷聘陈钧为参事,不久升任内务司长。民国三年(1914),陈钧任个碧铁路总理。他果断废除久议未决的官修方案,创设个碧铁路银行,以积商办股作为修筑铁路的资金,很快修通了个碧铁路。民国四年(1915)12月,唐继尧任命陈钧为云南省财政司长,兼盐运司长。他厉行清理税厘盐课,点滴归公,积极为讨袁筹集兵饷。袁世凯被推翻后,被黎元洪聘任为总统府秘书,后委任为湖北省长,因湖北督军作乱,未到任。民国十一年(1922),陈钧代表云南接洽南北议和,陈述滇省要政,曾两次进京奔波。由京回滇后,接任个旧锡务公司经理。民国十三年(1924),云南整理金融,向省政府提出呈文,取消相关条款,再次救活了锡务公司。民国十四年(1925),陈钧任蒙自道尹。当时,蒙自道所辖境内多匪盗,他提出:"治匪在防匪，剿者，军人之任；防则行政官有责任。"上书省政府，请于锡税新加项目下拨三成为防务经费。民国十五年（1926），匪首莫朴率匪众攻打个旧，陈钧集合民团，会合军队围剿，使匪不敢再窥视个旧。而后匪徒攻占建水城，陈钧又率众克复。民国十六年（1927）夏，匪首李绍宗、孔庆桂等进犯石屏，陈钧召集乡人，组织团练，驰援石屏，采取内外夹攻战术，击退匪众。民国十七年（1928），陈钧辞去蒙自道尹职务，被委任为云南省政府委员。次年辞职，受省政府聘为高等顾问。民国二十年（1931），病逝于昆明。

顾视高

顾视高（1877—1943），字渔隐，号仰山，云南昆明人。清光绪二十六年（1900）庚子科举人，光绪二十九年（1903）癸卯科第二甲第123名进士。授翰林院庶吉士。光绪三十二年（1906），到日本政法大学留学。次年回国，旋升编修加侍讲衔，充任胄学堂教习。宣统元年（1909），选为云南谘议局议员兼自治筹办处总办。民国二年（1913），任云南法政学校校长。后聘为云南督军府秘书、云南富滇银行行长。后因母逝，辞职回籍，从此不再参与政治，专门从事社会慈善事业。顾视高在任云南谘议局议员期间，法国借口火车所需，想开通开远布沼坝煤矿，州府已经公开允许。他认为这是丧权辱国的坏事，向上力争不能屈从，此事才算作罢。他退出政界，尽心从事社会事业，曾任东川矿业公司总理、耀龙电灯公司常务董事等职，凡有裨益公益事业的事，他无不全力支持。民国十四年（1925）秋，滇东遭大霜灾，大量饥民涌入昆明，他首创民食救济会，建设粥厂，亲自巡视救济灾民。民国十八年（1929），昆明发生"7·11"火药爆炸案，酿成巨灾，他积极组织赈灾会，亲自详察灾情，埋葬死难者，日夜不息。《昆明县志》自道光年间戴䌹帆支持纂修之后，历时七十余年，文献无征，史料散失。民国二十六年（1937），昆明市文献委员会公推他为总纂，历时两年完成《续修昆明市志》。著有《漱石斋诗文集》《读书记》《自有斋日记》《有声集》《函稿》等。顾视高一生为官任事，清白廉洁，除应得薪金外，绝不苟取分毫。民国三十二年（1943），病逝于昆明，享年67岁。

丁兆冠

丁兆冠（1881—1955），字汉秋，云南石屏人。清光绪二十九年（1903）癸卯科举人。次年进京参加会试落第后，被派往日本早稻田大学留学，攻读政治经济学。毕业回国后，参加大挑，名列一等。任内阁中书，后被分派到四川任知县。辛亥革命后，丁兆冠任四川省财政司长。不久，辞职回滇，任云南政法专科学校校长。继后又任云南高等审判厅厅长，旋调任云南政务厅厅长。在护国讨袁和护法战争中，他日夜筹划，献计献策，出力颇多。后出任蒙自道尹和思茅道尹，在任期间，兴学校，课农桑，修道路，受到当地百姓称颂。民国十四年（1925），历任云南高等审判厅厅长、省检察厅厅长、省司法厅厅长。民国十六年（1927），龙云任云南省主席，他被任命为省政府委员兼民政厅厅长。民国十七年（1928），他请求辞职，始获准免民政厅厅长，专任省政府委员。抗战胜利后，他见国事日非，屡次乞求辞职，均未获批准，继续担任国民大会代表及立法委员。中华人民共和国成立后，被任命为西南行政委员会委员、云南省人民政府委员等职。1955年病逝于昆明，享年75岁，葬在西山华亭寺海会塔。丁兆冠为官清廉俭朴，秉性和平，修养极高，平易近人，为人楷模。

郑辉典

郑辉典，字炳堂，云南大理人。清光绪十五年（1889）己丑科举人，光绪二十九年（1903）癸卯科第三甲第72名进士。历任孟津、汝阳知县。郑辉典任汝阳知县时，县城中有个姓李的人家，儿子李富赶着一辆马车去贩米，没有如期回家。李富的父亲心生疑团，出外寻找，在山路边发现儿子的尸体，又在一户姓王的人家门口找到了车马，就到汝阳县衙控告王某害死了他的儿子。郑辉典听了李某的报告，化装成普通百姓，把李富的马赶出来，沿原路行走，自己跟在后面。走到南花园附近一家门口，马突然跳跃悲鸣，冲进门去。郑辉典打听到这家户主叫刘子卫，即令吏卒将刘子卫收捕。经过审讯，他供出了事情。原来，李富贩完米，当晚在刘子卫家借宿。刘子卫见他身带很多钱，就起歹心，将他杀害，把尸体装在车上，用鞭子狠抽马背，马拉着车狂奔而去。结果，尸体坠落在半道上，马拉着车走了一阵，恰好停在王某家门口。事情真相大白，于是王某获释，刘子卫依法处死。时人都说郑辉典破案有方。郑辉典勤于民事，政绩卓著，轻便简从，亲历邻县，劳农勉作，询问民苦，所革裨益，民争相告，忘为官长。后因清末社会动荡，看到民不聊生，辞官回籍。著有《小赤城霞仙馆诗钞》。

云月曲

云自有去来，月自有盈缺。
郎爱苍山云，侬爱苍山月。

苍山一夜秋风归，云逐秋风远近飞。
风吹不动月如练，依旧照我秋罗帏。
郎踪似云侬似月，望郎不到减容辉。

附　云南明清进士录

附表1　云南明朝进士录

明朝时期（文进士：261人）							
朝　代	纪　年	公　元	干　支	姓　名	籍　贯	名　次	
洪武	二十七年	1394年	甲戌科	李　忠	昆明人	三甲48名	
洪武	三十年	1397年	丁丑科	阳　庆	昆明人	三甲22名	
				段　树	昆明人	三甲32名	
永乐	二年	1404年	甲申科	张文礼	晋宁人	三甲352名	
永乐	十年	1412年	壬辰科	杨　荣	大理人	三甲14名	
永乐	十六年	1418年	戊戌科	洪　诚	昆明人	三甲13名	
				杨　斌	大理人	三甲172名	
永乐	二十二年	1424年	甲辰科	杨　春	大理人	二甲27名	
宣德	五年	1430年	庚戌科	张　淑	昆明人	二甲28名	
宣德	八年	1433年	癸丑科	刘　莹	姚安人	三甲23名	
正统	四年	1439年	己未科	马　经	陆良人	三甲26名	
正统	七年	1442年	壬戌科	刘　锴	建水人	三甲37名	
				黄　钟	曲靖人	三甲45名	
正统	十三年	1448年	戊辰科	李　蕃	澄江人	二甲35名	
景泰	二年	1451年	辛未科	罗　晟	建水人	三甲62名	
				王惟善	嵩明人	三甲85名	
景泰	五年	1454年	甲戌科	杨　纬	大理人	二甲65名	
				朱　祐	曲靖人	三甲70名	
天顺	元年	1457年	丁丑科	曾　瑄	建水人	三甲145名	
				田　瑄	昆明人	三甲167名	
天顺	四年	1460年	庚辰科	杨　绎	大理人	二甲5名	
				周　铨	曲靖人	三甲30名	
				杜　亨	大理人	三甲100名	
				陈　轻	曲靖人	三甲86名	
天顺	八年	1464年	甲申科	邢　干	建水人	三甲152名	

续 表

朝 代	纪 年	公 元	干 支	姓 名	籍 贯	名 次
成化	二年	1466年	丙戌科	张 政	大理人	三甲2名
				谭 昇	永胜人	三甲85名
				孙 伟	曲靖人	三甲151名
				文 澍	保山人	三甲151名
				罗 珣	建水人	三甲217名
				李 珉	沾益人	三级220名
成化	五年	1469年	己丑科	许 晟	广南人	三甲31名
				张 璁	富源人	三甲132名
成化	八年	1472年	壬辰科	赵 壁	昆明人	二甲62名
				杨一清	安宁人	三甲95名
				杨仲伦	大理人	三甲145名
成化	十一年	1475年	乙未科	李 裔	玉溪人	三甲7名
				张西铭	华宁人	三甲135名
				金 章	昆明人	三甲137名
				杨 杰	邓川人	三甲168名
				唐 瑢	昆明人	三甲169名
成化	十四年	1478年	戊戌科	李 华	大理人	三甲27名
				丁 昶	巍山人	三甲34名
				张 琧	昆明人	三甲171名
				韩 昂	昆明人	三甲197名
成化	十七年	1481年	辛丑科	张 濂	洱源人	二甲54名
				王 杲	建水人	三甲152名
				赵 弼	大理人	三甲169名
				李宗泗	昆明人	三甲171名
成化	二十年	1484年	甲辰科	张志淳	保山人	二甲4名
				李宗儒	昆明人	三甲114名
				夏 暹	昆明人	三甲145名
成化	二十三年	1487年	丁未科	滕 槟	保山人	二甲27名
				朱 玑	巍山人	三甲207名
弘治	三年	1490年	庚戌科	王 冕	昆明人	二甲15名
				王 璟	建水人	三甲73名
弘治	六年	1493年	癸丑科	王应奎	大理人	三甲8名
				方 矩	昆明人	三甲61名
				张 敦	大理人	三甲205名

续表

朝代	纪年	公元	干支	姓名	籍贯	名次
弘治	九年	1496年	丙辰科	张绎	建水人	三甲82名
弘治	十二年	1499年	己未科	杨南金	洱源人	三甲19名
				陈钟	昆明人	三甲79名
				乔瑛	通海人	三甲162名
弘治	十五年	1502年	壬戌科	张云鹏	大理人	三甲175名
				陆经	大理人	三甲199名
弘治	十八年	1505年	乙丑科	陆芸	保山人	二甲37名
				毛玉	昆明人	三甲101名
				马文	保山人	三甲117名
正德	三年	1508年	戊辰科	刘洙	保山人	三甲131名
				胡洁	曲靖人	三甲156名
正德	六年	1511年	辛未科	刘栾	昆明人	三甲19名
				金罍	洱源人	三甲153名
				何邦宪	大理人	三甲208名
正德	九年	1514年	甲戌科	傅良弼	昆明人	三甲77名
				罗江	嵩明人	三甲116名
				王廷表	开远人	三甲153名
				杨九龄	邓川人	三甲160名
				董云汉	澄江人	三甲163名
				雷应龙	巍山人	三甲215名
正德	十二年	1517年	丁丑科	胡廷禄	昆明人	二甲51名
				杨士云	大理人	三甲15名
				周臣	洱源人	三甲142名
正德	十六年	1521年	辛巳科	朱佩	大理人	三甲1名
				杨宗尧	大理人	三甲87名
				张凤翀	华宁人	三甲168名
				杨佩	大理人	三甲178名
				叶泰	昆明人	三甲200名
				缪宗周	通海人	三甲309名
嘉靖	二年	1523年	癸未科	孙继鲁	昆明人	二甲8名
				孔僖	保山人	三甲36名
				叶瑞	建水人	三甲106名
				张素	安宁人	三甲136名
				陈表	玉溪人	三甲145名

续表

朝　代	纪　年	公　元	干　支	姓　名	籍　贯	名　次
嘉靖	五年	1526年	丙戌科	杨　僎	建水人	三甲35名
				陈常道	呈贡人	三甲64名
				李元阳	大理人	三甲65名
				黄凤翔	昆明人	三甲109名
				邹尧臣	洱源人	三甲136名
				唐　锜	晋宁人	三甲203名
				施　昱	广南人	三甲203名
嘉靖	八年	1529年	己丑科	钱世贤	昆明人	二甲59名
				陶　廉	曲靖人	三甲55名
				唐时英	富源人	三甲193名
				杨道东	大理人	三甲197名
嘉靖	十一年	1532年	壬辰科	李启东	楚雄人	二甲1名
				张　合	保山人	二甲6名
				段承恩	晋宁人	二甲75名
				贾文元	大理人	三甲124名
				赵汝廉	大理人	三甲127名
				席大宾	昆明人	三甲165名
嘉靖	十四年	1535年	乙未科	刘　辅	昆明人	二甲33名
				高　䴊	大理人	三甲48名
				朱文质	昆明人	三甲60名
				张　祐	保山人	三甲76名
				冯良知	建水人	三甲80名
				张拱文	大理人	三甲203名
嘉靖	十七年	1538年	戊戌科	缪文龙	沾益人	三甲86名
				吴　兰	沾益人	三甲124名
				万文彩	建水人	三甲193名
嘉靖	二十年	1541年	辛丑科	雷　薰	保山人	三甲26名
嘉靖	二十三年	1544年	甲辰科	杨廷相	石屏人	三甲131名
				严　清	昆明人	三甲159名
嘉靖	二十六年	1547年	丁未科	梁　佐	大理人	二甲48名
				李遇元	建水人	三甲77名
				邵惟中	保山人	三甲80名
				杨　鈅	剑川人	三甲185名
				杨　经	昆明人	三甲191名

续 表

朝 代	纪 年	公 元	干 支	姓 名	籍 贯	名 次
嘉靖	二十九年	1550年	庚戌科	杨一和	昆明人	二甲49名
				吴崧	保山人	二甲76名
				赵周	大理人	三甲94名
嘉靖	三十二年	1553年	癸丑科	李元泰	昆明人	二甲76名
				郭斗	昆明人	二甲204名
				张烈文	巍山人	三甲222名
嘉靖	三十八年	1559年	己未科	张桥	昆明人	二甲36名
				杨应东	大理人	三甲60名
				侯必登	广南人	三甲205名
嘉靖	四十一年	1562年	壬戌科	杨枑	大理人	二甲70名
				彭富	大理人	三甲42名
				皮汝谦	巍山人	三甲84名
嘉靖	四十四年	1565年	乙丑科	许懋	石屏人	三甲83名
				龚廷壁	建水人	三甲220名
隆庆	二年	1568年	戊辰科	杨言	大理人	三甲164名
				王恩民	建水人	三甲206名
				偰维贤	姚安人	三甲306名
隆庆	五年	1571年	辛未科	王来贤	建水人	二甲16名
				李选	大理人	三甲12名
				阮尚宾	大理人	三甲65名
				苏湖	大理人	三甲76名
				尹廷俊	蒙自人	三甲124名
				李东	大理人	三甲140名
				罗星	剑川人	三甲196名
				肖崇业	建水人	三甲218名
				铁篆	保山人	三甲245名
				陈彝典	腾冲人	三甲310名
万历	二年	1574年	甲戌科	石元麟	保山人	二甲20名
				赵以康	洱源人	二甲46名
				查伟	大理人	三甲54名
				孙健	鹤庆人	三甲109名
				朱道南	建水人	三甲159名

续 表

朝 代	纪 年	公 元	干 支	姓 名	籍 贯	名 次
万历	五年	1577年	丁丑科	吴尧弼	鹤庆人	三甲181名
				何文极	大理人	三甲188名
				向 僎	建水人	三甲198名
				叶祖尧	建水人	三甲215名
万历	八年	1580年	庚辰科	孙愈贤	大理人	三甲6名
				涂时相	石屏人	三甲7名
				刘顺徵	昆明人	三甲159名
				史旌贤	昆明人	三甲178名
				朱运昌	昆明人	三甲191名
万历	十一年	1583年	癸未科	刘文徵	昆明人	三甲124名
				薛继茂	保山人	三甲145名
				张宗载	鹤庆人	三甲220名
万历	十四年	1586年	丙戌科	张 弋	昆明人	三甲4名
				侯 康	保山人	三甲33名
				顾 绅	鹤庆人	三甲174名
万历	十七年	1589年	己丑科	包见捷	建水人	二甲22名
				朱思明	昆明人	二甲52名
				邵年齐	晋宁人	三甲62名
				莫与京	鹤庆人	三甲64名
万历	二十年	1592年	壬辰科	朱化孚	安宁人	三甲5名
				谢得申	曲靖人	三甲126名
				苏兆民	大理人	三甲154名
				王夔龙	石屏人	三甲157名
				孙学易	楚雄人	三甲231名
万历	二十三年	1595年	乙未科	佴 祺	建水人	三甲86名
万历	二十六年	1598年	戊戌科	杨师程	安宁人	三甲60名
				王致中	大理人	三甲143名
				杨应登	开远人	三甲148名
万历	二十九年	1601年	辛丑科	王元翰	华宁人	三甲66名
				赵日亨	安宁人	三甲91名
				潘允中	保山人	三甲95名
				朱世昌	曲靖人	三甲199名

续　表

朝　代	纪　年	公　元	干　支	姓　名	籍　贯	名　次
万历	三十二年	1604 年	甲辰科	施尧化	广南人	三甲 81 名
				潘一柱	保山人	三甲 92 名
				杨若子	大理人	三甲 155 名
				陈龙光	石屏人	三甲 173 名
				金木高	昆明人	三甲 206 名
万历	三十五年	1607 年	丁未科	陈　鉴	石屏人	三甲 23 名
				段尚锦	建水人	三甲 5 名
				陈于宸	巍山人	三甲 103 名
万历	三十八年	1610 年	庚戌科	赵　琦	华宁人	二甲 9 名
				张法礼	华宁人	二甲 36 名
				陶　珽	姚安人	二甲 48 名
				于发藻	澄江人	三级 2 名
				傅宗龙	昆明人	三甲 46 名
				石应嵩	保山人	三甲 63 名
				陈爱諏	呈贡人	三甲 107 名
				李闻诗	鹤庆人	三甲 139 名
万历	四十一年	1613 年	癸丑科	张正道	华宁人	三甲 2 名
				梁州彦	鹤庆人	三甲 119 名
				杨　抡	鹤庆人	三甲 121 名
				张　瓒	通海人	三甲 223 名
				杨栋朝	剑川人	三甲 246 名
				宣大勋	巍山人	三甲 249 名
万历	四十四年	1616 年	丙辰科	罗　杰	剑川人	三甲 37 名
				夏启昌	建水人	三甲 43 名
				吴宏业	昆明人	三甲 54 名
				周良材	保山人	三甲 243 名
				杨方盛	鹤庆人	三甲 245 名
万历	四十七年	1619 年	己未科	段高选	剑川人	三甲 57 名
				何可及	剑川人	三甲 103 名
				雷跃龙	玉溪人	三甲 208 名
				贺文明	昆明人	三甲 271 名

续　表

朝　代	纪　年	公　元	干　支	姓　名	籍　贯	名　次
天启	二年	1622年	壬戌科	徐天凤	华宁人	二甲53名
				杨应宿	鹤庆人	二甲56名
				李柱明	开远人	二甲64名
				戈允礼	保山人	三甲108名
				李希揆	曲靖人	三甲131名
				赵奇猷	剑川人	三甲212名
				廖大亨	建水人	三甲221名
				李大受	鹤庆人	三甲258名
				王锡衮	禄丰人	三甲328名
天启	五年	1625年	乙丑科	闪仲俨	保山人	三甲15名
				万永康	建水人	三甲105名
				肖运泰	昆明人	三甲133名
				周昌祚	牟定人	三甲166名
崇祯	元年	1628年	戊辰科	胡璇	腾冲人	二甲15名
				阮元声	曲靖人	三甲29名
				马兆羲	楚雄人	三甲47名
				龚彝	保山人	三甲173名
崇祯	四年	1631年	辛未科	王士章	漾濞人	二甲36名
				王凝命	呈贡人	三甲21名
				杨绳武	弥勒人	三甲94名
				陈玺	安宁人	三甲131名
				李恩恂	漾濞人	三甲138名
崇祯	七年	1634年	甲戌科	胡璇	腾冲人	三甲131名
				朱国昌	建水人	三甲132名
				陶文彦	洱源人	三甲150名
				万民表	开远人	三甲202名
				陈我德	楚雄人	三甲217名
				李可栋	剑川人	三甲242名

续 表

朝 代	纪 年	公 元	干 支	姓 名	籍 贯	名 次
崇祯	十年	1637年	丁丑科	张 垣	通海人	二甲2名
				陈履忠	昆明人	三甲89名
				台汝砺	建水人	三甲127名
崇祯	十三年	1640年	庚辰科	张一甲	石屏人	二甲2名
				严似祖	昆明人	二甲35名
				廖履亨	建水人	三甲42名
				左廷皋	巍山人	三甲73名
				张 宜	漾濞人	三甲116名
				曾高捷	宾川人	三甲202名
崇祯	十五年	1642年	壬午特科	唐绩光	晋宁人	第56名
				丁运泰	宾川人	第60名
				李 昇	昆明人	第84名
崇祯	十六年	1643年	癸未科	龚 鼎	保山人	三甲43名
				杨永言	保山人	三甲50名

附表 2 云南清朝进士录

清朝时期（文进士：678 人）

朝 代	纪 年	公 元	干 支	姓 名	籍 贯	名 次
康熙	三年	1664 年	甲辰科	赵士麟	澄江人	三甲 154 名
康熙	九年	1670 年	庚戌科	车文龙	昆明人	三甲 15 名
				杨 璟	祥云人	三甲 74 名
				魏殿元	建水人	三甲 202 名
康熙	十二年	1673 年	癸丑科	万 肃	石屏人	三甲 54 名
				阚祯兆	通海人	三甲 62 名
				徐达乾	楚雄人	三甲 106 名
康熙	十五年	1676 年	丙辰科	张应绶	澄江人	三甲 150 名
康熙	二十四年	1685 年	乙丑科	许贺来	石屏人	二甲 30 名
康熙	二十七年	1688 年	戊辰科	卢 炳	石屏人	三甲 48 名
				王 翰	宜良人	三甲 71 名
康熙	三十三年	1694 年	甲戌科	管 灏	玉溪人	三甲 70 名
				刘凌云	安宁人	三甲 97 名
康熙	三十六年	1697 年	丁丑科	段 曦	南宁人	二甲 27 名
				赵宸黼	澄江人	二甲 37 名
				谢 俨	澄江人	三甲 20 名
康熙	三十九年	1700 年	庚辰科	董 玘	通海人	三甲 36 名
				王孙熊	石屏人	三甲 113 名
				段 昕	安宁人	三甲 141 名
				曾 昕	文山人	三甲 210 名
康熙	四十二年	1703 年	癸未科	马汝为	元江人	三甲 16 名
				谢履忠	昆明人	三甲 34 名
康熙	四十五年	1706 年	丙戌科	赵士英	昆明人	二甲 9 名
				陈时夏	元谋人	三甲 10 名
				王思训	昆明人	三甲 55 名
				郭 伟	玉溪人	三甲 115 名

续 表

朝 代	纪 年	公 元	干 支	姓 名	籍 贯	名 次
康熙	四十八年	1709年	己丑科	谢履厚	昆明人	三甲50名
				张应绶	宾川人	三甲98名
				陈守仁	石屏人	三甲159名
				张揆亮	南宁人	三甲225名
康熙	五十一年	1712年	壬辰科	周 彬	昆明人	三甲3名
				张 旭	呈贡人	三甲98名
				邹启孟	宾川人	三甲100名
康熙	五十二	1713年	癸巳恩科	张 汉	石屏人	三甲49名
				马 瑛	玉溪人	三甲55名
				林鹤来	建水人	三甲69名
				汤一中	呈贡人	三甲103名
康熙	五十四年	1715年	乙未科	赵 城	通海人	二甲28名
				萨纶锡	楚雄人	三甲38名
				黄鹤鸣	建水人	三甲48名
				薛天培	建水人	三甲62名
康熙	五十七年	1718年	戊戌科	李根云	洱源人	三甲48名
				刘达三	建水人	三甲107名
				李尧畤	弥勒人	三甲109名
				李符恭	楚雄人	三甲121名
康熙	六十年	1721年	辛丑科	何 朗	石屏人	三甲60名
				万咸燕	石屏人	三甲105名
雍正	元年	1723年	癸卯科	王 藩	晋宁人	三甲33名
				罗凤彩	石屏人	三甲52名
				杨胪赐	石屏人	三甲59名
				苏霖渤	洱源人	三甲113名
				窦 榕	呈贡人	三甲124名
				徐毓桂	楚雄人	三甲131名
				王 昺	昆明人	三甲167名
雍正	二年	1724年	甲辰科	朱 烘	石屏人	二甲75名
				陈 沆	石屏人	三甲116名
				杨如松	保山人	三甲155名
				吴希陵	易门人	三甲156名
				张 复	祥云人	三甲157名

续表

朝代	纪年	公元	干支	姓名	籍贯	名次
雍正	五年	1727年	丁未科	缪 焕	昆明人	三甲6名
				夏 冕	昆明人	三甲31名
				赵 淳	洱源人	三甲48名
				许 平	石屏人	三甲89名
				张 垣	开远人	三甲131名
				刘腾蛟	峨山人	三甲132名
				杨 薰	广西人	三甲142名
				陈蓉纕	石屏人	三甲148名
				合 揆	祥云人	三甲159名
				金作宾	洱源人	三甲161名
雍正	八年	1730年	庚戌科	高 第	大理人	三甲37名
				许希孔	昆明人	三甲93名
				高 扬	通海人	三甲132名
				李盛唐	马龙人	三甲140名
				张 绰	洱源人	三甲185名
				吕賡雅	祥云人	三甲197名
				段文化	建水人	三甲205名
				杨天德	楚雄人	三甲214名
				董良材	易门人	三甲224名
				刘 瓒	建水人	三甲233名
				樊仲琇	姚安人	三甲267名
				张 筌	昆明人	三甲293名
				李学周	蒙自人	三甲295名
雍正	十一年	1733年	癸卯科	杨如柏	昆明人	二甲76名
				陈莫纕	石屏人	三甲10名
				袁依仁	嵩明人	三甲40名
				李 黄	峨山人	三甲45名
				杨名扬	石屏人	三甲81名
				傅为矴	元江人	三甲155名
				徐祖昌	路南人	三甲160名
				江澍岷	晋宁人	三甲178名
				刘文焕	大理人	三甲183名

续　表

朝　代	纪　年	公　元	干　支	姓　名	籍　贯	名　次
雍正	十一年	1733年	癸卯科	余应祥	昆明人	三甲185名
				时　馀	洱源人	三甲200名
				李庚映	巍山人	三甲209名
				王　浩	蒙自人	三甲219名
乾隆	元年	1736年	丙辰科	龚　渤	丽江人	三甲50名
				张圣功	祥云人	三甲104名
				熊郢宣	昆明人	三甲130名
				王兆曾	石屏人	三甲149名
				卫　璜	建水人	三甲179名
				杨　普	嵩明人	三甲190名
				周　绂	易门人	三甲213名
				吴　琏	巍山人	三甲228名
				舒伟才	玉溪人	三甲251名
乾隆	二年	1737年	丁巳恩科	刘　慥	永胜人	二甲52名
				苏霖润	洱源人	二甲62名
				蒋文祚	建水人	三甲29名
				蒋祖培	鹤庆人	三甲37名
				陈世烈	建水人	三甲58名
				葛　萃	祥云人	三甲138名
				时　远	洱源人	三甲148名
				彭敬吉	洱源人	三甲207名
				陈封舜	南华人	三甲213名
				沈致中	建水人	三甲216名
				戴成宪	禄丰人	三甲227名
乾隆	二年	1737年	博学宏词科	张　汉	石屏人	三甲3名
乾隆	四年	1739年	己未科	邵其德	保山人	二甲71名
				张　田	昆明人	三甲75名
				甘　美	姚安人	三甲137名
				彭　侣	喜洲人	三甲163名
				李先益	江川人	三甲169名
				张圣治	巍山人	三甲195名
				金国彦	保山人	三甲212名
				胡养正	大理人	三甲230名

续 表

朝代	纪 年	公 元	干 支	姓 名	籍 贯	名 次
乾隆	七年	1742年	壬戌科	田 沆	建水人	三甲9名
				陈 琳	华宁人	三甲47名
				陈 旭	陆良人	三甲55名
				郭 錬	洱源人	三甲84名
				熊 煌	洱源人	三甲120名
				张盛兆	建水人	三甲123名
				张凤书	通海人	三甲151名
				周于智	峨山人	三甲180名
				张九功	建水人	三甲197名
				李立道	玉溪人	三甲230名
乾隆	十年	1745年	乙丑科	李因培	晋宁人	二甲9名
				钱士云	昆明人	二甲38名
				杨天恩	路南人	三甲48名
				唐文蔚	晋宁人	三甲78名
				杨文扬	华宁人	三甲87名
				王善思	建水人	三甲106名
				李天骏	姚安人	三甲145名
				王在璋	祥云人	三甲153名
				赵元瑞	洱源人	三甲168名
				张维灿	楚雄人	三甲182名
乾隆	十三年	1748年	戊辰科	赵锡恩	宾川人	二甲95名
				段廷机	昆明人	三甲15名
				邓又讃	大理人	三甲76名
				赵廷献	弥勒人	三甲113名
				高 旷	昆明人	三甲124名
				龚锡鼎	洱源人	三甲138名
				刘国正	南宁人	三甲138名
				万成勋	蒙自人	三甲155名
				饶有亮	姚安人	三甲177名
乾隆	十六年	1751年	辛未科	周于礼	峨山人	二甲44名
				刘 恒	建水人	二甲65名
				叶自渊	保山人	二甲67名
				刘心传	石屏人	三甲84名

续 表

朝代	纪 年	公 元	干 支	姓 名	籍 贯	名 次
乾隆	十六年	1751年	辛未科	郭良贵	玉溪人	三甲91名
				蔡 馨	晋宁人	三甲111名
				刘位廷	蒙自人	三甲129名
				梁和中	巍山人	三甲146名
				徐士吉	峨山人	三甲150名
乾隆	十七年	1752年	壬申恩科	赵 瑗	晋宁人	二甲55名
				杜念曾	峨山人	三甲10名
				黄恩锡	永胜人	三甲39名
				万以徵	开远人	三甲51名
				熊于衮	洱源人	三甲55名
				马锦文	云龙人	三甲107名
				谢奉璋	禄劝人	三甲110名
乾隆	十九年	1754年	甲戌科	倪高甲	建水人	二甲9名
				刘 鉴	保山人	二甲16名
				傅 相	石屏人	三甲39名
				李云程	石屏人	三甲41名
				邓之圻	石屏人	三甲48名
				尹 均	蒙自人	三甲91名
				赵 震	大理人	三甲134名
乾隆	二十二年	1757年	丁丑科	李 翙	晋宁人	二甲10名
				李敬跻	马龙人	二甲60名
				施培应	昆明人	二甲64名
				赵维翼	晋宁人	三甲15名
				谢清问	澄江人	三甲56名
				梁 昇	昆明人	三甲86名
				杨 霆	大理人	三甲100名
				杨 楒	大理人	三甲132名
乾隆	二十五年	1760年	庚辰科	刘经传	石屏人	三甲19名
				张登鳌	华宁人	三甲70名
				黄绍魁	云龙人	三甲91名
				杨景山	洱源人	三甲98名
乾隆	二十六年	1761年	辛巳恩科	李松龄	华年人	三甲26名
				余大鹤	建水人	三甲46名
				卢 镶	石屏人	三甲64名
				王熊兆	玉溪人	三甲69名
				李廷相	建水人	三甲102名
				杨中选	寻甸人	三甲133名

续　表

朝　代	纪　年	公　元	干　支	姓　名	籍　贯	名　次
乾隆	二十八年	1763年	癸未科	高上桂	邓川人	三甲58名
				刘治传	石屏人	三甲70名
				蒋鸣鹿	鹤庆人	三甲73名
				陈士凤	澄江人	三甲103名
乾隆	三十一年	1766年	丙戌科	尹壮图	蒙自人	二甲35名
				杨衍嗣	元江人	二甲89名
				杨嵘	永胜人	三甲122名
				唐文杓	晋宁人	三甲128名
				徐时行	巍山人	三甲136名
乾隆	三十四年	1769年	己丑科	李茂彩	石屏人	三甲84名
乾隆	三十六年	1771年	辛卯科	钱沣	昆明人	三甲11名
				杨湛	宾川人	三甲68名
乾隆	三十七年	1772年	壬辰科	刘大绅	华宁人	二甲45名
				胡敏	华宁人	三甲70名
乾隆	四十年	1775年	乙未科	谷际岐	洱源人	三甲2名
				张玘	澄江人	三甲91名
乾隆	四十三年	1778年	戊戌科	薛绍清	昆明人	三甲70名
				江皋	南宁人	三甲78名
乾隆	四十五年	1780年	庚子科	段琦	澄江人	三甲5名
				杨嘉材	昆明人	三甲81名
				王如茂	易门人	三甲85名
乾隆	四十六年	1781年	辛丑科	杨仲增	澄江人	三甲33名
				戴斯琯	大理人	三甲78名
				马应奎	弥勒人	三甲105名
				孙光祖	巍山人	三甲107名
乾隆	四十九年	1784年	甲辰科	倪思淳	建水人	三甲3名
乾隆	五十二年	1787年	丁未科	尹英图	蒙自人	三甲34名
				任澍南	石屏人	三甲42名
乾隆	五十四年	1789年	己酉科	杨昭	安宁人	三甲46名
乾隆	五十五年	1790年	庚戌恩科	钱学斌	昆明人	二甲8名
乾隆	六十年	1795年	乙卯科	董健	通海人	三甲36名
				张鹏昇	晋宁人	三甲39名
嘉庆	元年	1796年	丙辰科	刘玉湛	巍山人	三甲72名
				严烺	宜良人	三甲76名
				夏文蔚	昆明人	三甲93名

续 表

朝 代	纪 年	公 元	干 支	姓 名	籍 贯	名 次
嘉庆	四年	1799年	己未科	李翃	晋宁人	三甲9名
				刘陶	楚雄人	三甲2名
				周锡章	楚雄人	三甲25名
				王崧	洱源人	三甲33名
				杨本昌	南宁人	三甲53名
				杨汝达	石屏人	三甲78名
				何钟泰	晋宁人	三甲89名
				张圣愉	昆明人	三甲138名
嘉庆	六年	1801年	辛酉科	倪琇	昆明人	二甲26名
				樊如杞	楚雄人	二甲31名
				吴毓宝	昆明人	二甲55名
				李钟景	宾川人	二甲72名
				何兆元	晋宁人	二甲98名
				胡尊礼	宾川人	三甲31名
				胡璿	石屏人	三甲54名
				王瑞	楚雄人	三甲59名
				杜宣	峨山人	三甲66名
				张棠	南宁人	三甲172名
嘉庆	七年	1802年	壬戌科	李钟壁	大理人	二甲41名
				赵籓	晋宁人	二甲46名
				李蟠根	大理人	三甲94名
				戴名沅	安宁人	三甲102名
				万永福	蒙自人	三甲114名
				尹佩绅	蒙自人	三甲136名
				李文耕	昆明人	三甲147名
				左章照	巍山人	三甲150名
				叶雨清	开远人	三甲152名
				郑丕钦	镇沅人	三甲156名
嘉庆	十年	1805年	乙丑科	倪思莲	建水人	二甲44名
				冯晋锡	鹤庆人	三甲16名
				李荫枢	呈贡人	三甲18名
				平志	昆明人	三甲50名
				陈毓璋	澄江人	三甲63名

续 表

朝 代	纪 年	公 元	干 支	姓 名	籍 贯	名 次
嘉庆	十年	1805年	乙丑科	万起魁	文山人	三甲70名
				段克莹	鹤庆人	三甲81名
				严 焴	宜良人	三甲97名
				伊佩棻	蒙自人	三甲128名
				胡之铣	大理人	三甲132名
				赵廷俊	大理人	三甲134名
嘉庆	十三年	1808年	戊辰科	刘荣黼	大姚人	二甲63名
				廖敦行	建水人	二甲107名
				龚定国	昆明人	三甲3名
				杨本浚	南宁人	三甲7名
				孙 凤	澄江人	三甲39名
				丁 杰	保山人	三甲41名
				王会清	蒙自人	三甲61名
				胡之鋘	大理人	三甲105名
				陈 钰	楚雄人	三甲114名
				张云龙	大姚人	三甲124名
				艾 濂	邓川人	三甲127名
				甘 岳	大姚人	三甲138名
				杜 湘	洱源人	三甲141名
嘉庆	十四年	1809年	己巳恩科	谈有本	蒙自人	二甲82名
				武次韶	建水人	二甲88名
				张孝诗	石屏人	三甲8名
				杜薇之	昆明人	三甲10名
				李 棻	昆明人	三甲46名
				李上桃	昆明人	三甲52名
				保光烈	昆明人	三甲97名
				万 华	江川人	三甲106名
				倪 玢	昆明人	三甲112名
				陆 芝	昆明人	三甲137名
嘉庆	十六年	1811年	辛未科	丁运泰	石屏人	二甲72名
				杨思荣	江川人	二甲79名
				司 河	昆明人	二甲92名
				尹佩珩	蒙自人	三甲11名
				陈 蒸	弥勒人	三甲36名

续 表

朝　代	纪　年	公　元	干　支	姓　名	籍　贯	名　次
嘉庆	十六年	1811年	辛未科	龚 绶	昆明人	三甲81名
				马章藻	建水人	三甲103名
				马良臣	通海人	三甲105名
				汤景和	邓川人	三甲124名
				谈锡福	蒙自人	三甲136名
嘉庆	十九年	1814年	甲戌科	李 浩	晋宁人	二甲75名
				傅 绶	安宁人	二甲81名
				范仕义	保山人	二甲91名
				李重发	鹤庆人	二甲99名
				左章昞	巍山人	三甲31名
				周 师	陆良人	三甲36名
				孔继尹	通海人	三甲54名
				李之梓	澄江人	三甲91名
				苏 鏊	晋宁人	三甲117名
嘉庆	二十二年	1817年	丁丑科	李 煌	昆明人	二甲30名
				杨凝阳	江川人	三甲66名
				陈宗鲁	剑川人	三甲69名
				江 舻	腾冲人	三甲82名
				段联峰	晋宁人	三甲89名
				倪 植	昆明人	三甲103名
				许 湘	江川人	三甲112名
				罗士蒸	石屏人	三甲136名
				李时升	漾濞人	三甲138名
				董 宪	峨山人	三甲141名
				段联楣	晋宁人	三甲146名
				王长卿	昆明人	三甲151名
嘉庆	二十四年	1819年	己卯科	杨 峻	大理人	二甲9名
				陆荫奎	昆明人	二甲17名
				宋大寅	江川人	二甲21名
				麦 祥	楚雄人	二甲83名
				李 衢	晋宁人	二甲91名
				朱 崶	通海人	三甲10名
				侯锡珵	邓川人	三甲54名
				王肇新	宾川人	三甲115名

续 表

朝 代	纪 年	公 元	干 支	姓 名	籍 贯	名 次
嘉庆	二十五年	1820年	庚辰科	罗士箐	石屏人	二甲6名
				许应藻	石屏人	二甲11名
				赵 光	昆明人	二甲32名
				李本芳	玉溪人	二甲91名
				李增福	昆明人	二甲97名
				李重轮	鹤庆人	三甲29名
				杨国翰	凤庆人	三甲35名
				寇 俨	昆明人	三甲46名
				谢长年	楚雄人	三甲66名
				杨开泰	祥云人	三甲68名
				梁之儒	昆明人	三甲79名
				杨席珍	鹤庆人	三甲134名
道光	二年	1822年	壬午科	季士林	通海人	二甲35名
				胡霖苍	石屏人	二甲61名
				黄 初	永胜人	二甲88名
				高乃昕	沾益人	三甲28名
				杨时雍	大理人	三甲33名
				杨绍霆	大理人	三甲53名
				毕光荣	昆明人	三甲56名
				施化理	洱源人	三甲58名
				张相侯	邓川人	三甲62名
道光	三年	1823年	癸未科	张晋熙	昆明人	二甲4名
				池生春	楚雄人	二甲15名
				张 琴	安宁人	二甲20名
				保肇基	昆明人	二甲37名
				秦福照	呈贡人	二甲54名
				陈师鲁	剑川人	二甲68名
				张于淳	洱源人	二甲70名
				余福谦	大理人	二甲75名
				刘筑岩	昆明人	三甲107名
				黄云书	云龙人	三甲127名

续　表

朝代	纪年	公元	干支	姓名	籍贯	名次
道光	六年	1826年	丙戌科	谭精品	永胜人	二甲65名
				赵辉壁	洱源人	二甲83名
				黄琮	昆明人	二甲94名
				段荣恩	安宁人	三甲8名
				辛联玮	昭通人	三甲19名
				郭其观	澄江人	三甲20名
				胡庆元	保山人	三甲23名
				张其仁	大理人	三甲38名
				李蕴生	大理人	三甲43名
				杨际泰	昆明人	三甲106名
				杨师立	巍山人	三甲128名
道光	九年	1829年	己丑科	朱淳	石屏人	二甲1名
				戴炯孙	昆明人	三甲25名
				王春藻	丽江人	三甲39名
				朱䭲	石屏人	三甲53名
				窦埁	罗平人	三甲56名
				朱家学	石屏人	三甲66名
				杨鸿渐	大理人	三甲100名
				何浚	大理人	三甲106名
道光	十二年	1832年	壬辰科	陈秉钧	昌宁人	二甲54名
				郭锡恩	澄江人	二甲95名
				陆应谷	蒙自人	二甲98名
				汪自修	通海人	三甲51名
				刘炳青	巍山人	三甲63名
				邱以德	富民人	三甲66名
				欧阳丰	剑川人	三甲72名
道光	十三年	1833年	癸巳科	施介曾	宾川人	二甲50名
				刘休舒	景东人	二甲65名
				李樾	丽江人	三甲16名
				黄廷瑶	昆明人	三甲34名
				杨松磐	大理人	三甲44名
				徐清	宜良人	三甲60名
				马逢皋	大理人	三甲68名
				董正官	大理人	三甲82名
				施寿椿	洱源人	三甲103名

续 表

朝 代	纪 年	公 元	干 支	姓 名	籍 贯	名 次
道光	十五年	1835 年	乙未科	丁宝纶	石屏人	二甲 38 名
				何桂清	昆明人	二甲 49 名
				陈 绩	昆明人	二甲 61 名
				李钟泰	恩施人	二甲 86 名
				倪应观	昆明人	三甲 18 名
				张 燿	昆明人	三甲 34 名
				钱炘灏	昆明人	三甲 37 名
				李 浩	景东人	三甲 65 名
				胡廷槐	晋宁人	三甲 93 名
				李景椿	建水人	三甲 115 名
				马 照	昆明人	三甲 146 名
道光	十六年	1836 年	丙申科	徐方杰	会泽人	三甲 4 名
				杨天桂	寻甸人	三甲 28 名
				许晖藻	石屏人	三甲 30 名
				李廷福	文山人	三甲 34 名
				余思诏	昆明人	三甲 59 名
				喻怀仁	南宁人	三甲 62 名
道光	十八年	1838 年	戊戌科	丁希陶	楚雄人	二甲 30 名
				何桂珍	师宗人	二甲 52 名
				杨炳锃	邓川人	三甲 53 名
				丁希侨	楚雄人	三甲 58 名
				马椿龄	玉溪人	三甲 73 名
				马云鹤	巍山人	三甲 107 名
道光	二十年	1840 年	庚子科	甘守先	盐津人	二甲 34 名
				周镇南	会泽人	二甲 64 名
				倪应复	昆明人	二甲 70 名
				何其仁	昆明人	三甲 1 名
				许 伦	江川人	三甲 18 名
				何构郎	南宁人	三甲 37 名
道光	二十一年	1841 年	辛丑科	曹 源	昆明人	二甲 11 名
				刘 琨	景东人	二甲 16 名
				高本仁	昆明人	二甲 44 名
				张 橄	晋宁人	二甲 78 名
				王维桓	禄丰人	三甲 5 名
				孙德耀	昆明人	三甲 45 名
				刘家达	华宁人	三甲 101 名

续 表

朝 代	纪 年	公 元	干 支	姓 名	籍 贯	名 次
道光	二十四年	1844年	甲辰科	何彤云	晋宁人	二甲23名
				徐士琦	路南人	三甲50名
				陈金堂	昆明人	三甲59名
				孙 源	楚雄人	三甲71名
				李焕春	保山人	三甲78名
				罗宪章	盐津人	三甲87名
道光	二十五年	1845年	乙巳恩科	张灿斗	昆明人	二甲98名
				李维著	昆明人	三甲22名
				郎应宿	呈贡人	三甲36名
				杨本厚	昆明人	三甲52名
				朱国宾	大姚人	三甲57名
				李 珣	蒙自人	三甲58名
				王汝州	晋宁人	三甲74名
				刘体中	昆明人	三甲88名
道光	二十七年	1847年	丁未科	李培祜	昆明人	二甲22名
				尹 泗	昆明人	二甲29名
				喻怀恭	南宁人	二甲47名
				张汝弼	剑川人	三甲35名
				张 晋	呈贡人	三甲63名
				赵开元	昭通人	三甲66名
				马象奎	昆明人	三甲108名
道光	三十年	1850年	庚戌科	毕应辰	昆明人	二甲18名
				钟 琇	昆明人	二甲72名
				尹佩玱	蒙自人	三甲52名
				李人镜	宾川人	三甲58名
				宋来宾	昆明人	三甲61名
				刘钟璟	南华人	三甲62名
咸丰	二年	1852年	壬子恩科	肖培元	昆明人	二甲4名
				张云卿	大理人	二甲73名
				李 焜	大理人	三甲4名
				李 耘	丽江人	三甲28名
				陈鸣玉	宜良人	三甲35名
				王炳绅	宾川人	三甲89名
				李昌祺	昆明人	三甲103名
				彭大宾	富源人	三甲112名
				石虎臣	昆明人	三甲122名
				倪应颐	昆明人	三甲125名

续表

朝代	纪年	公元	干支	姓名	籍贯	名次
咸丰	三年	1853年	癸丑科	谷暄	喜洲人	二甲89名
				马恩溥	大理人	二甲103名
				汪世泽	昆明人	三甲12名
				李咸	大理人	三甲33名
				吴鸿均	昆明人	三甲59名
				杨元溥	大理人	三甲62名
				傅国卿	昆明人	三甲73名
				曾思沂	通海人	三甲79名
				杨福豫	丽江人	三甲80名
				孙杰	巍山人	三甲89名
				陈玉堂	昆明人	三甲97名
咸丰	六年	1856年	丙辰科	龚嘉儁	昆明人	二甲20名
				李鼎	晋宁人	二甲44名
				严昉	宜良人	二甲49名
				王汝砺	昆明人	三甲14名
				戈靖	保山人	三甲44名
				李祖植	昆明人	三甲63名
				黄金钺	南宁人	三甲72名
咸丰	九年	1859年	己未	李振家	昆明人	二甲64名
				王绮珍	石屏人	二甲68名
				王若金	昆明人	三甲33名
				黄晟	宾川人	三甲82名
咸丰	十年	1860年	庚申恩科	钱霈珊	昆明人	三甲32名
				毕亮	昆明人	三甲37名
				曾思浚	通海人	三甲41名
				车学富	南宁人	三甲105名
同治	元年	1862年	壬戌科	尹萧怡	洱源人	二甲47名
				赵子端	昆明人	二甲58名
				简宗杰	昆明人	三甲21名
				陈维周	镇雄人	三甲29名
				苏毓元	晋宁人	三甲32名
				张士瑛	大理人	三甲88名
				郑履瑞	大理人	三甲100名

续 表

朝 代	纪 年	公 元	干 支	姓 名	籍 贯	名 次
同治	二年	1863年	癸亥恩科	李时乾	昆明人	二甲69名
				张道渊	大理人	三甲25名
				杨正观	大理人	三甲67名
				王培仁	昆明人	三甲68名
同治	四年	1865年	乙丑科	张端卿	大理人	二甲31名
				王廷辉	楚雄人	二甲58名
				张道经	永善人	三甲88名
				陈维恺	昆明人	三甲100名
				尹开先	广通人	三甲117名
				丁镇西	邓川人	三甲120名
同治	七年	1868年	戊辰科	李瑞裕	昆明人	二甲51名
				黄廷临	昆明人	二甲75名
				杨春富	楚雄人	二甲125名
				高蔚光	昆明人	三甲82名
				赵时俊	洱源人	二甲5名
				李肇南	镇雄人	二甲98名
				何养恒	楚雄人	三甲34名
同治	十年	1871年	辛未科	于钟德	昆明人	三甲41名
				肖 湘	昆明人	三甲42名
				季 鋆	昆明人	三甲120名
				孙清士	呈贡人	三甲125名
				王宝仁	昆明人	三甲126名
				王鸣岐	建水人	三甲159名
				杨邦卫	丽江人	三甲167名
				郭 源	晋宁人	三甲175名
同治	十三年	1874年	甲戌科	李熙文	文山人	二甲28名
				孙佩金	呈贡人	二甲59名
				傅培基	昆明人	二甲109名
				张玉绶	晋宁人	三甲49名
				倪唯钦	昆明人	三甲59名
				陆葆德	蒙自人	三甲106名
				杨炽昌	昆明人	三甲145名
				孙念曾	南宁人	三甲185名
				高日华	昆明人	三甲193名
				黄大中	昆明人	三甲201名

续表

朝　代	纪　年	公　元	干　支	姓　名	籍　贯	名　次
光绪	二年	1876年	丙子恩科	倪恩龄	昆明人	二甲10名
				周材芳	楚雄人	二甲31名
				王鸿浩	蒙自人	二甲89名
				陈思霖	楚雄人	二甲107名
				吴　焘	保山人	二甲109名
				段荣勋	昆明人	二甲129名
				陶清安	昆明人	二甲138名
				钱文骥	昆明人	三甲14名
				朵如正	昆明人	三甲34名
				刘藜光	昆明人	三甲42名
				杨凤朝	昌宁人	三甲54名
				李日跻	易门人	三甲72名
				王宝书	昆明人	三甲77名
				徐玉山	峨山人	三甲119名
				封如弼	思茅人	三甲129名
光绪	三年	1877年	丁丑科	董汝翼	巍山人	二甲129名
				杨凤翔	昆明人	三甲42名
				罗瑞图	澄江人	三甲43名
				李嘉瑞	昭通人	三甲61名
				乐观韶	江川人	三甲108名
				陈兆庆	通海人	三甲120名
				宋廷梁	晋宁人	三甲133名
				桂梁材	昆明人	三甲143名
				凌聘靖	保山人	三甲168名
				龚锡枢	昆明人	三甲172名
				邓元善	洱源人	三甲189名
光绪	六年	1880年	庚辰科	陈其宽	昆明人	二甲98名
				宋秉谦	石屏人	二甲130名
				段树藩	南宁人	三甲6名
				宋荫培	石屏人	三甲8名

续 表

朝 代	纪 年	公 元	干 支	姓 名	籍 贯	名 次
光绪	六年	1880年	庚辰科	谢文翘	昭通人	三甲27名
				张士彬	大理人	三甲29名
				冯桂芳	昆明人	三甲34名
				张士鏓	大理人	三甲41名
				祁徵祥	通海人	三甲74名
				张士铿	大理人	三甲121名
				赵永昌	玉溪人	三甲159名
				余效衡	大理人	三甲161名
				赵宗灿	巍山人	三甲163名
				张 炳	昆明人	三甲188名
光绪	九年	1883年	癸未科	钱正圜	建水人	二甲14名
				陈荣昌	昆明人	二甲21名
				吕炎律	祥云人	二甲22名
				王永年	建水人	二甲47名
				王 荃	石屏人	二甲31名
				缪介臣	昆明人	三甲53名
				汤 曜	晋宁人	三甲58名
				陈本仁	昆明人	三甲73名
				段承霖	呈贡人	三甲102名
				何绍堂	昆明人	三甲155名
				段 鏻	建水人	三甲164名
光绪	十二年	1886年	丙戌科	康克明	昆明人	二甲68名
				吴 炳	昆明人	二甲85名
				李文焕	保山人	二甲115名
				谢崇基	昭通人	三甲39名
				杨家栋	宾川人	三甲40名
				杨增辉	蒙自人	三甲103名
				刘有光	华宁人	三甲108名
				李 相	昆明人	三甲111名
				杨汝滨	昆明人	三甲118名
				范克承	大理人	三甲124名
				王人文	大理人	三甲132名
				董汝明	峨山人	三甲139名
				苏品仁	昆明人	三甲159名

续表

朝代	纪年	公元	干支	姓名	籍贯	名次
光绪	十五年	1889年	己丑科	卢丛林	会泽人	二甲24名
				张维彬	江川人	二甲99名
				刘盛堂	会泽人	三甲31名
				张瑞麟	大理人	三甲79名
				董维埩	宾川人	三甲95名
				杨纪元	弥勒人	三甲97名
				李菜	昆明人	三甲121名
				杨增新	蒙自人	三甲127名
				苏保国	建水人	三甲141名
				钱鸿逮	昆明人	三甲156名
				张寅旦	宣威人	三甲157名
光绪	十六年	1890年	庚寅恩科	朱景轼	石屏人	二甲38名
				吴煦	保山人	二甲74名
				宋瞻岷	保山人	二甲96名
				韦履洁	保山人	二甲98名
				倪维诚	昆明人	二甲134名
				杨金铠	鹤庆人	三甲5名
				范宗莹	大理人	三甲6名
				黄德润	会泽人	三甲31名
				李夒阳	昆明人	三甲89名
				朱芬	石屏人	三甲134名
				刘勋	昆明人	三甲143名
				王宝光	昆明人	三甲160名
				杨学敏	昆明人	三甲163名
				张健	昆明人	三甲183名
光绪	十八年	1892年	壬辰科	张瀛	石屏人	二甲25名
				朱家宝	华宁人	二甲41名
				赵国泰	巍山人	二甲50名
				吕存德	鹤庆人	二甲58名
				张榕荫	安宁人	二甲69名
				赵传琴	通海人	三甲66名
				胡寿荣	姚安人	三甲73名
				许克家	宜良人	三甲97名
				和庚吉	丽江人	三甲148名
				武光樽	建水人	三甲159名

续表

朝 代	纪 年	公 元	干 支	姓 名	籍 贯	名 次
光绪	二十年	1894年	甲午科	邹毅洪	文山人	二甲18名
				周子懿	蒙自人	二甲46名
				张 琨	大理人	二甲58名
				施有方	昆明人	二甲96名
				张 忠	大理人	二甲110名
				杨懋龄	昆明人	三甲5名
				吴式钊	保山人	三甲6名
				徐元清	昆明人	三甲28名
				孙 愚	呈贡人	三甲30名
				黄汝楣	洱源人	三甲38名
				钟 杰	建水人	三甲69名
				郑辉典	大理人	三甲93名
				戴永清	通海人	三甲173名
光绪	二十一年	1895年	乙未科	吕 钰	祥云人	二甲28名
				寸开泰	腾冲人	二甲54名
				赵鹤龄	鹤庆人	二甲55名
				李增芳	巍山人	二甲75名
				白嘉澍	昆明人	三甲16名
				张 锴	昆明人	三甲61名
				李庆霖	昆明人	三甲82名
				杨瑞鱓	大理人	三甲96名
				陈 祯	昆明人	三甲97名
				杨云卿	呈贡人	三甲98名
				刘兴东	会泽人	三甲106名
				吕咸熙	洱源人	三甲121名
光绪	二十四年	1898年	戊戌科	张学智	昆明人	二甲63名
				赵传忍	通海人	二甲98名
				任本恕	昆明人	二甲103名
				宋嘉俊	晋宁人	三甲6名
				赵耀基	鹤庆人	三甲57名
				向昌甲	文山人	三甲69名
				熊廷权	昆明人	三甲89名
				段献增	安宁人	三甲105名
				周长清	昆明人	三甲105名
				潘余庆	鹤庆人	三甲122名
				黄 堃	永善人	三甲108名
				杨兆龙	昆明人	三甲160名

续　表

朝　代	纪　年	公　元	干　支	姓　名	籍　贯	名　次
光绪	二十九年	1903年	癸卯科	张　坤	昆明人	二甲16名
				李　坤	昆明人	二甲35名
				袁嘉谷	石屏人	二甲62名
				李玉振	大理人	二甲109名
				顾视高	昆明人	二甲123名
				陈　钧	石屏人	三甲9名
				郑辉典	大理人	三甲72名
				胡商彝	石屏人	三甲80名
				施汝钦	昆明人	三甲94名
				周汝敦	大理人	三甲153名
				王永和	昆明人	三甲168名
				夏瑞庚	昆明人	三甲170名
光绪	二十九年	1903年	癸卯经济特科	袁嘉谷	石屏人	一等1名
				肖应椿	昆明人	二等7名
光绪	三十年	1904年	甲辰科	莫以增	呈贡人	二甲22名
				施尧章	昆明人	二甲59名
				吴　琨	昆明人	二甲71名
				陈　度	南宁人	二甲76名
				舒嘉猷	鹤庆人	三甲10名
				闵　道	蒙自人	三甲69名
				李熙仁	昆明人	三甲93名
				张肇基	昌宁人	三甲128名
				许树声	昆明人	三甲129名

明清时期常见官名及品位

明清时期常见官名及品位

明朝时期			清朝时期		
1. 太师	正一品	虚衔、尊称	1. 太师	正一品	虚衔、尊称
2. 太傅	正一品	虚衔、尊称	2. 太傅	正一品	虚衔、尊称
3. 太保	正一品	虚衔、尊称	3. 太保	正一品	虚衔、尊称
4. 少师	从一品	虚衔、尊称	4. 少师	从一品	虚衔、尊称
5. 少傅	从一品	虚衔、尊称	5. 少傅	从一品	虚衔、尊称
6. 少保	从一品	虚衔、尊称	6. 少保	从一品	虚衔、尊称
7. 左丞相	正一品	管理军国大事官长	7. 大学士	正一品	宰相
8. 右丞相	正一品	管理军国大事官长（稍逊）	8. 协办大学士	从一品	副宰相
9. 尚书	正二品	六部首长	9. 将军	正一品	军队首长
10. 御史	正二品	监察首长	10. 尚书	正一品	六部首长
11. 寺卿	正三品	外事首长	11. 都御史	正一品	监察首长
12. 侍郎	正三品	六部首长副职	12. 总督	正一品	行省军队、行政首长
13. 少卿	正四品	司法官长	13. 提督	从一品	军务总兵官
14. 平章政事	从一品	行省省长	14. 总管	正二品	地方军队长官
15. 参知政事	从二品	副宰相	15. 正卿	正二品	最高司法长官
16. 詹事	正三品	皇家事务长	16. 巡抚	正二品	行省省长
17. 少詹事	正三品	皇家副事务长	17. 统领	正二品	军队事务官
19. 布政使司	从二品	行省副省长	18. 总兵	从二品	军区司令
20. 按察使司	正二品	行省司法长	19. 内阁学士	正二品	虚职，皇帝秘书

续　表

明朝时期			清朝时期		
22. 提督学政	正三品	行省教育长	20. 侍郎	正二品	六部副职
23. 道台	正四品	各道官长	21. 布政使	从二品	行省副省长
24. 知府	正四品	地州行政官长	22. 副将	从二品	将军副职
25. 郎中	正五品	各司司长	23. 副都御史	从二品	监察长副职
26. 主事	正六品	与知县相当	24. 詹事	正三品	皇家事务长
27. 府丞	正六品	知府办公室主任	25. 寺卿	正三品	外事首长
28. 大学士	正五品	皇帝秘书官	26. 少卿	从三品	司法官长
29. 洗马	从五品	太子侍从官	27. 按察使	正三品	行省司法长
30. 员外郎	正六品	司级副职	28. 府尹	正三品	地州行政官长
31. 知县	正七品	县级行政长官	29. 参将	正三品	镇守边区的统兵官
32. 主薄	从七品	文书官佐	30. 同知	正五品	知府副职
33. 知事	正八品	地方官长	31. 侍读学士	正四品	太子讲学官
34. 录事	正九品	军队文秘	32. 知府	正四品	地方行政官长
35. 主事	正六品	办事官吏	33. 宣抚使	正五品	地方军事官长
36. 教谕	无	县级教师	34. 员外郎	正五品	司级副职
37. 训导	无	县级文职	35. 知州	从五品	州级行政官长
38. 推官	无	地方军队副职	36. 修撰	从五品	掌修国史官
			37. 通判	正六品	地方行政副职
			38. 知县	正六品	县级官长
			39. 主薄	正七品	文书官佐

参考文献

1. 温梁华. 明清云南进士名录. 云南文史丛刊, 1991.

2. 党乐群. 云南古代举士. 昆明: 云南人民出版社, 2008.

3. 云南省社会科学界联合会. 云南科举名人逸事. 昆明: 云南教育出版社, 2017.

4. 刘明坤. 明清云南科举研究. 北京: 人民出版社, 2018.

5. 寸丽香. 白族人物简志. 北京: 中国民族摄影艺术出版社, 2009.

6. 陈友康. 云南读本. 昆明: 云南人民出版社, 2011.

7. 雷声普, 李竑. 云南第一世家. 昆明: 云南民族出版社, 2016.

8. 腾冲县旅游局. 历代名人与腾冲. 昆明: 云南民族出版社, 2007.

9. 腾冲县旅游局. 腾冲名联赏析. 昆明: 云南民族出版社, 2006.

10. 袁天聪. 耕读世家. 昆明: 云南人民出版社, 2018.

11. 云南省文史研究院. 滇诗丛录简编. 昆明: 云南民族出版社, 2001.

12. 永胜县地方志编纂委员会. 乾隆永北府志. 大研: 丽江纳西族自治县印刷厂, 1993.

13. 蓝红彩. 漫话永胜. 云南人民出版社, 2018.

14. 刘必苏, 朱庭珍. 永北直隶厅志. 昆明: 云南人民出版社, 2018.

15. 云南省地方志编纂委员会. 新纂云南通志. 昆明: 云南人民出版社, 2007.

16. 云南省地方志编纂委员会. 云南省志. 昆明：云南人民出版社, 2002.

17. 李文渊, 纂修. 罗纶, 监修. 康熙永昌府志. 昆明：云南人民出版社, 2015.

18. 江浚源, 纂修. 建水县史志办. 嘉庆临安府志. 昆明：云南人民出版社, 2018.

19. 陈肇奎, 纂修. 李道和, 点校. 康熙建水州志. 昆明：云南人民出版社, 2017.

20. 北京大学法律系法律史教研室. 中国古代案例选. 太原：山西人民出版社, 1981.

21. 云南省石屏县编纂委员会. 石屏县志. 昆明：云南人民出版社, 2012.

后 记

  天启《滇志》载，明朝云南共设置66个府、卫、州、县，并陆续建立了儒学制度，建有274所各式各样的儒学，甚至在广大的土司统辖地区也建立了儒学，广泛传播汉文化，培养儒学士子。

  云南的科举考试开始于元延祐二年（1315），终止于清光绪三十年（1904），历时589年。在此期间，云南考中文举人8362人、文进士945人。我到云南省图书馆、云南省文史研究馆、云南省新华书店、云南人民出版社等处查阅有关云南省的科举资料，能找到的史料有限，所找到的各类书籍记载的举人与进士人数也不尽相同。《云南进士征辟》载，元代文进士6人，明代文举人2755人、文进士267人、武进士47人，清代文举人5696人、文进士704人、武进士139人。又《明清云南科举研究》载："明朝文举2756人，文进士261人；清朝文举人5700人，文进士681人。"以上史料，记载迥异。

  本书篇幅有限，附表中未能将明清时期的举人名录附后，仅整理和完善了1991年2月由云南省人民政府参事室、云南省文史研究馆出版的《云南文史丛刊》（第25期）中，由云南大学教授温梁华整理刊载的《明清云南进士名录》，与读者共享。此书由于时间关系及笔者的水平有限，难免有不完善、不全面之处，请有识之士指正。

  本书出版得到周君建国、周君荣先、王君新权的资助，在此深表感谢！

蓝红彩
2020年10月26日于昆明

举士歌

一

三迤子弟多俊才，
一举成名动边州。
宦海波涛千重浪，
世事茫茫日暮愁。

二

高风亮节笃力行，
清风古琴遗子孙。
一身正气留丹青，
居官清廉夙著声。

三

谁道云南少状元，
全凭袁公一当先。
文襄勋名传千古，
比肩仲淹参欧阳。